人文科学の擁護

村瀬裕也 著

本の泉社

緒言

ひとは傘寿も過ぎれば、高齢に至って官職を辞した中唐の詩人・白楽天のように「達せるかな、達せるかな」（『達哉楽天行』）と自得しつつ、塵界を離れて悠々文雅の境地に遊ぶことを望んでもよいはずであるが、昨今の世の状勢は一介の老生にさえ現実的課題からの解放を許容する余地を残していないらしい。このたびも、またもやライフ・ワーク制作への専念を中断し、急遽この頗る時局的な標題を冠した書物を刊行する運びとなった。「大学の危機」と叫ばれる状況が安閑として座視することを許さぬまでに深刻化していると思われたからである。

「大学の危機」、——それは積年の、特に国立大学の「法人化」（二〇〇四年）以降の偏頗な文教政策によって齎され、かつ推進されつつあるところの、教育研究および管理運営の両面にわたる大学の荒寥索漠たる変質である。研究の面では、「選択と集中」という標語が示すように、「基盤的経費」の極度の削減を前提として、特定分野への重点的・集中的な「評価的」資金配分や特定の「期限付き」プロジェクトへの「競争的」資金配分の拡大を図るという仕方で、大学における学術研究を挙げて国策と産業化の要請に従属させる方策が採られつつある。また管理運営の面では、「学校教育法及び国立大学法人法の一部を改正する法律」（二〇一五年四月施行）により、学長権限の強化（＝教授会権限の縮小）の方向が法律的にも確立されたが、政府＝文科省はさらに、教授会に対しては権限を強化されたはずの学長――まだしも教育研究体制の系列に属する人物――をさえ、文科大臣によって任命された「法人の長」――教育研究体制とは別系列の人物――の下位に置き、あまつさえそれこそ学問とも教育ともまったく無縁の世界から参入した「学外理事」――どのような人物がそこに回されるかは現状から推して大体見当がつくであろう――に学長と同等の資格を与える方策が練られている模様である（田村智子「破綻した『大学の構造改革』路線をどう転換するか」、『前衛』、二〇一九・五、参照）。こうした体制のなかで、大学の一方の当事者である学生たちに求められるのは、それ自体が「目的」であるはずの「人格的価値」の陶冶ではなく、ひたすら単なる「手段」としての「役立ちの価値」、つまりは「労働力商品」としての使用価値の形成――まさしく「人格」の「物件化（Versachlichung）」――にほかならない。

総じて現在大学に生じているのは、戦後民主主義の支柱の一つであった「大学の自治」「学問の自由」という理念――大学におけるそれの確立がひいては社会全体の民主的性格、その知的・文化的水準の発育の保障となり得ているような理念――の崩壊の危機である。そしてこの動向を性格づけている際立った側面が、「文系」と称される学問分野、すなわち「人文科学」や「社会科学」の如き、「功利の徒」の実益には直接繋がらない分野への執拗な敵意、実際にはそれらの分野の縮減・廃止への顕著な傾向である。二〇一五年に発せられた文部科学省の通告「国立大学法人等の組織及び業務全般の見直しについて」のなかの次の一文は、こうした傾向の明快な表明として注目に値するであろう。すなわち曰く、「教員養成系学部・大学院、人文社会科学系学部・大学院については、一八歳人口の減少や人材需要、教育研究水準の確保、国立大学としての役割等を踏まえた組織見直し計画を策定し、組織の廃止や社会的要請の高い分野への転換に積極的に取り組むよう努めること」、と。この種の通告は、それへの服従如何によって権力側からの大学評価や財政誘導が行われるのであるから、それ自体頗る脅迫的な響きを帯びていることは間違いないであろう。従来なら幾分かは化粧を施すほどの慎しみを心得ていたはずの本心を、かくもあからさまに露呈して憚らないところに、現在進行しつつある事態の重大さが窺われる。

このような動向との対決において擁護されるべきいわゆる「文系」の学問のうち、社会科学への言及は他の適切な論者に委ねるとして、ここでは著者もまたその責任の一端を担う人文科学の「大学的意義」について一言触れるならば、——現在日本の大学は概ね人文・社会・自然の三分野によって構成され、それらが全体としてバランスの取れた営みを続けることが要求されているが、敢えて大学のまさしく大学たる所以の性格を代表する特徴を浮上させるならば、それはすべての分野を貫き、やがては人文科学の対象界を形成するはずの諸学の「人文的」要素であると断定しても過言ではない。というのは、何れの分野の学問にせよ、自己の営為の人間的・社会的意義が幾分かは反省され、しかもこの「反省そのもの」が何らかの程度において「学問化」され、「メタ理論化」されていなければならず、そしてかかる意味における学問化は広義における「人文学的」性格を帯びざるを得ないからである。もし大学から「人文学的」要素が一掃されるならば、それは恰も市場に現れては消えて行く消費期限つき新商品の開発と、「オウム真理教」の修行場のような寂莫貧寒な職業訓練の場に変質し、社会は自己の知性と品位を代表し表現する機関を失うことになるであろう。

それ故、誤解を懼れず極言すれば、本書の企て、すなわち昨今の理不尽な文教政策に抗して人文科学を擁護する闘いが、やがて社会全体の知性と品位を擁護する闘いと密接に連携するであろうことは殆ど疑いを容れない。

＊　＊　＊

本書は全体を四部に分かち、第一部には本書の主題である「人文精神」そのものを、第二部にはそうした「精神」を支持する「哲学的価値論（Axiologie）」の成立要件を、第三部には教育の主体者としての教師の「教養」の問題を、第四部には社会的存在としての人間の教養にとって不可欠な「平和論」の古典の再生を扱った論攷を纏めた。何れの論攷も、共同研究の一環のほか、求めに応じて執筆した雑誌論文か講演草稿の類《たぐい》なので、一見統一を欠いた雑多な文章をかき集めた印象を与えるかも知れないが、しかし著者の意識ではすべて同一の基調から発生した個別問題への展相にほかならない。現実的な問題を機縁とする個別問題への論究の奥に、時局の表層に晦まされず、「永遠の相のもとに（sub specie aeternitatis）」思惟された「人文精神」への接近を推察して頂ければ幸いである。

各論攷の趣旨については該当個所において説明を尽くしたつもりであり、ここに敢えて注釈を加える必要を感じないが、ただ「ヒューマニゼイションの学問性」（第一部）および「教師の『多忙化』問題」（第二部）の二論文は旧著からの再録なので、敢えて本書のこの場面にそれらを復活させた理由については聊か弁明を要するであろう。

「ヒューマニゼイションの学問性」はもと一九八七年に行われた「教授団能力開発（faculty development）」に関する共同の「職務研究」の一環として公表され、後に旧著『教養とヒューマニズム』に収録されたものであるが、同書の中心論文であるだけに、全体としての、特に後半部分の不備が心残りであり、また学問の「ヒューマニゼイション」の問題を「教養教育」との関連においてのみならず、「人文科学」との関連において提示したい願望を有していた。本書の刊行を機会に、若年の情熱を傾けた旧稿に纏わるこの二つの要求を充足したつもりである。

「教師の『多忙化』問題」は、一九八八年に香川県国民教育研究所（香川民研）の行った香川県の教師に関する実態調査に当たり、先ずはそれへの視点として、「教師の『多忙化』のプロブレマティーク」という表題で『香川民研報告』第二号に公表し、後に旧著『哲学と教育』に収録したものである。一般に教師の「多忙化」の弊害としては、調査研究の視点としても、また教師自身の痛切な声としても、「教材研究・授業準備ができない」「児童・生徒と接する時間が少ない」「職員間の交流が充分できない」等、およそ教育の根本に係わる深刻な問題状況が指摘されているが、著者がなおその上に強調したのは、こうした具体的な教育実践の場面以前の問題として、抑々《そもそも》教育の主体者としての教師自身の「教養状態」が充分に確保されているか否かという問題である。現下の「時間使用の有機的構成」のもとでは、一個の社会人にとって、況《ま》して教育者に相応しい「教養人」にとって必要最小限の読書時間さえ与えられていないではないか。――だがこうした「教養状態」の問題は、その後の各種の実態調査においても、またその調査結果の分析においても、そして何よりも当の教師自身の自覚的意識においても、充分に顧慮され、或いは問題視されてこなかったように思われる。ここに旧稿の再録を決意したのは、まさにこのような、教師をさえ巻き添えにした、「現代日本的」ともいうべき、「人間的教養」に対する不感症の打破を冀ったからにほかならない。

＊　＊　＊

本書は総合人間学会・研究懇談会（二〇一八）での講演を機縁として成ったものである。その折に御世話になった三浦永光氏（津田塾大学名誉教授）はじめ関係者の方々に衷心より御礼申し上げたい。

なお本書の刊行は、前述の通り、確定的な見通しもないまま慌ただしく決断されたのであるが、予想に反して実現への障碍は殆どなかった。言うまでもなく著者の微意を諒とされ、この出版を快諾された本の泉社代表取締役・新舩海三郎氏の英断によるものである。また組版を担当された同社の杵鞭真一氏には色々の注文を持ち出して御手数を煩わせた。御両人にはこの場を借りて深謝の意を表明したい。

二〇一九年八月

著者謹叙

【目次】

ヒューマニゼイションの学問性（改稿）……69

第三部　主体者としての教師の問題

第四部　教養としての平和思想

安藤昌益の平和思想……328
――江戸期・封建の最中に呱々の声をあげた「日本国憲法」の先駆――

【追記】本書のカバー・イラストには著者自身の絵を採用していただいた。森を支配する悪魔ロットバルトとの闘いを決意したオデット姫の凛乎たる姿を描いたつもりである。ロットバルトが著者にとって何を意味するかは本書全体の示すところである。

第一部
人文科学と
ヒューマニゼイションの問題

人文科学の擁護

文の徳たるや、大なり。……形立てば則ち章成り、声発すれば則ち文生ず。夫れ無識の物を以てして、鬱然として彩あり。有心の器、其れ何ぞ文無からんや。

劉勰『文心雕竜』

自然科学や社会科学は理想的に実践される際には、人文学の精神と呼べるようなもの——鋭い批判的精神、大胆な想像力、多種多様な人間の経験に対する共感的理解、そして私たちが生きる世界の複雑さの理解——に裏打ちされています。……適切に遂行される科学は人文学の敵ではなく友となるのです。

Matha C. Nusbaum, Why Democracy Needs the Humanities

（小野自然・小野正嗣訳）

前言

本会での報告の要請を受けたとき、自らの専門を顧みず、また後先の始末も考慮せず、倉卒に上記のテーマを選んだのは、次の二つの理由に促された結果である。ひとつは言うまでもなく、高等教育機関・研究機関における人文科学系・社会科学系分野の軽視・縮減という昨今の潮流への抵抗の意思である。この潮流の根底には、識者の耳目を峙《そばだ》てたＯＥＣＤ閣僚理事会での安倍晋三首相の発言、すなわち高等教育を「社会のニーズを見据えた、もっと実践的な、職業教育」の枠組みに組み込みたいという発言に見られるような、そこから予想される文化荒廃など意に介さぬ浅謀短慮の功利主義のみならず、竹内章郎によって究明されたような「新自由主義（ネオ・リベラリズム）」の知識・認識論、すなわち「（非人格的な市場秩序の）絶対性に担保された知識・認識のみを知識・認識全般だと僭称し」、「根拠や理由を本格的に問うまっとうな学問を根底から否定し、物象化された浅薄な知識・認識（情報）に基づく『学問』を学問に仕立てあげる[1]」知識・認識論が控えていることは明らかである。こうした潮流に対しては、人文科学ないしは人文学に関する論議の深化を以て応戦するしかない、というのが本報告の第一の動機である。

今ひとつの理由は、筆者が現職時代、一般教育（後には教養教育）の企画に参加し、かつ教養教育擁護のための論陣を張った際、ヴェルナー・イェーガー（Werner Jaeger）の掲げる「目的自由性（Zweckfreiheit）」の概念に注目しつつも――実際には心を惹かれつつも――、社会的・歴史的主体としての「問題意識性」を教養の基軸として何よりも重視していた当時の筆者の意識に左右されて、一見悠長なこの概念に相応の敬意を払わなかったことへの自省によるものである。現在の学問・教育の状況、すなわち目先の「役立ち」の価値にのみ眩惑された低質の「目的合理主義」が跋扈《ばっこ》している状況に鑑みれば、「目的自由性」の理念には一層大幅の妥当性を認めるべきであったと思われる。幸いにして、イェーガーの鬱蒼たる大著『パイディア』の全訳（曽田長人訳[2]）が遠からず完成の運びとなっている由なので、当該問題への一段と次元を高めた論議が可能になるに違いない。

Ⅰ「目的自由性（Zweckfreiheit）」の意義

論議の順序は前後するが、上文からの続きで、先ず件《くだん》の「目的自由性」の概念から吟味を開始することにしたい。――近代社会における実利主義の猛威に抗して、こうした現実から隔離した場面に人間形成の方途を探ろうというのが、ヨーロッパにおける教養論の一つの伝統をなしていることは周知の通りである。シラー（F. v. Schiller）における美的教育としての「遊戯」の場面、ゲーテ（J. W. v. Goethe）における「教育州（pädagogische Provinz）」、ヘッセ（H. Hesse）における「カスターリエン」などはその典型である。マシュー・アーノルド（Matthew Arnold）が「ヘブライズム」と対置した「ヘレニズム」の理想もこの類に属すると言えよう[3]。

1. アーノルド（Matthew Arnold）におけるヘレニズムの概念

アーノルドはヨーロッパ文明における二つの潮流、すなわちヘブライズムとヘレニズム（ギリシア主義）とを対置する。前者は「峻厳と服従」を旨とし、機械的・物質的文明と呼応しつつ「あるひとつの力だけを他の力を犠牲にして過大に発展させる」職域精神を指し、後者は「優美と英知」を旨とし、「人間性の美しさと価値をつくるすべての力の発展」を追求する教養精神を指す。アーノルドの元来の意図は両者の対抗にではなく、むしろ均衡にあったのであるが、当時における、特にイギリスにおける、実利主義的・効率主義的な文明、そのもとでの人間の職域主義的な狭隘化・断片化――日本の現在の状況を想起せよ！――に直面した以上、ヘレニズムの精神の揚挙を以てこれに抵抗するほかなかったと思われる。

ここでは教養人に関するアーノルドの根本思想を彼自身の言葉によって確認しておこう。「……完全の追求は優美と英知との追求である。優美のために働く者はけっきょくまた英知のためにも働き、英知のために働く者はけっきょくまた優美のためにも働く。しかし、優美と英知の双方のために働く者は道理と神の意志とを広めるために働く。機械のために働く者、憎悪のために働く者はただ混乱のために働く。教養は機械の向こうを見る。それは憎悪を嫌う。教養は一つの大きな熱意、英知と優美とに対する熱意をもつ。それは一つのなおそれよりも大きな熱意をもつ！――それらを広めることに対する熱意を」(4)。

*　*　*

「優美と英知」という標語からは、恐らくモーツアルト（W. A. Mozart）作曲・シカネーダー（J. E. Schikaneder）台本『魔笛』終幕の絶唱を想起する人々も少なくないであろう。そこでは次のように謳われている。

　勝利の報いとして、
　美（Schönheit）と叡智（Weisheit）は、
　常《とこ》しえの王冠もて飾られたり。

抑々『魔笛』が啓蒙精神の普及を目指した国際的結社フリーメーソンを寓意した作品であることは、解釈に濃淡の差はあるにせよ、大方の認めるところであろう。そして近代における人文と教養の泰斗ゲーテもまたフリーメーソンと近い位置にあり、そればかりか自ら『魔笛』後編の創作を企てたことは汎く知られている。とすれば、美（優美）と叡智こそは、人文と教養の精神を集約した標語と断定しても支障はないであろう。それはまた「科学的精神」と「ヒューマニズム」という、筆者の掲げる人文科学の二大支柱（後述参看）とも遥かに血脈を通じているに違いない。

2. イェーガー（Werner Jaeger）における「目的自由性」の概念

文字通りギリシア哲学のスペシアリストであったイェーガーは、ヘレニズムの精神を一層大規模に展開した人として注目される（彼とナチズムとの関係は微妙であり、[5] その点は「ギリシア中心的（hellenozentrisch）」とか「ギリシア継承的（nachgriechisch）」とかの言葉で表現されるヨーロッパ中心主義的な彼の思想そのものに翳りを落としているが、ここでは、結局はナチス政権とは決別し、アメリカで活躍した学者として扱っておく）。

イェーガーは、若い精神を早期から職業的・技術的訓練に駆り立て、彼らを「職業機械の歯車」「文明のメカニズムの役立つ部分」に仕立て、その「精神的個性」や「自由な魂の発達」を阻害する目的合理的な近代文明を批判しつつ、「目的自由な存在および能力（zweckfreies Sein und Können）」としての humanistisch な教養の重要性を説いた。[6] ここに成立した「目的自由性（Zweckfreiheit）」の概念は、専ら「役立ち」の価値と結合した「目的合理的な」功利主義、それによる投資論的・労働力配置論的な教育観への反措定としては、一定の積極的意義を有すると思われる。但しイェーガーの論述では、卑俗な「目的拘束性」からの解放としての「目的自由性」が、人間存在の根本規定としての「目的意識性」、特に人間性のイデアに方向づけられた、人類の価値実現に係わる実践課題と結合した「目的意識性」といかに関連するのかは不明確であり、こうした無規定性のままでは、この概念は高貴な「目的自由性」どころか、惨めな「無目的性（Zwecklosigkeit）」に頽落しかねないであろう。

無論、そこでは或る種の高次の「目的」が謳われていないわけではない。しかしそれは「人間の真なる形相（wahre Form）」または「本来的な人間存在[7]（eigentliches Menschensein）」――「本来的」なる語が一つの「隠語（Jargon）」であることはアドルノ（T. Adorno）の指摘する通りだ！――などのような、頗る抽象的な規定に終わっている。これはイェーガーの Humanismus の概念に対応していたと思われる。すなわち彼が「目的自由性」の概念に結びつけたHumanismusとは、それの——彼の見解に従えば——通俗的な意味、すなわちヴァルロおよびキケロ以来この言葉に含意された「人道主義（Humanitarianismus）」という意味とは異なった、一層高次にして強力な——むしろ根源的・古代的な——意味、すなわちすべての個人にミメーシスの責を負わせる普遍妥当的な人間性の「像（Bild）＝モデル」に向けての「パイディア」、そしてその理想を引き継ぐものとしての「人文主義」を意味する概念であった（但しイェーガーの「普遍妥当的な人間性」には「共同体」や「政治的人間」が影を落としており、必ずしも純乎たる人文主義とは言えない面がある）。

しかし思うに、現代におけるヒューマニズムの概念から、敢えて「人道主義的な（humanitär）」側面を排除する利点は那辺にあるのであろうか。むしろhumanitärな側面とhumanistisch（人文主義的）な側面との統一によって一つの批判的な原理にまで洗練されてこそ、Humanismusは言葉の真実の意味における文化理念となるのではないか。蓋し現代のヒューマニズムにとっては、その「最も根柢的な且つ基準的な意味」は飽くまで「人間再生の要求の無制約的な承認」（三木清(8)）にあるのであるから。

Ⅱ　人文科学の領野

1．人文的分野を巡る経緯

聊か私事に亙るが、報告者はこれまで「大学人」として三つの領野に係わってきた。すなわち、学部・大学院の所属は文学部、就任先の所属は教育学部、そして同時に所属したのが教育学部に設置されていた全学責任体制としての「一般教育担当教官会議」であった。これら三者を貫いていたのは「教養」という理念であり、そこでは、専門によって度合いの差はあるにせよ、多少とも「人文主義」の精神、すなわち人間の自己形成と人類の価値実現への係わりの意識が支配していた。ところが、一九七〇年代後半から現在にかけて、これら三領野は諸学のなかでも最も不遇の憂き目を負わされてきたと言えよう。すなわち、先ず教員養成系の大学・学部は、一九七〇年代の前半には未だリベラル・アーツの理念に沿った改革が模索されていたが、その後の文教政策のなかで急速に「職業教育」一辺倒の方向に収束し、また「一般教育」は、一九九一年以降、大学審議会の「大綱化」答申に基づく省令改定によって制度的保障を失い、さらに現在では「文学部」に代表される人文科学系の研究・教育機関に縮減の圧力が加えられつつある。――しかし社会の現況の打開と将来の展望にとっては、これらの分野の基調をなす「教養＝人文」精神の賦活と充実こそ世を挙げて意識的に取り組まれるべき課題ではなかろうか。

敢えてこの項目を設け、問題意識の共有に向けての論議を進める所以である。

＊　＊　＊

なお議論の前提として、反ファシズムの闘いのなかで語られた三木清の次の言葉を想起し、その趣旨を確認しておきたい。

「……ヒューマニティは人間の人間であるものを意味するが、かやうなものと考へられるのは文化である。人間は文化を有することによつて人間である。そこでヒューマニティは学芸或ひは文化を意味することになる。ヒューマニズムはいはゆる人文主義である。文化は普遍性を有するものとしてヒューマニズムの根本的な要求と合致するであらう」。「ヒューマニズムの中心はつねに人間である。そこでまたヒューマニズムにおいて重んじらせるのは教養であり、それは教養人の理想をもつてゐる。しかるにヒューマニズムは普遍人間性を重んずるのであるから、教養において重んじられるのは専門や職業を超えた普遍的教養である」。「ヒューマニズムは美的・哲学的文化の理念と結びついてゐる。しかるにこの美的な立場は芸術的な立場として形成作用を中心として考へることができるであらう。……人間は一個の芸術作品の如く見られる。完全な個性或ひは全体的人間の形成がヒューマニズムの理想である」(9)。

2. 学問分野しての人文科学

日本では学問分野として次の三分野を区分することが常識となっているように思われる。

人文科学（Kulturwissenschaft）
社会科学（Sozialwissenschaft）
自然科学（Naturwissenschaft）

しかしこの区分は国によって必ずしも一致していない。筆者は、かつて招聘されたドイツの大学において、日本では社会科学として扱われている分野が「精神科学（Geisteswissenschaft）」の領域に編入されているのを知って驚いた経験がある。当地の教授に確かめたところ、ディルタイ（W. Dilthey）の影響による由であった。反対に中国では、日本において人文科学と見なされる分野が社会科学の機関に編入される場合が多い。中国社会科学院初め、各省に設置されている社会科学院には人文科学の分野が包摂されている。もっとも「人文社会科学」の名称を掲げた学科を設置している大学もあり、また中国哲学界の重鎮・李徳順は中国の将来の概念設計を提示したその近著[10]において、社会全体の「人文化」、あらゆる社会関係への「人文的精神」の浸透を謳っているから、その企画に資する人文科学もまた社会科学一般からの自立の途路にあるのかも知れない。

何れにせよ、人文・社会・自然の三区分は、我々の常識的通念と異なり、国際的にも国内的にも、未だ必ずしも安定した承認を確保しているとは言い難い。特に目先の「実利」から相対的に独立した人文科学の分野は、世に蔓延《はびこ》っている「新自由主義」の風潮とは根本的に相容れない性格を有しているから、よほどの理論武装を構えておかなければ何時攻撃の波に曝されるか判らない状況にある。――ここで先ず、煩を厭わず、いわゆる「人文科学」の基礎づけまたは意味づけに苦心した先駆的な研究者の所説を顧みるのも、如上の問題意識に立って我々の理論武装をそこから出発させるためにほかならない。

3. H. リッケルト（Heinrich Rickert）の所説

新カント学派の中、西南ドイツ学派の闘将であったW・ヴィンデルバント（Wilheim Windelband）は、諸科学をそれの扱う対象によってではなく、対象の扱い方としての方法によって分類する観点を提唱し、これを次の二領域に大別した。(11)すなわち、

①自然科学――法則定立的（nomothetisch）

②精神科学 od. 歴史科学――個性記述的（idiographisch）

この観点を基本的に継承しつつ、そこに存する若干の不備――例えば「精神科学」の概念――を是正し、これを一層論理的に整備したのが、H・リッケルトである。(12)

リッケルトによれば、特殊科学（經驗諸科学）は大略次の二つのグループに区別される。すなわち、

①物理学、化学、生物学、解剖学、usw.

②神学、法学、文献学、歴史学、usw.

この内、①のグループ、すなわち自然科学については、それらを一括する共通の基盤ないし紐帯の了解に迷うものはいないが、②のグループについては、未だそのような共通理解が成立していない。ここにメスを入れ、このグループ、すなわち非自然科学的な経験科学の規定を明確にすること、それ故に自然科学に対するこのグループの境界線たり得る概念を展開することが、リッケルトの科学

分類論の目的である。

リッケルトによれば、経験科学の類別には、「質料的」と「形式的」との二つの原理がある。

〔質料的類別原理〕

一群の事物事象が、我々に対する特別な意義ないし重要性を顧慮することなしに――つまり没価値的に――追究できるか、或いはそうした意義ないし重要性によって現実全体のなかから抽出されるか、という点での対立が、個別科学の質料的分類の基礎となり得る。しかるに、意義ないし意味の付着した対象は一般に「文化」と呼ばれる。故にこの類別原理による非自然科学系の科学には「文化科学」の名称を与えるのが妥当である。

〔形式的類別原理〕

この類別原理、つまりヴィンデルバントより引き継いだ「方法」による類別原理の方が、むしろリッケルトの分類論の眼目であると言ってよい。彼は先ず科学における模写論または反映論を否定する。というのは、彼によれば、現実そのものは「連続的」にして同時に「異質的」、つまり「連続的異質性」または「異質的連続性」という非合理的な性質を有し、「ありのままに」概念に取り入れることは不可能だからである。現実を学的認識として概念に取り入れるには、「連続的異質性」という非合理な現実を「連続性」の側面と「異質性」の側面とに切断し、それぞれの方向に合理化しなければならない。現実は、もし異質性の側面が捨象され、同質的な連続性となれば、「普遍的法則によって規定される限りにおける事物の現存在」の概念が、また逆に連続性の側面が捨象され、異質的な不連続性となれば、「特殊的にして個性的な一回的生起」の概念が成立する。このように処理された「現実」は、もとより現実そのものではなく、学問的把握の対象たるべく加工され構成された、二方向における「論理的概念」にほかならない。この論理的概念に従って、学問的把握の方法も次の二つの方向に分かれて相対立する。すなわち、

① 自然科学的方法

② 歴史的方法

そしてこのうち何れの方法を採用するかによって区別されるそれぞれの学問領域こそが、自然科学および歴史科学という二領域にほかならないのである。なお「歴史科学」は、「質料的類別原理」における「文化」の概念と結びつけて、「歴史的文化科学」とも称し得るであろう。

〔価値関係づけ〕

とはいえ、異質的不連続の方向に切断された無数の個別や個性を一々枚挙するわけにはいかないし、またそのようなことをしても一個の系統だった、有意味な学の世界を構成するわけにはいかない。そこで無限に多数の個性のうち、何れに着目し選択するかということが、歴史領域の学問の重要問題となる。リッケルトは、かかる選択原理は「価値」であると断言する。しかるに「価値」とは、彼に従えば、我々にとって「意味がある」「重要である」ということにほかならない。とすれば、歴史的文化科学における選択原理が「価値」であるということは、研究主体自身の抱く「価値」――むしろ研究主体の設定した「価値視点」――との関係づけ、ないしは価値関係的な手続きによって対象を選択し系統づけることを意味する。結論的に言えば、かかる「価値関係づけ」によって「意味形象の実在的担い手としての、叙述可能な歴史的個性の概念は始めて構成される」。

〈リッケルトの所説の問題点〉

リッケルトの功績は、学問論のなかに普遍性と個別性、価値性と没価値性の関係という緊張した論題を導入した点にある。それはおよそ学問研究に携わる者が何らかの仕方で解答を与えなければならぬ論題であろう。しかしこの問題にリッケルト自身の与えた解答には多分に疑わしい点が含まれている。先ず自然科学がひたすら普遍的法則のみに係わり、個別や個性とは無縁であるとか、また歴史的文化科学が専ら「一回的生起」としての特殊や個別にのみ専念し、普遍や法則を考慮の外に置き得るとかいった見地は、学問研究の実際に即すれば直ちに反論されるであろう。それよりも問題なのは、対象の没価値的把握を重要側面とする「社会科学」の領分が科学分類から排除され、それ故にまた人文科学と社会科学との関係も不明のままに放置されているという点である。

4．E・カッシーラー（Ernst Cassirer）の所説

同じ新カント学派でも、マールブルク学派から出発したE・カッシーラーは一層複雑な人文科学論を展開する。(13)

〈リッケルト批判〉

リッケルトは自然科学的「普遍」と歴史学的「個別」とを鋭く切断したが、実際の科学そのものは、こうした「論理学者」の指令には従っておらず、二つの科学領域の間には多くの混合形態・移行形態が存在する。すなわち自然諸科学の只中に歴史学的な考察方法が導入され、歴史学的な諸対

象に自然科学的な考察方法が適用される。つまりあらゆる学的概念は、普遍にして特殊、特殊にして普遍であり、むしろ両者の総合こそが学問の課題である。

リッケルトの理論においても、歴史的個別の認識は普遍への関係を抜きにしては成立し得ない。但しここでの普遍は、「類概念」「法則概念」としての自然科学的な普遍ではなく、別の関係体系、すなわち「価値概念の体系」という意味での普遍である。個々の事実の歴史学的な理解と整序はかかる「普遍的な価値」への関係づけによって成立する。――しかしそもそも研究主体はこのような「価値体系」を如何にして入手するのか、またその客観的妥当性を如何にして基礎づけ得るかは不明である。もしこうした基礎づけを歴史学そのものから引き出そうとすれば論理的循環に陥るほかないであろう。(14)

〈知覚の現象学〉

故に自然科学と人文科学との間に存する種差を論理的にのみ解明するには自づから限界がある。両者の区別を了解するには、先ずは人間の意識現象の基層・根源層たる「知覚」にまで遡源して、論理的分析の限界を超える必要がある。

しかるに、知覚には、相互に融合しつつも相互に還元され得ない二つの要素、すなわち「それ」への方向と「汝」へ方向とを含んでいる。ここで「それ」として知覚（＝自我）に対峙するのは「事物」の世界、「汝」として知覚に対峙するのは「人格の世界」にほかならない。両者の区別の特徴は、「それ」が端的に「他のもの」「他者（aliud）」であるのに対し、「汝」は「第二の自我」であり、いわば「心的なもの」の担い手として「自我」と共通の世界に住まい、「自我」と相互関係に立つ相手である。

ところが、行動主義に代表される厳格な「物理学主義」の立場では、「他者の心」は承認されず、それの存在のために呈示される一切の証明は無効とされる。確かに、或る「自我」が「他の自我」すなわち「汝」に出会う場合でも、「物理的なもの」すなわち「感性的・質料的な」形象は不可欠であろう。しかし「自我」がそこで出会っているのは、その形象のもつ「表情」であり、したがってそこに担われた或る「別の者」、ここでは「他者の心」と呼ばれるようなそれの「意味」——表象・思想・感情など——にほかならない。

「文化的対象」と呼ばれるものも、こうした「汝的」性格をもつ存在である。例えば、ミケランジェロのダヴィデ像は、確かに一つの石材より成り、かかる大理石の性質として調査され得るが、しかしその場合には、この作品はもはや芸術作品ではなく、諸物の中の一物に過ぎない。しかし我々がこれを一つの描写されたもの、すなわちまさしく「ダヴィデの像」として鑑賞し、そこに沈潜する場合には、或る「別のもの」、すなわちそこに担われた「意味」、つまりはミケランジェロの掲げる「理念」とそれを訴える彼自身の伝達意思が登場する。「文化的対象」として石像が有するのはこのような「積極的表情」としての「象徴的価値」にほかならない。[15] ——人文科学はこのような「汝」としての「象徴的価値」を対象領域とする分野として、他の諸学との間に明瞭な境界線を引かれている。

〔人文科学における様式概念〕

人文科学もまた、それが科学として成立しなければならぬ以上、単なる個別記述を以て能事畢《おわ》れりとするわけには行かず、そこでもまた個別や特殊は何らかの仕方で普遍に包摂されなければならないが、その包摂の仕方は、法則概念のもとでの自然科学的な包摂の仕方、例えば元素の「属性」が法則的にその「原子番号」に関連させられるような仕方とは大いに異なっている。

人文科学において普遍の位置に立つのは「様式概念」または「形式概念」である。ここでもまた特殊や個別はそうした普遍に組み込まれはしよう。しかしその場合には、「法則概念」の場合と違って、特殊や個別がそれの下位に置かれるわけではない。例えば、「ルネッサス的人間」と呼ばれるカテゴリーには、ダ・ヴィンチ、フィチーノ、マキュアベリ、ミケランジェロ、チェザーレ・ボルジア等々、当時の一群の典型的なルネッサンス人が包摂されるであろうが、彼らのうち誰一人として、ブルクハルト（J. C. Burckhardt）がこの概念のもとに記述した特徴を兼備している者はいない。それればかりか彼らは相互に対立的でさえある。にも拘わらず、ブルクハルトの定式化した「ルネッサンス的人間」のカテゴリーは、彼らを包摂する普遍として通用している。それは彼らが、その対立にも拘わらず、否、その対立を通してこそ、一定の理念のもとに連関し合っているからである。つまり彼らはそれぞれの個別の仕方で、ルネッサンスの「精神」、ルネッサンスの「文化」と呼ばれるものの構成に協力し合っているのである。そこにあるのは「方向」の統一であって「存在」の統一ではない。彼らが「ルネッサンス的」と呼ばれる普遍に属しているのは、彼らが相互に類似しているからではなく、中世的なものとの対質においてルネッサンス固有の「意味」として了解される「共通の課題」に彼らが参入しているからである。人文科学が主題的に扱う「様式概念」はこうした「共通の課題」もしくは「理念」としての「意味概念」に遡源する。

特定の文化の「様式」もしくは「形式」は、共有された「課題」としての「意味」を支担した「象徴価値」において人文科学プロパーの対象となる。それ故にまた、かかる「象徴」の意味解釈、すなわち「象徴」の内奥に潜む意味内容の解明こそが人文科学固有の仕事となる。(16)

〈カッシーラーの所説の問題点〉

カッシーラー特有の「象徴形式の哲学」への言及は本報告の任務ではない。しかし人文科学の位置づけとの関連では、「象徴概念」に伴って「意味概念」を浮上させたこと、またそれとともに人文科学における「解釈」操作の役割を重視したことは評価されてよいであろう。「象徴」にとっての「意味」は、解釈学において前提とされるような、「表現」にとっての「生」の如き所与的なものではなく、「象徴」の形成とともに形成されるものであり、「意味の世界」は「文化（＝象徴）」の発達に相即して豊饒化されるものだからである。形成的なものを対象とする限り、解釈手続きもまた、「生」の追体験的な了解の場合よりは一層合理的性格を帯びるであろう。しかしここでもやはり問題なのは、人文科学と対比されるのが自然科学のみで、正当な意味における社会科学が一顧も与えられていないことである。

5．戸坂潤の所説

次に、科学的世界像の形成に「社会科学」の位置と意義とを重視したマルクス主義側の代表例として、三木清とともに日本ファシズムの犠牲となった不世出の哲学者・戸坂潤の見解を俎上にのせよう。

〈リッケルト批判〉

戸坂はその最初の著書『科学方法論』（一九二九）において、ほとんど一章を費やすほどの分量でリッケルト学説の吟味を行っているが、この場面でその詳細に立ち入る遑《いとま》はない。ここでは次の著書『科学論』（一九三七）において語られた一層簡潔なリッケルト批判を一瞥することで満足しなければならない。

戸坂は何よりも先ずリッケルトを先駆とする方法論中心の科学分類に批判の矛先を向ける。彼によれば、科学の第一義的な目標が実在の客観的把握（＝反映）にある以上、方法――それ自体として見れば「主観の能動的な構成作用」にほかならぬところの方法――も、こうした「反映の手続き」として初めて権利を有したはずであるが、それのみを独立させ、唯一の科学規定の根拠とするならば、それは科学を専ら主観の側から観念的に限定してしまうことになる。[17] ここから一連の混乱が導かれる。

その代表例が「法則を求める科学」としての自然科学と「個性ある事象を選択する処の科学」としての文化科学とを分断するリッケルトの科学分類論である。ここで先ず問題となるのは、「普遍的法則」は自然科学においてしか許されないという断定である。しかし自然科学の方法が法則の発見にあるということが事実であるとしても、科学の真の認識目的はそこで終わるのではなく、むしろそれから先に、つまりかく発見された法則を個々の事象に逐一当てはめることにあるのであり、こうして把握された個々の事象は、もはや単なる反復でもなく、またまったく没価値的なものでもない。[18] 他方、社会科学もまた、社会構造の推移や経済現象の真相を把握しようとする限り、これをまったく無法則的・無原則的な個別事象の羅列として処理するわけにはいかないであろう。

リッケルト流の分類の仕方によって齎せられるのは、自然科学と文化科学との単なる区別と対立である。ここで問題なのは、分類にとっての肝心な点、すなわちこの二つの科学の間の連関関係がこれによっては少しも与えられてはいない、ということである。「単に区別するということは、関係づけるということの云わば極めて無責任な初歩の段階にしか過ぎない」[19]。

このような、いわば区別のしっ放しともいうべき乱雑さには、戸坂によれば、意外に卑近なメカニズムが作用を及ぼしている。というのは、リッケルトの「科学方法論」では、常に「自然科学」と「歴史科学」とが、従って実際には「自然」と「歴史」とが対立関係に置かれており、齟齬の原因はまさにこの点にあるからである。ここで「歴史」が「人間社会の歴史」を指していることは言うまでもない。この点から見れば、これに対応するのは、正確には「自然」ではなくて「自然の歴史」でなければならないはずである。つまり対立しているのは「自然」と「歴史」とではなく、「自然」と「社会（人間社会）」とであって、「歴史」とはこの両者を――「自然史」および「社会史」として――一貫するところのものにほかならない。「科学方法論」を巡る大掛かりな論議と、区別のしっ放しという無責任な始末のつけ方の成因は、実はこの初歩的な範疇誤用にあったのである。

かくて、――「自然科学」に正確に対応する学問分野は「社会科学」であり、大切なことは両者を区別するだけでなく、その連関を把握し、統一的な科学像を形成することである。

〈科学の分類原理――実在対象と方法との両面を考慮した分類〉

戸坂によれば、科学は大きく「自然科学」と「社会科学」に分類される（ここに「人文科学」が抜けている点については、後述参看）。ここで「自然」と「社会」とは発展の順序が異なるとはいえ、ひとしく「歴史」によって貫徹された実在であるから、この分類はそれぞれの「方法」の如何といった主観的な――恣意的な――根拠に基づくのではなく、「実在そのものの歴史的過程に於ける構造」に基いて与えられる。畢竟、科学分類と科学方法論の意義は、「科学が、その事実上の歴史的発達に応じて夫々の実在単位を切り取ったその実在単位を、実在そのものの秩序に従って整理・統一・区画して、ここから却って科学そのものの単位を導き出し（即ちそれが分類だ）、そうした上で、夫々の科学に共通な方法を取り上げ、この共通方法が夫々の科学に於て取る異なった形態について考察しよう[20]」という点にある。

〔哲学―自然科学―社会科学の共軛関係と統一的科学像〕

自然と社会との間に発展段階の差はあるにせよ、ともに「歴史的発達」という共通の基盤に立つ以上、社会科学において正当に使用される根本概念＝範疇は、自然科学におけるそれと直接には同一ではないにせよ、「一定の約束（云わば翻訳の文法）」を介すれば相照応せざるを得ない、という関係にある。戸坂はこの関係を両科学の根本概念群の間の「共軛関係（Konjugiertheit）」と呼ぶ。彼によれば、或る種の社会科学や歴史科学における混乱は、それが自然科学の範疇に対するこの共軛関係を無視するところから発生する場合が少なくない。

ところで、もしそうであるとすれば、この双方の領域に亙って通用する――一層普遍的な――範疇組織が追求されるのは理の当然であろう。この任務を担当するのが哲学にほかならない。では哲学とは何か。戸坂によれば、「哲学は一般に方法と体系とに区別される。この区別には異論はないが、しかし組織し体系づけるためでない方法はあり得ないし、方法なしに出来上がった組織、体系はない。して見れば二つは同じ過程を示す二つの言葉である他はない。哲学の生命はこの方法乃至体系に存するのである。今この方法を普通に論理（方法機関――オルガノン）と云い、体系を範疇組織と云っていることを思い起こす必要がある。つまり論理即ち範疇組織が、哲学の方法であり体系であり、哲学の真髄なのである」[21]。

とすれば、哲学の範疇組織が一方では自然科学のそれと、他方では社会科学のそれと共軛関係を結び、かくて結局は哲学を中軸として自然科学と社会科学とが共軛関係を結ぶことになる。戸坂はこうして両科学の区別のみならず——もとより区別のしっ放しに満足するのではなく——、両者の連関をも考慮に容れた統一的な「科学的世界」を展望したのである。

〔戸坂の所説の問題点〕

戸坂の分類論は、単に分類に終極せず、その科学論の全体、すなわち方法論——とくに方法（研究様式・叙述様式）と操作（分析的操作・解析的操作・統計的操作・実験的操作）との弁別——、科学と社会との関連、科学の大衆化、常識・クリティシズム・ジャーナリズムと科学との関連、科学的世界像の形成など、現代に通ずる諸問題への鋭利な洞察と才気煥発な論議に彩られた気宇壮大な科学論全体のなかで重要な位置と意義とを担っているが、しかしそれだけに、「社会科学」が取り入れられた代りに「人文科学」が独立の地位を失っているのは、奇妙でもあり残念でもある。無論、戸坂は「人文科学」の諸領域を排除しているのではなく、これを「社会科学」に編入しているのであるが、しかし社会科学固有の任務が、第一義的には、実在としての社会の没価値的な探究にある以上、これに編入された限りにおける人文的諸領域からは、それ本来の役割である「価値論的な(axiologisch)」性格が希薄化されるであろうことは想像に難くない。もとより戸坂の真意が、実在の真相の把握よりもそれの「意味解釈」を優先させ、直接間接に「日本主義」やファシズムのイデオロギーに繋がった当時の観念論的風潮との対決にあったことは了解できるとしても、或いはまさしくそうであればこそ、価値志向的な探究領域に正当かつ合理的な位置を与えるべきではなかったであろうか。――戸坂の見解は従来の学説のなかで最も継承価値に富むものではあるが、価値論的観点からの若干の補修が必要であると思われる。

6．東洋哲学からの伝言――戴震《たいしん》の所説

戸坂潤における「価値論的」領分への或る意味における禁欲は、彼が立脚した「唯物論的」観点についての、彼の如き明敏な知性――というのは、彼自身は、後の著作が示すように、豊富な人文的センスの所有者であったから――を以てしてさえ避け得なかった、プレハーノフ（Г.В.Плеханов）やレーニン（В.И.Ленин）に淵源する一種の誤認に基づくものであったと推測される。それ故、これに対する補修は、過去の卓越した「唯物論者」からの伝言によるのが最も効果的であると思われる。

ここでは、その一例として、中国の清代中葉を代表する唯物論者と見なされる戴震《たいしん》（字名・東原、一七二三［雍正元年］～一七七七［乾隆四二年］）の学説を挙げよう。すなわち、戴震によれば、――学問上多少とも重要な概念を突き詰めると、それは大きく二つの概念群に集約される。すなわち、一つは「実体実事を指すの名」の系列であり、他の一つは「純美精好（純粋中正）を称するの名」の系列である。(22) 前者は実在の分析と概括の際に「質言（真実の言表）」として抽出される「事実概念」であり、後者は善美の評価と実践的な課題設定の際に「精言（理想の言表）」として抽出される「価値概念」である。両概念群のこのような大別は、実在領域をあらゆる価値的意味づけ――戴

震の問題意識としては、朱熹流の形而上学的な意味づけ――から解放された、先ずは没価値的に考察されるべき対象世界として客観化するのに応じて、価値領域をそのような所与的な自然から解放された、人間自身の価値実現に係わる課題領域として自律化するという思惟の流れ、いわば実在領域と価値領域との相関定立という思惟の流れに沿った論理展開であることは明らかであろう。[23] そして私見によれば、これこそが「良質な唯物論」の正当な路線であったのである。「価値領域」の相対的な自律性を承認せず、これを「実在領域」に還元することを以て能事畢れりとする「粗野な唯物論」、むしろ「粗野な一元論」は、こうした正当な路線からの逸脱形態、極言を恐れずに言えば、唯物論のブルジョア的・スターリン主義的な逸脱形態に過ぎなかったと言えよう。

かくて、――戴震の掲げた「純美精好を称するの名」としての範疇組織に照応して形成される諸学の世界こそ、ここで追求される人文科学、もしくは文化科学の領野にほかならない。

Ⅲ　人文科学の学問的特徴

1．ヒューマニゼイションの問題

文学部、リベラル・アーツ系学部、教養教育部門を貫いているのは、個体発生（＝人格形成）の意味においてにせよ、系統発生（＝人類の教養史）の意味においてにせよ、およそ何らかの意味において人間の価値実現に係わりを有する「教養」という理念であった。もとより教養とは言っても、ここで問題にしているのが、単なる好事的な趣味としてのそれではなく、何らかの「学問的な性格」を有するそれであることは言うまでもない。ではその「性格」とは、――それは諸学の認識成果を前提としつつも、それに対する「ヒューマニゼイション」とも呼ぶべき手続きの介入によって「人間的意味」のもとに賦活された学識の有する学問性と見なされる。――それは勝義において良質の「人文科学」固有の精神であった筈である。

ここでは筆者自身が嘗てこの概念に与えた定義を再録しておこう。「所謂ヒューマニゼイションとは、……既成の学問の『再学問化』として、それ自体独自の学問性を担っていなければならぬ。そしてその学問性はあらゆる専門分野に携わる人々に共通する――つまりは人間である限りにおける人間に共通する――自律系としての『良識』――それは人間の知性の諸局面を下位のサブ・システムとする最上位の制御サブ・システムとして想定されている――を指導原理とする諸学のエッセンスの、新たな『意味付与』を伴った再編成として理解される。それは、細分化された領域で営まれ、その成果が骨化した『科学情報』にひたすら還元されていく学問世界を再び『知性の全体性』の脈絡に連れ戻し、そこに人間的意味に満ちた豊饒な『作品性』を獲得せしめるのである(24)」。

このような領域の「学問性」は、「自然」や「社会」のような実在を専ら「客体」として扱う場合のそれとは異なり、意識存在という別の系列の存在をここに参加させ、それを「客体」としてのみならず同時に「主体」としても扱うところに成立する独自の「学問性」である。それ故、「人文科学」は、「自然科学」と「社会科学」との間に戸坂潤が見出したのと類似の「共軛関係」をこれら両科学との間に結ぶわけにはいかないであろう。「人文科学」と「自然科学」および「社会科学」との間に存するのは、むしろ――リッケルトの他の著作の表現を用いるならば[25]――「異定立（Heterothesis）」の関係であり、異立化された双方を連関させるのは「批判的媒介」の作用でなければならない。そしてそれは人間存在の対自的・対他的な「間接的・被媒介的構造」（Л.С.Выготский）に淵源を有している。

ではここに要求される「学問性」の特徴は何か。そこには様々な側面があり、一概に規定するのは困難であるが、ここでは端的に、人間の「教養」の根本性格でもあるところの、「科学的精神」と「ヒューマニズム」との二つの支柱を挙げておこう。

2. 科学的精神

(1) 普遍化された「知的機構」としての「科学的精神」

ここに所謂「科学的精神」とは、近代科学の特徴をモデルとした精神には違いないが、必ずしもスペシアリストまたはプロフェショナルとしての科学研究従事者の精神を指すわけではない。原爆製造に携わった物理学者、人体実験を行った日本の七三一部隊やナチス・ドイツの医学者、近くはオウム真理教に巻き込まれた自然科学のエキスパートの如き科学者たちを、彼らがいかにそれぞれの領域において卓抜な能力を有するにせよ、およそ「科学的精神」の所有者などと評するわけにはいかないであろう。苟しくもそれが特に「精神」と呼ばれるからには、近代科学の特徴が人文学的な仕方でヒューマナイズされ、人間精神の基本的な性格にまで普遍化される必要がある。

例えば、詩人・劇作家のブレヒト（B. Brecht）が作品『ガリレイの生涯』のなかで主人公ガリレイに語らせているような、もともと天体に向けていた望遠鏡の筒先を「自分たち（民衆）を苦しめるもの、領主や地主や僧侶」「利己的・暴力的なこのお偉方たち」に向け変える機構、つまりは特定の専門分野において磨かれた科学的洞察力を、他の領域の問題、とりわけ社会的に重要な人類共通の問題に転じて働かせる機構、――要するにそうした洞察力を普遍化し、問題や課題に応じて自由に変換する或る種の「知的機構」の性格こそがここで言う「科学的精神」にほかならない。(26) そしてこのような「知的機構」の形成と洗練に特別の自覚を以て携わるのが人文科学プロパーの役割であることは多言を要しないであろう。――なおここで、昨今の情勢から見て、「科学的精神」に関連する二つの重要事項に関説しておきたい。

（2）「現象主義」への対抗

科学的精神の性格を明確にするためには、これを「非科学的精神」と対置して観るのが効果的であろう。しかるに、「非科学的精神」の際立った特徴の一つ、しかも今日の状況のなかで益々無視できなくなっている特徴の一つが所謂「現象主義」である。

悪しき状況が先ず以て文化に齎すのはそれの現象化である。かつて日中戦争勃発の際、逸早くこの事実に着目し、「文化が『現象的』になるといふことが戦争の文化に与へる最初の影響である」と喝破したのは、炯眼の哲学者・三木清であった。ここで「現象的になる」ということは、三木によれば、「その本質的なものが隠されること、或ひは失はれることとである」。そしてそのような状態のもとでは、「従来論じられて来たところの、また新たに現はれたところの本質的な問題はもはや殆ど取り扱はれなくなつてゐる。否、そこにはもはや『問題』といふべきものがなくなつてゐる、見られるのは殆どすべて現象のみである」[(27)]。——翻って現在の状況を顧みるに、直接的な戦争状態にはないにせよ、様々な局面での社会矛盾の露呈、それと呼応した大型マス・メディアによる言論界の壟断のもとで、「現象主義」とも言うべき文化意識の皮相化が幅を利かせていることは確かである。

現象主義の弊害を告発した古典的な例として、王夫之《おうふうし》（一六一九～一六九二）の見解を挙げることが出来よう。すなわち彼が論難の矛先を向けたのは、「心の官」の作用としての主体的思惟による本質知を軽視し、専ら「耳目の官（感覚・知覚機関）」の作用としての経験知または現象知のみを以て知識とする立場、例えば或る種の仏教におけるように、「現量（直接知覚、ここで『量』はプラマーナ＝認識方法）」を唯一確実な知識とし、所与の現象との直接関係を何らかの仕方で超越する「意識（第六識）」「思量（第七識）」などの高次の知的営為の内容をすべて「非量（誤れる知識）」として退ける立場である。王夫之によれば、こうした直接知覚の立場に立てば、ひとは事物の表相・此岸にのみ拘泥し、次々と「見聞」に生滅する諸「事実」に対してひたすら「然り」という確認を与えていくほかなく、そこでは事物の「表裏」の透察を前提とする本来の真偽問題に立ち入る道は閉ざされている。

王夫之の指摘した今一つの重要な側面は、こうした現象主義が人間の心理、ないしはその精神状態に与える影響である。すなわち彼は、「象《しょう》に由って心を識るも、象に徇《したが》えば心を喪う。象を知る者は心なるも、象を存するの心は、また象のみ。之を心と謂いて可ならんや[28]」という張載《ちょうさい》（一〇二〇～一〇七七）の言葉に注して、「物に現象があれば、本質（＝理）もそこに内在する。心にその本質が把握され、現象においてそれが実証されるのであれば、物事に通じないわけはない」と謳った上で、この道理に反する心の状態について、「現象を心に保存し、これに拠って知識を形成するならば、その知識は現象に過ぎない。現象がその心を感化するならば、心にはただ現象のみが存在する。これを吾が心の知識と認めるべきでないことは明らかである[29]」と断定する。

王夫之の発言に依拠して端的に言えば、認識の上での現象主義は、人間の心理面・精神面にも悪影響を及ぼさざるを得ない。すなわちそれは心そのものを現象と化し、現象とともに散乱させ、自律的な「系」としての自我（吾が心）のアイデンティティを破壊に導くのである。故に現象に臨んで自我に要求されるのは、先ずはそこに「問題」を見出し、それへの解答としてその現象の本質を究明すること、そして現象を本質の現象として、本質を現象の本質として「批判的に」把握する真実の知性を確立することである。このことが同時に、主体方面においては、現象への埋没から脱却した自我の自律性の確立に繋がることは言うまでもない。――そしてこのように客観方面と主体方面との双方において現象との間に望ましき「間接構造」を培った知性こそが、人文的な意味における「科学的精神」の一つの徴表にほかならないのである。

（3）課題化的認識の問題

人間とはそもそもその所与においてすでに人間であるような存在ではなく、人間であることが自己にとって課題であるような存在、真実に人間たるべき課題性を自己の本質的な実存規定として含蓄する存在であるから、人間とその文化を主題としている人文科学がその内容に何らかの仕方で人間という存在に係わる課題性の自覚を随伴していることは極めて当然であろう。しかしそれだけでなく、自然科学や社会科学における、それ自体としては没価値性の要請に従った諸々の認識成果をヒューマナイズし、価値論的な要請に従った人文科学の文脈に組み入れるには、それらが人間性のイデーとの係わりにおいて「課題化」される必要があるのである。

「課題化的認識」とは、もともとは歴史学者・上原専禄が一九六〇年の日教組教研集会で提言、その後論文の形で公表された概念である。これに対する上原自身の趣旨説明によれば、「……私の現実認識の方法は、強いていえば、課題化的認識の方法とでも名づけられるべきものであって、いわゆる法則化的認識でもなければ、マックス・ウェーバーの意味するような個別化的認識そのままでもない、……歴史的現実の重荷を背負いながら、歴史的現実に即して、歴史的現実を変更していくという問題、その問題の基本的構造と基本的内容を歴史的現実そのもののうちに探り出すことによって、問題直視を課題認識へと定着させていくこと、それが私の場合における現実認識の意味でもあり同時に方法でもある……」(30)。当時の切迫した情勢と上原の熾烈な実践意思の伝わる発言ではあるが、彼がなおその上、この方法を「学者的・専門家的認識方法」であるよりもむしろ「国民的認識」の一つとして謳ったことと相俟って、いささか性急な武断との印象を与えた憾みがないではない。そのせいか、その後この概念は教育界にはある範囲で広まったものの、それこそ「学者的・専門家的な」意味において認識論的に掘り下げられることはなかったようである。しかしその点を度外視するならば、上原のいわゆる「国民的認識」が実際には専門的認識へのヒューマニゼイションとして、つまりは「国民的教養」として成立する以上、そこに「課題化」という契機が発生するという視点は極めて重要である。

元来科学、特に社会科学に対する没価値性の要請は、対象に対する主観の側からの勝手な解釈、恣意的な意味付与の排除への要求に由来するものであった。夏目漱石の描いた猫は、「およそ天地の間にわからんものは沢山かるが意味をつけてつかないものはひとつもない」（『吾輩は猫である』）と喝破したが、このような「意味づけ」こそ「科学的精神」の大敵だからである。しかしあらゆる意味において問題意識や課題意識――その意味での価値意識――と無縁な学問研究はあり得ないし、また対象認識そのものにしても、没価値的な客観性を有するとともに「課題化」を可能ならしめる認識は、少なくとも社会科学の範域では、最も良質な認識であると言い得るのである。

例えば、マルクスの『資本論』において、必要労働を越えた労働の産み出す「価値」に与えられた「剰余価値（Mehrwert）」の概念は、それ自体としては差し当たり記述的な概念に過ぎないが、これを「搾取（Ausbeutung）」の概念によって把握する場合、そこには人間を当事者とする「剰余価値」の現実態への、まさしく人間の立場からの評価――この場合は否定的評価――やこれに対処する「課題」などが含意されている。つまり「搾取」とは「剰余価値」についての客観的認識を引き継ぎつつこれを「課題化」したところに成立する概念と言い得るのである。また初期のマルクスにおいて、「私的所有制」のもとでの労働者の現実態、すなわちそれ自体としては労働に伴う諸側面――彼の労働の生産物、彼の労働そのもの、（彼における）人間の類的本質、（彼に対する）他の人間、等々への労働者の関係いう諸側面――に分析され、記述的に把握され得る現実態が、同時に「疎外（Entfremdung）」という概念によって把握される場合、そこには現実に労働者の置かれた「人間学的」事態への評価と、まさしく人間としてこれに対処すべき「課題性」とが示唆されていることは明らかであろう。(31)

また例えば、人間を考察する場合の「気質」とか「性格」とかいう概念は、それだけでは単なる記述的概念に過ぎないであろう。しかしここに「人格」という概念を登場させるならば、その同じ対象に「尊厳」という評価――この場合は肯定的評価――が加わり、「（当の人間を）単なる手段としてではなく、常に同時に目的として取り扱うべし」という「当為」(32)が、すなわち自己自身を含むすべての人間に対処する際の行為の「課題性」が明示される。この命法を謳ったカント（I. Kant）は決して観念的な性善説に立っていたわけではなく、実際の人間――「感性界」に属するものとしての人間、すなわちかかるものとして「神聖からは程遠い（unheilig genug）」(33)存在としての人間――については相当にリアルな洞察を行っており、上記の当為命題はそうした客観的な洞察を前提とした上で定立された命法であるから、一種の「課題化認識」の言明と見なされてよいであろう。彼自身の著書『永遠平和のために』はこうした「課題化認識」の鮮やかな実証である。

以上の実例によって示唆される通り、「課題化認識」は対象への客観的認識との密接な連携において成立する人文科学的思惟の一つの展相――認識論的領域と価値論的領域との共同において成立する知的世界――であり、人文的色彩を帯びた「科学的精神」の一つの発露にほかならないのである。(34)

3. ヒューマニズム

(1) ヒューマニズム概念の二側面

人文科学の領域がヒューマニズムの精神に立脚して成立していることには誰しも異論はないであろうが、当のヒューマニズムの意味については必ずしも見解の一致があるとは言えない。それは大きく「人文主義」と「人道主義」の両極に分かれ、両者に与える軽重の差によって様々な見解が分かれるようである。

例えばイェーガーは'Humanismus'という言葉から「人道的なもの（das Humanitäre)」という「卑俗な意味（vulgäre Bedeutung)」を排除し、そこにギリシア本来の「一層高貴にして厳密な意味（Sinn)」を回復させようとする。その意味とは、「理念（イデア）としての人間」すなわち「類(Gattung)の普遍妥当的にして義務付与的な像としての人間」に向けての陶冶[35]にほかならない。この見解は「人文主義」の側面に純化したヒューマニズム解釈の典型例である。

これに対して人権の尊重を基調とする人道主義的な意味でのヒューマニズムもまた、環境問題、平和問題など社会的な重要問題との関係もあって、現代思想のなかの一つの大きな潮流をなしている。例えば務台理作の掲げる「第三ヒューマニズム」、すなわち「一定の状況下にありながらその状況を変革することによって、人間物化（人間の物件化〔Versachlichung〕——村瀬）の状態から人間を解放する社会主義ヒューマニズム[36]」、或いは高島善哉の掲げる「社会科学的ヒューマニズム」、すなわち「近代ヒューマニズムのロゴスとパトスを社会科学の論理によって客観化し、現実化しようとする」[37]立場、または「人間を歴史的社会的に解放せんと欲する情熱に燃えるが故に、却ってまず現実の社会における人間事物化（物件化――村瀬）の秘密を、あくまでも客体的過程的に捉えようとする」[38]立場としてのヒューマニズム、さらには、教育学的探究から導かれた堀尾輝久の見地（仮に「教育学的ヒューマニズム」と名づけておこう）、すなわち「（人間の）平等化と個性化（多様化）を二本の足として立つ」ところの「正義」を志向する立場、それ故に「人間が、人間と人間および人間と自然との矛盾を、理性と科学の光のもとで、動物的にではなく人間的に解決すること」という定義に凝縮される見地[39]としてのヒューマニズム、等々の如きは、「人道主義」の方向での、強い社会意識を伴ったヒューマニズムの典型として注目に値するであろう。ヒューマニズムにおけるこのような humanitär な側面をイェーガーの如く「卑俗な意味」として退けるとすれば、それはむしろその概念から歴史的な厚みと理念的な光輝とを剥奪し、これを単なる教養趣味の浮華へと頽落させること必定である。

我々はここで、現代におけるヒューマニズムが、これを推進した哲学者・三木清や文学者・阿部知二の思想に窺われるように、「人道的側面」と「人文的側面」との統一の上にのみ成立し得ること、むしろこの双方の側面がそれぞれ他の側面の媒介によってのみ自己の内容を充実させ得ることを再確認すべきであろう。その観点から、以下、「人道的側面」の代表として「黄金律（Golden Rule）」の問題を、「人文的側面」の代表として「表現」の問題を取り上げ、そこに人文科学の精髄たるべきヒューマニズムの特徴を探ることにしたい。

（2）「黄金律（Golden Rule）」の問題

「黄金律」といえば、――人間の良識が文明の差異を越えて普遍性を有することを示す好個の事例であろう。一つは古代中国において発せられた孔子の発言である。すなわち孔子は弟子の子貢からの「一言で表せるような、生涯を通して実践すべき規範は存在するか」という問いに答えて、「それは『恕《じょ》』であろうか。『恕』とは、『己れの欲せざる所を人（＝他人）に施すこと勿《なか》れ』という意味だ」（『論語』衛霊公篇）と語った。これは「勿れ」という否定形になっているが、ヨーロッパの紀元一世紀にイエス・キリストの語った有名な垂訓とまったく同一趣旨であることは一見して明らかである。すなわち曰く、「然らば凡て人に為《せ》られんと思ふことは、人にも亦その如くせよ」（『新約聖書』マタイ伝・第七章）、と。イエス・キリストはここで「せよ」という肯定形で語っているが、ヨーロッパではそれの否定形――孔子の「恕」の意味とまったく同一意味の命法――もまた汎く通用し、両者表裏をなしてヨーロッパ精神史の、少なくともその良質な部分の背骨であり続けた。

　しかしこの命法は近世の大哲学者には必ずしも好評であったとは言えない。その筆頭はカントである。すなわちカントはその著『道徳形而上学の基礎づけ』に付された注において、この命法を「月並みな標語（das triviale）」と評して、これを「原則（Richtschnur）」または「原理（Prinzip）」の位置に置くことを拒んでいる。[40] 恐らく彼はこの命法を「為られんと思ふこと」すなわち欲望またはその対象に係わる命法――彼がまさしく道徳の「原理」から排拒した「実質」の要因に依拠した命法――と見なしたために、そこに「普遍的法則」としての資格を認めなかったのであろう。しかしこれは明らかにカントの誤解であって、この命法の真の意義はそれが一つの「操作」――後述する如き「可逆的操作（reversible operation）」――であるという点にあるのであり、そして「操作」といえば、彼が道徳性の基本として重視する「形式」の側面に重点の懸った知性の営みにほかならないからである。もっとも彼の他の著書『判断力批判』では、「趣味判断」に関連して、すべての他者の表象や判断を思想の中で顧慮し、そこから自己を反省する能力としての「共通感覚（gemeinschaftlicher Sinn）について語り、わけても表象状態から質料的・感覚的要素を可能な限り除去し、その「形式的特性」にのみ注意を集中しつつ、自己を他者の立場に置き換え、反転して自己の判断に吟味を加える「反省作用の操作（die Operation der Reflexion）」を重視しているから、「黄金律」の意義そのものはカントの思考のなかに血肉化されていたと言ってよいであろう(41)。

黄金律的な思惟操作の第一の特徴は、ピアジェ（J.Piaget）の発達心理学や、わけてもコールバーグ（L. Kohlberg）の道徳心理学において実証された通り、道徳的な「脱中心化」――「自己中心性」からの脱離――と係わる「可逆的操作」、すなわち自己の視点から一方的に判断を下し、その妥当性に固執するのではなく、他者と立場を置き換え、他者の立場に立ったとき、最初に立てた自己の判断がなお通用するか否かを吟味し、その妥当性・普遍化可能性をテストする手法である。この手法を駆使して道徳的判断を立てた事例は、『墨子』書における「非攻（侵略戦争否定）」論や「兼愛（儒教的な「別愛」＝差別愛に対抗した平等愛）」の論証など、人類の文明史の比較的早期の文献にも見出される。

近世においてこの観点を倫理学の基本に据えた見事な実例としては、戴震の学説が挙げられよう。彼は先ず立法の端緒において「自己の臆見（主観的な独断）」、すなわち「他人を責めるとなれば、己れの抱く臆見に固執して、己れの是とするところを是とし、己の非とするところを非とする」自己中心的偏見を排除し、次のような可逆操作によるテストに合格した規範のみを正当な規範として定立することを主張する。すなわち、「好悪の感情がすでに現れると、自分の好悪のみを充足して他人の好悪を忘れ、往々にして他人に危害を加えてまで自分の欲望をほしいままにする。(これに対して)自分を反省するということは、他人がその欲望をほしいままにする事態に照らして、自分自身がそれによる被害を受ける場合を思料し、情の公平さ、好悪感情の節度を獲得することである」[42]。かくして、儒教倫理学の最高範疇たる「仁」の概念についても、「己れの生存を達成しようと欲しつつ、同時に他人の生存をも達成せしめるのが仁の徳である。己れの生存を達成しようと欲し、他人の生存を害って顧みないのは不仁である。[43]」「仁とは生々の徳である。……一人がその生存を達成し、これを推して天下万人とともに生存を達成することが仁である」[44]というような、様々の高尚な規定に先立って先ずは「生存欲」「生命(生々)の尊重」という万人共通の要求に立ち返った、可逆性・脱中心性の観点からの定義が与えられているのである。

なお規範の選択・設定の際に使用される「可逆性のテスト」という観点からすれば、そこで駆使される批判的原理としての「否定性」の準則を無視するわけにはいかない。この点に関して、孔子がその「黄金律」すなわち「恕」の理念を掲げるに当たって、何故肯定形の命法とせず、「汝の欲せざる所を人に施すこと勿れ」という否定形の命法としたのか、という、当然起こり得る疑問に対して、中国一七世紀の思想家・王夫之は次のような興味深い解釈を行っている。すなわち、人間の欲する所は千差万別であり、自分の欲する所で以て簡単に他人の欲する所を推し測るわけにはいかないが、人間の欲せざる所、つまり「飢溺疾痛《きできしっつう》」の如きは、賢智・愚不肖に係わりなく誰にとっても耐え難いことだ、だから「恕」とは「己の欲する所において之を推さず、己れの欲せざる所において之を推す」のでなければならない(45)、と。

「否定性の準則」という点では、伊藤仁斎の見解も注目に値する。すなわち彼は「仁」概念に、「実徳」としての「愛」そのものという規定を与え、その内実について「慈愛の心、渾淪通徹《ごんりんつうてつ》、内より外に及び、至らずという所無うして、一毫残忍刻薄《ざんにんこくはく》の心無き、正に之を仁と謂う(46)」と定義している。ここで、自ら自己の倫理学の最高範疇と謳う「仁」の概念にポジィティヴな規定を与えず、「一毫残忍刻薄の心無し」というネガティヴな規定のみを与えているのは、この概念から一々の規範の妥当性をあらかじめ「区々死定」するような些末な規範主義の固執を排除し、自律系としての心に大幅の自由裁量の余地を与えつつ、いかなる規範や格率の選択・設定に当たっても、それが「一毫残忍刻薄」の動機に発したものであるか否かを常に批判的吟味の俎上に載せるということを意味するであろう。ここで「一毫残忍刻薄の心無し」と判定された規範や格率のみが、妥当性を承認された規範や格率として採用されるのである。要するに「仁」とは、自由裁量の主体たる自律系（心）における自覚的核心として、あらゆる実践的決定を指導する批判的原理、つまりは否定性の準則によってテストする判定原理にほかならない。――これは「黄金律」の適用に係わる高次の形態と言ってよいであろう。

以上の事例の総括としてここで力説したいのは、これらのいわば自由にして寛闊な道徳観が、「子、『韶《しょう》』を謂う、美を尽くせり、また善を尽くせり、と。『武《ぶ》』を謂う、美を尽くせり、未だ善を尽くさざるなり」（『論語』八佾篇）という孔子の言葉や、「聖人は文を右にして武を左にし、徳を崇んで殺を悪《にく》む[47]」という伊藤仁斎の言葉の示すように、「文」を重んじて「武」を卑しむ人文精神の沃土の上にのみ開化し得たということである。近年、一方では人文科学を迫害しつつ、他方では道徳や道徳教育の強化を謳う勢力が幅を利かせているが、彼らの掲げる道徳の観念が索漠貧寒な、そして多分に「残忍酷薄な」性格を帯びているであろうことは想像に難くない。

（3）表現性の問題

科学において「表現」を問題にすることは余り一般的ではないが、しかし『資本論』第一版「あと書き」でマルクスが言及した「研究方法」と「叙述方法」との区別に徴すれば、科学全体の形成において「叙述」の有する意義は決して小さくはない[48]。また特にこの点に着目した戸坂潤の指摘、すなわち「研究方法の方は云わば極めて専門技術的な様式を有《も》った方法であるが、叙述方法の方は云わば広義に於ける文献的＝文学的な様式を有つ[49]」という指摘の通り、「叙述」が「文献的＝文学的」要因と不可分であるとすれば、そこに或る種の「表現性」が要求されることは極めて当然であろう。特に「価値論的な範疇組織」に対応し、単に「在るところのもの」のみならず、同時に「在るべきところのもの」に係わりをもつ人文科学にとって、「表現性」の問題はその「学問性」を左右するほどの問題である。――その意味は次の通りである。

人文科学は、既述の通り、人間の価値実現を主題とした学問領域であるが、当の人間そのものは、その所与においてすでに人間であるような自然的存在ではなく、自己の個人的並びに共同的な活動を通して、自己自身を人間として後天的に産出していく文化的存在、或いはむしろ自己を人間として実現する課題を自己の存在契機とすることによってのみ人間的な生を営むことの出来る、いわば広義における実存的存在である。そうした人間の在り方は三木清によって美しく描かれた通りである、すなわち「人間は環境を形成することによつて自己を形成してゆく、――これが我々の生活の根本形式である。我々の行為はすべて形成作用の意味をもつてゐる。……我々は環境から作用されて逆に環境に作用する、環境に働きかけることは同時に自己に働きかけることであり、環境を形成してゆくことによつて自己は形成される。環境の形成を離れて自己の形成を考へることはできぬ(50)」。

こうした形成過程のなかで、表現とは自己から環境へ刻印する形成物に違いないが、それが自己形成の媒介物である以上、その表現は単に既成または所与の意味だけでなく、未来から呼びかけてくる意味を含まなければならない。そしてここで明らかなことは、後者の方向における意味は表現とともに形成される意味であり、そこでの表現形成の働きはまさしく意味形成の働きにほかならぬということである。

既成または所与の意味の表現（＝叙述）ではなく、意味形成の役割を担う表現の意義については、言辞表現に関する王夫之の卓抜な見解を手掛かりとして考察を進めよう。すなわち彼によれば、人間の用いる言辞は第一に「器（＝事物）を述べる」こと、すなわち事物とその理法を概念的に記述しもしくは説明することを任務とするが、しかしそれに尽きるのではなく、続いて天下の人々の行動を鼓舞し、彼らをして事物の創造と現実の制御とに努めさせる作用を営まなければならない。それが意味することは、――「辞を修めて誠を立つる」こと、すなわち単に対象を正確に記述するだけでなく、人々を鼓舞するに足る説得的な修辞（＝表現）を彫琢すること、しかもこの表現はそれと同時に「未だ無きものがそれに従って建設され、既成の有意義なものがそれに従って維持される」(51) ような――現実的な価値の創造に係わる、しかし差し当たりは意識の内容に属する――新たな「意味の形成」を伴っているということにほかならない。

＊　＊　＊

この点を一層鮮明ならしめるのは、「文」と「質」との関係に関する王夫之の考察である(52)。一般的には、「文」は表現上の文飾すなわち事柄の外的方面を指し、「質」は実質的な意味内容すなわち事柄の内的方面を指すが、王夫之はこのうち表現上の文飾をも「文」と「飾」とに区別し、「質」に対する「文」の関係を明確にする。曰く、「情に及ぶ者は文、情に及ばざる者は飾なり。情に及ばずして強いて之を致す、是《ここ》に於てか支離漫爛《しりまんらん》、然らざるの理を設けて以て一時の弁慧《べんけい》を給する者これ有り(53)」。すなわち、一般的な文飾のうち、「飾」が専ら外部から施される飾りであるのに対し、「文」は飽くまで内的な実質たる「情（＝質）」の外化としての表現にほかならないのである。問題はこの「文」と「質」とが同一の実体の表裏でありながら、必ずしも常に調和するとは限らないところに発生する。

論議に手懸りを与えるのは、孔子の次の言葉である。「質、文に勝《まさ》れば則ち野（粗野な田夫）、文、質に勝《まさ》れば則ち史（実質を欠いた博識家）。文質彬彬《ぶんしつひんぴん》（相半・適均）として、然る後に君子なり（文意：質が文を凌駕すれば粗野な田夫であり、文が質を凌駕すれば虚飾の物知りである。文と質とが彬彬として、ほどよく調和してこそ、まことの教養人である）(54)」――この一文について、朱熹《しゅき》

（一一三〇〜一二〇〇）は、「文」「質」双方とも、その余分を削り、不足を補うこと、つまりは「文」と「質」とが相互に過不足なく均衡することが「成徳に至る」条件であると述べているが、しかしその後に「文と質とはともに相手を凌駕してはならないが、しかし質が文を凌駕する場合には、まだしも文による修正が可能であるのに対して、文が質を凌駕し、質を滅ぼすに至る場合には、抑々根本が失われてしまっているのであるから、文が残存したとしてもそれを施す相手が存在しない。とすれば、浮薄な物知りであるよりも篤実な野人であるほうが増しである」[55]という趣旨の楊時《ようじ》（字・亀山《きざん》、一〇五三〜一一三五）の言葉を何の注釈もなしに追加しているところから推測すれば、何れかと言えば「文」よりも「質」を重視する立場に傾いていたと思われる。

　これとは違って、王夫之は、「質、文に勝る者」、すなわち「質」の洗練（尽美）を求めず、所与の「質」に固執して直情径行に逸《はや》る野人の態度に対しても、「文、質に勝る者」、すなわち外的な功績のみを求め、表面の文飾に汲々として遂には内面の誠実を忘れる文人の態度に対しても、「其の質有りと雖《いえど》も、以て令儀を成すに足りず、其の文有りと雖も、質を以て幽独する能わず、可ならんか」と述べて対等に非難の矛先を向け、君子たらんと欲する者に対しては「彬彬《ひんぴん》の美を念《おも》い、自ら其の節文を善くする所以を思い、以て流俗の偏を免かるるを求めざらんや」と問いかけ、つまりは君子（立派な教養人）の条件を文字通りの「文質彬彬」の実現に求めたのである。[56]これは何を意味するのか。問題の成因が文質の調和のみならず、その乖離にあったとすれば、王夫之の一見常識的な調和論は問題そのものの回避に繋がるのではないか。

　他の一例を見よう。「棘子成《きょくしせい》曰く、君子は質のみ。何ぞ文を以て為さん、と。子貢曰く、惜しいかな、夫子の君子を説くや。……文は猶《な》お質のごときなり。質は猶お文のごときなり。虎豹《こひょう》の鞟《かく》は、猶お犬羊《けんよう》の鞟《かく》のごとし（文意：棘子成〔衛国の大夫――古注・新注〕なる人物が言うには、『君子（教養人）の資格を決めるのは質のみであり、文は係わりがない』、と。子貢（孔子の高弟）はこれを批判して言う、『残念至極だ、貴殿の君子論は。……もともと文は質と、質は文と、相即不離の関係にあるのであって、文を取り去った質だけの状態では、君子と小人との間に何の差別もない。それは恰も虎豹の美しい毛皮とて、毛を取り去って皮だけにすれば、犬羊の皮と何の差別もないのと同様である』、と」[57]。この一文について、王夫之は、「質」の意義を強調する余り「文」の役割を貶斥した棘子成の偏向に対する子貢の批評は、その限りでは正当であるが、しかしそれを駁するに「虎豹の鞟は猶お犬羊の鞟のごとし」の命題を以てしたのは、子貢の側でもまた、棘子成の一面性に激する余り別の一面性に陥ったことを示している、と指摘する。王夫之によれば、真実には、「唯それ虎豹たりて、しかる後に虎豹の文あり、唯それ犬羊たりて、しかる後に犬羊の鞟を成す」と言うべきであって、君子と小人とでは、「文」が異なるだけでなく、「質」もまた均等であり得る筈はない。もし君子が僅かに「文」を以て小人に異なると言うならば、もとより「忠信の本」の立つ余地はない[58]。――王夫之はここでもまた、表面的には、「文」と「質」との乖離という深刻な問題性(Problematik) を回避し、常識的な意味における「彬彬の美」を求めているように見える。

しかし他の著述[59]と併せてみると、王夫之の「文」「質」調和論には、通常それに帰される凡庸な見地、すなわち一応は「質」の優位を踏まえつつ、「文」をそれに対応せしめる仕方で「文」「質」の調和を要求する見地とはまったく逆向きの傾斜が窺われる。換言すれば、王夫之は「文」を「質」に対応させる傾斜においてのみならず、逆に「質」を「文」に対応させる傾斜においてもまた、「彬彬の美」を要求していたのである。つまり彼は、「文」を以て既成または所与の「質」——既成または所与の「意味」「内容」——の表現と見なし、それに見合った水準への「表現」の抑制——その意味における「文」「質」の調和——を以て堅実さを誇り、かくて結局は「質」そのものを寂莫貧寒な既成性・所与性に閉塞させる凡庸な立場とは真っ向から対立する。それ故、彼の筆鋒は、先ずは「文」を軽視して「質さえ立てば文は贅余《ぜいよ》に過ぎぬ」という建前論に向けられる。すなわち彼によれば、「文」と「質」とは相互媒介的な規定関係にあり、従って単に「質」が「文」を制約しているだけではなく、「文」もまた「質」の状態に積極的に関与しているのである。故に「質」の表現の仕方（＝「文」）が適切さを欠くならば、「文」が「文」として成立しないだけでなく、それによって「質」もまた毀損を免れない。「文」が「文」たることを全うしてのみ「質」も「質」たることを全うすることが出来る。故にまた適切に行われる「文」の彫琢・創造の集積は、それに対応する高次の「質」を新たに形成する（辞之善者、集文以成質）。そしてこのように「文」において表現的に構築される新たな「質（＝意味）」こそが、その文飾の美と相俟って人間の行為を動機づけ、人間をして価値の現実的な創造に赴かせるのである。

＊　＊　＊

初めに掲げたテーゼを再度確認すれば、意味（質）が表現（文）を随伴しているだけでなく、逆に表現（文）において意味（質）が実現されているのである。換言すれば、既存または所与の意味に表現が局限されるだけでなく、逆に表現の形成に即しつつ、その表現に見合った新たな意味の形成が成就されるのである。意味は端的に表現の意味にほかならない。

例えば、公共の場パラッツォ・ヴェッキに置かれたミケランジェロの彫刻「ダヴィデ」像は、一面では確かに当時のフィレン市民に多少とも共有されつつあった反専制主義的な自主独立の精神——その意味では所与的な「質」——の反映——その限りにおける「文」——に相違なかろうが、しかしそれだけならば、あれほど深い翳りを内包した高貴な姿を輝かせる必要はなかったであろう。我々がダヴィデの像において認めるのは、自由都市の防衛という局面において過去の疎外の闇を破って耀き出た「類的本質」としての人間の精神（質＝意味）、人類の歴史的課題と個人の人生の課題との統合において成就される歴史主体としての人間の精神（質＝意味）、それ故にまた被投的な現実性と企投的な当為性との凝縮において成就される自覚存在としての人間の精神（質＝意味）にほかならない。それ故にこそ、パラツィオ・ヴェッキに毅然として佇立するダヴィデの像を仰観する人々は、独特の至高体験を通して、通常は朦朧とした気分に潜在するだけの「類的本質」としての「人間性」の自覚化、従ってまた自由都市の建設に参画する歴史主体としての自己の使命の自覚化を促されるのである。

人文科学が対象とするのは、このような人間的自覚の実現としての「意味形成」と不可分に結合し、かつそれと交渉を結ぶ人々の内面における「意味形成」を媒介するところの「表現的世界」にほかならない。それはまさしく「科学」として、個々の表現において個々に成立している人間的自覚を再度考察の対象とし、それらを普遍的な人間の立場から再度理論的に編成するのであるから、いわば自覚の自覚としての高次の自覚、人類がそこにおいて人類としての自覚を普遍的に獲得する場面であると言ってよい。それはまた他面から見れば、かかるものとして人間の「類的本質」の実現過程――「人間による人間自身の人間化」過程としての「人類の教養史」――に参画する多数の人々に呼びかけるのであるから、それの成果そのものが高度に「作品」としての表現的性格を帯びなければならぬことは極めて当然であろう。

小括

以上の論議は人文科学が一般に具えるべき、そしてまさしくそれ故にこそ社会の存立に不可欠な分野として擁護されるべき「性格」に関する考察であって、現に大学や研究機関に開設されている人文科学諸領域の分類やそれらの具体相に関する考察ではない。人文科学全体の歴史と現況の具体的な諸相については、他の専著、例えば安酸敏眞著『人文学概論』[60]などの参照を望みたい。

また本稿の目的が現在危機に曝されている人文科学の擁護を目的とした関係上、一見その意義が至上主義的に誇張されている印象を与えたかもしれないが、しかし他の諸分野に対する人文科学の特権的な優越を主張する如きは、もとより筆者の本意ではない。筆者の要求は飽くまで諸科学のバランスの取れた営為と発展にある。換言すれば、科学の諸分野、差当たりの枠組みで言えば、人文科学、社会科学、自然科学三分野の、そしてそれぞれの分野内部の主題について言えば、基礎と応用、マクロとミクロ、開発と保護、自由と制御、歴史と現在、悠久の課題と当面の課題、等々の側面の、偏頗なき調和的展開の如何こそ、社会全体の知的水準の――それ故にまた社会全体の健全性と豊潤性との――指標となり得ると考えられる。

但しこうした科学の総体は、もしこれを目先の利害に捉われ、「市場原理」や「競争原理」に衝迫されて狂奔する「功利の徒」の猛威に曝すならば、直ちにその調和を破壊されるであろう。すなわち短見浅慮の実利的意向に添った領域が一面的に勢力を拡大し、人文科学や教養教育に代表されるような、人類の価値実現という悠久の課題を抱え、それ故にこそまさしく「叡智と優美」の文藻を要求される領分は理不尽の圧縮を免れないであろう。そしてその結果がやがて社会全体の品位の喪失、その衰弱と砂漠化に繋がるであろうことは理の当然と言わなければならない。現在、まさしくその危機に直面していることは、冒頭に引用した安倍晋三首相の発言、――国際会議の舞台で臆面もなく語られたあの発言によっても証される通りである。苟しくも科学に携わる者挙げての「人文科学の擁護」のための意識的な取り組みが痛切に要望される所以である。

＊　＊　＊

最後に先人の知恵の言葉を借りて結びに代えたいと思う。すなわち江戸中期の鴻儒《こうじゅ》・室鳩巣《むろきゅうそう》（一六五八～一七三四）は、「燈台もと暗し」という諺《ことわざ》について、一般にはこれは「あしきかた」の比喩として理解されているが、自分は逆にこれを「よろしき方に取なして」聴き取る、と断った上で、「たとへばわが身くらがりにゐて、くらがりよりあかりを見れば、あかりの事のこりなく見ゆるものなり。わが身あかりにゐて、あかりよりくらがりを見ては、くらがりの事一切見えぬものぞかし。されぱくらがりにゐてあかりをみるやうに、己が智をふかくひそめ養《やしな》て、くらきより明らかなるを生ずるやうにすれば、其明悠長寛大《ゆうちょうかんだい》にて、自然に遠きにおよびなん。それこそ真の明といふべけれ。もし己が材智にほこり、聡明を尽して、ただ手もとのあかるきを専にせば、あかりにゐてくらがりを見るがごとし。其明浅近短慮《せんきんたんりょ》にて、遠きに及ばざるのみならず、ただ手もとの事のみ見えて、下手の碁《ご》をうつがごとし。末の手は見えざる程に、毎々是非をあやまる事も多かるべし[61]」と述べている。すなわち室鳩巣は、人口に膾炙《かいしゃ》された諺を逆用して、卑近の瑣事にばかり明るく、時流の動向に右顧左眄し、目先の利害にあざとく、しかも遠方への見透しを欠如する「浅近短慮」の功利主義への偏向に警告を発しつつ、卑近の瑣事には恬淡でるとしても、時流の動向には諛《おも》ねらず、自己利害的な打算からは解放され、かくして遠方への明察を錬磨した「悠長寛大」なる人類的叡智の重要性を謳っているのである。

現在、すべての学問に要求されるのは、財力にものを言わせて勢威を揮っている「功利の徒」の圧力に決して跼蹐《きょくせき》することなく、室鳩巣の高調した「悠久長大」なる叡智の大道を堂々と闊歩し続けることである。その際、幾許とも「目的自由」（Jaeger）の性格を帯びる人文科学は常にその大道を照らす篝火《かがりび》としての役割を果たさなければならぬ。しかしここに顧みておかなければならないのは、かくして培われる人類的叡智は、現実を無視した超越的世界に高踏するのでは決してなく、逆に――利害打算の「直接性」から解放されていればこそ――日常卑近な重用事に対しては、これを常に人間的な価値実現に方向づけて処理する「制御系」としての作用を営むということである。

【注】

（1）竹内章郎「『文系廃止・軽視』への反撃――ネオ・リベをその知識・認識論からも反撃する必要――」、『唯物論研究年誌』第21号、二〇一六、七五頁および一七六頁。

（2）W．イェーガー『パイディア』（曽田長人訳）上・下、知泉書館、二〇一八（原著 W.Jaeger, Paideia —— die Formung des griechischen Menschen, 1933, de Gruyter.）

（3）M．アーノルド『教養と無秩序』（多田英次訳）、岩波文庫（原書 M. Arnold, Culture and Anarchy, 1867.）。

（4）同右、八七頁。

（5）邦訳『パイディア』に付した訳者・曽田長人の解説、同書七二四頁、参照。

（6）W. Jaeger, Antike und Humanismus, 1925, In : Humanistische Reden und Vorträge, 2. Auf. Walter de Gruyter & Co. Berlin, 1960, S. 104～105.

（7）W. Jaeger, Paideia —— die Formung des griechischen Menschen, Bd. 1. 1933. De Gruyter, Berlin u. New York, 1973. S. 13～14.

（8）三木清「ヒューマニズムの現代的意義」一九三八、『三木清全集』岩波書店、第一三巻、二六七頁。

（9）三木清「ヒューマニズムの倫理思想」一九四一、同右、第五巻、二四八～二五一頁。

（10）李徳順『人的家園——新文化論』、二〇一二、黒竜江教育出版社（中国）、参照。

（11）Wilhelm Windelband, Geschichte und Naturwissenschaft, 1894. In : Präludien Bd. Ⅱ. 1924. Tübingen, S.145.

（12）H．リッケルト『文化科学と自然科学』（佐竹・豊川訳）、岩波文庫（原書 Heinrich Rickert, Kulturwissenschaft und Naturwissenschaft, 1899.）。但しこの項での叙述は同書の論点の要約なので、頁数は特定しない。

（13）E．カッシーラー『人文科学の論理』、中村正雄訳、創文社。（原書 Ernst Cassirer, Zur Logik der Kulturwissenschaften, 1924.）

（14）以上、同右、四九～五〇頁。

（15）以上、同右、第二試論、参照。

（16）以上、同右、第三試論、参照。

（17）戸坂潤『科学論』、一九三六、『戸坂潤全集』（勁草書房）、第一巻、一六九頁。

（18）同右、一六五頁。

（19）同右。

(20) 同右、一七〇～一七一頁。
(21) 同右、一三二頁。
(22) 戴震『孟子字義疏證』巻下、『戴震全集』一、精華大学出版社(中国)、一九四頁。――なお、ここで価値概念の表示としては、体系の準備段階の著書『緒言』では「純美精好」の語が、完成した体系書『孟子字義疏證』では「純粋中正」の語が用いられている。変更の理由は不明であるが、報告者は価値概念の表現としては「純美精好」の語をより適切と考えている。
(23) 戴震の範疇組織についての解釈は、村瀬裕也『戴震の哲学――唯物論と道徳的価値』、一九八四、日中出版、二八九頁、参照。
(24) 村瀬裕也『「良識系」の哲学』、二〇〇四、青木書店、一二六頁。
(25) H. Rickert, System der Philosophie Ⅰ, 1921, Tübingen, S.60 ~ 61.
(26) ブレヒト『ガリレイの生涯』、一九五五、『ブレヒト戯曲全集』(岩淵達治全訳・未来社版)第四巻、三三四頁(原書 Bertolt Brecht, Leben des Galilei, 1955.)
(27) 三木清「戦争と文化」、一九三七、『三木清全集』、前掲、第十三巻、四七五～四七六頁。
(28) 張載『正蒙』、大心篇―七。
(29) 王夫之『張子正蒙注』、巻四、大心篇、『船山全書』十二、嶽麓書社(中国)、一四五頁。
(30) 上原専禄「日本における独立の問題」、一九六一、『思想』同年六月号。
(31) K. Marx, Ökonomisch-philosophische Manuskripute aus dem Jahre 1844, Werke, B. 40, Dietz. S. 511 ~ 517.
(32) I. Kant, Grundlegung zur Metaphysik der Sitten, 1785, A. Ⅳ . S. 429.
(33) I. Kant, Kritik der praktischen Vernunft, 1788, A. 155.
(34) 詳しくは、村瀬裕也「ヒューマニゼイションの学問性」、一九八七、本書所収、参照。
(35) W. Jaeger, Paideia, S.13 ~ 14.
(36) 務台理作『現代倫理思想の研究(増補改訂版)』、一九六一、『務台理作著作集』第七巻、こぶし書房、二〇八頁。
(37) 高島善哉『社会科学と人間革命』、一九四八、『高島善哉著作集』第三巻、一〇一頁。
(38) 同右、一〇三頁。
(39) 堀尾輝久『現代教育の思想と構造』、一九七一、岩波書店、二六四頁。

(40) I. Kant, Grundlegung zur Metaphysik der Sitten, A. Ⅳ . S. 431.
(41) I. Kant, Kritik der Urteilskraft, A.156 ~ 157.
(42) 戴震『孟子字義疏證』、前掲書、一五二頁。
(43) 同右、一五九頁。
(44) 同右、一九八頁。
(45) 王夫之『四書訓義』巻十九、「論語」十五、衛霊公、『全書』七、八五二頁。
(46) 伊藤仁斎『童子問』、巻之上、四十三章。
(47) 伊藤仁斎『論語古義』、巻之二、八佾。
(48) K. マルクス『資本論』第一巻 a．資本論翻訳委員会訳、新日本出版者、二八頁（原書 K.Marx, Das Kapital, Vol. I. 1867., Dietz. S. 27.）。
(49) 戸坂潤『科学論』、前掲書、一八〇～一八一頁。
(50) 三木清『哲学入門』、一九四〇、『三木清全集』第七巻、一〇～一一頁。
(51) 王夫之『思問録』内篇、『船山全書』十二、前掲、四〇九頁。
(52) 王夫之『尚書引義』巻六、畢命、『全書』二、四一三頁。
(53) 王夫之『周易外伝』巻二、賁、『全書』一、八七七頁。
(54)『論語』、「注疏」巻第六、雍也第六。
(55) 朱熹『四書集注』、「論語集注」巻三、雍也第六。
(56) 王夫之『四書訓義』巻十、「論語」雍也第六、『全書』七、四五九～四六〇頁。
(57)『論語』、「注疏」巻第十二、顔淵第十二。
(58) 王夫之、前掲書、「論語」顔淵第十二、六九九頁。
(59) 王夫之『尚書引義』、前掲書、四一三頁。
(60) 安酸敏眞『人文学概論』、二〇一四、知泉書館、参照。
(61) 室鳩巣『駿台雑話』巻四、智集、岩波文庫、一七一頁。

ヒューマニゼイションの学問性（改稿）

学も又専門あり。己を己とし、彼を彼とすれば、各涯分あり。涯分あれば、人の是非をきくに暇あらず。……しからざれば両可の言をもうけ、あるひは渾合の説をなす。悲しいかな。

三浦梅園『元熙論』

「何はともあれ、わたしたちの畑を耕さねばなりません。」

ウォルテール（Voltaire）『カンディード』

前言

Faculty Developmentに関する職務研究の一環である本稿に「ヒューマニゼイションの学問性」

という標題を掲げることは一見はなはだ奇異の印象を与えるかも知れない。というのは、一般に知識や学問の、或いは既成の知識体系のヒューマナイズィングについては、これまでも一般教育（現在では「教養教育」と呼ばれている——村瀬）の、従ってそれを担当する faculty の重要課題と見なされてきたが、かかるヒューマナイズィングに要求される「学問性」については従来殆ど論議の俎上に上ったことがないからである。「学問性」とは一般にはむしろ学問の「専門性」の資格に係わる概念として受け取られているように思われる。

だが抑々学問・知識のヒューマニゼイションとは何か。もしここで問題にされているのが既成の学問・知識の「教育的咀嚼」に過ぎないとすれば、それはいわゆるポピュラリゼイションと殆ど異ならず、殊更にヒューマニゼイションなどと呼称する必要もなかろう。敢えてヒューマニゼイションと称するからには、そこに単なる教育的咀嚼を越えた何らかの高次の営為が、そしてその成果として何らかの「新たな質」——もしその素材が既成の学問・知識であるとすれば、新たな質的性格を伴ったそれらの再組織・再編成——の実現が予想されるのでなければならない。そこに貫かれるのは、その問題意識や探究方法に関しても、またその成果の特質に関しても、いわゆる「専門的な」学問領域におけるそれとは質的に異なる或る独自の性格特徴を具えた「学問性」であると言ってよいであろう。

この点に関して示唆的なのは、学問における「作品性」の復権を強調した経済学者・内田義彦の見解である。(1) 委曲を尽くした内田の論議をいま必要な範囲で要約すれば、——学者の仕事に関して今日支配的な通念は、専門的な論文のみが創造の名に値し、一般読者向けの書物となると直ちにこれを安易な啓蒙書（入門書・概説書）と見なして貶価《へんか》する偏向である。ではここで唯一創造の資格を与えられた専門研究――専門誌に「論文」の形で公表される――はどのような実情にあるのか。一般に論文は「一つの世界をなして丸ごと一人一人の読者に対する」のではなく、ひとつの断片として学界にプールされ、学界の「共有財産」に加わる。他方、このような学問の所産に対して、その最終消費者たる一般の人々は、それらの所産を巡る実践――内田が主題とする社会科学にあっては「政策実践」または「社会的実践」――の受益者もしくは被害者としての受動的な役割しか与えられていない。つまりそれらの所産にあっては、その学問内容そのものがそれぞれ主体者たる一般の人々に届けられることは極めて稀である。これに対して、例えばスミスやマルクスの業績は、単に専門家のみに提供された処方箋ではなく、専門家ならざる一般読者に直接届き、彼ら一人一人のなかでコペルニクス的転換が起こることを念願して書かれた「作品」である。これらの業績が具えているのはまさに「作品」としての性格なのである。それが人々のなかにコペルニクス的転換を惹起し、彼らをして社会の主体として自覚せしめる産婆の役割を果たし得るのは、まさにその「創造的な作品性」の故にほかならない。ところが我国の学界では、この種の仕事を、特殊な天才にだけ許される、それ故一般の研究者の苟且《こうしょ》にも見倣ってはならぬ特例として扱う傾向があり、そのことが最終読者を直接念頭に置いた「独創的な作品」の創造に生涯を賭ける気風を殺ぐ結果をもたらしている。――ほぼ以上の如き内田の論旨は、現在の我国の学界を覆っている或る種の侏儒的傾向への痛切な告発として受け取られるであろう。

もとより内田義彦とて、またその主張を肯定的に引証した筆者とて、細分化された専門性のなかで高度にかつ先鋭的に発展していく学問研究の意義を否定するものではない。それはまた学問研究のひとつの必然的な流れでもあろう。しかしこの一方向のみを以て学問世界が全面的に覆われていると考えるのは明らかに一つの偏見であると言わなければならない。専門外の人々が自己の外部で行われる「実践」の単なる受動的な受益者または被害者に留まってはならぬ以上、学問の今ひとつの役割がこれらの人々の「教養」に資するところにあることは言うまでもない。そしてこのような役割に耐える学問の性格がその「作品性」に存することは、内田の発言に依拠しつつ上来見た通りである。ではこのような「作品性」を保障するものは何か。私見によれば、それこそがまさにヒューマニゼイションとしての独自の「学問性」にほかならない。

以下における本稿の主題はこのような「学問性」に要求されると考えられる諸条件・諸特質の追究である。なおこの種の考察が現在定説と称すべき基本見地の上に展開され得る状況にない以上、以下の論述が今後の吟味検討に供すべき仮説的提言の域を出ないことは改めて断るまでもない。また本稿に今後の研究への粗描の意義を託し、関連する所説の蒐集に務めた関係上、限られた紙幅に比してやや引証過剰の煩雑な叙述になる恐れもあるので、あらかじめ了承を請うておきたい。

I　フェニックス（P. H. Phenix）における「意味の生活」と教育課程

一般教養（教養教育）の観点からヒューマニゼイションの問題に触れる場合、無視して通ることが出来ないのは、フェニックスの『意味の領域――一般教育の考察――』である。[2] 本書についてはすでに本誌（『香川大学一般教育研究』）創刊号に笹本正樹教授の簡にして要を得た紹介と論評[3]が掲載されているが、本稿における次の展開に向けて道順を踏む必要からしても、またこの書物がその後邦訳され、数少ない一般教育哲学として汎く関心を集めている状況からしても、いま改めて、必要な範囲でその要旨を纏めておくことは、必ずしも屋上屋を架する徒労ではないと思われる。故に以下暫らくフェニックスの論跡を辿っていこう。

フェニックスによれば、教育が本来人間の生成に携わるものである以上、教育者は何よりも先ず人間を、特にその本性を、その現実態・可能態・理想態において理解する必要がある。ところで、諸々の個別科学は、それぞれの視点と側面から人間探究を進めており、これまで多くの知識を蓄積してきた。しかし一般的な人間理解はこれらの個別知識の単なる総和において成り立つものではない。このような理解のためには、人間の本性についての統合的な概念、すなわち「専門家の証言がその部分的様相となるような概念」が要求される。ではそれは何か。これまでの哲学的解答によれば、人間の特異性を決定するのは「思考の能力」であり、従って「理性」こそ人間またはその本性の本質にほかならない。しかるに他方、この「理性」は、主に論理的な思考過程に係わるものとして狭隘に解釈されがちであり、そこから感情・良心・想像など厳密な意味で「合理的」とは言えない人間の基本的内容が排除される傾向を免れなかった。とすれば、かかる「理性」概念を以て人間に関する統合概念とすることは極めて不充分である。故にそれに代わってより広い内容を包含する「理性」の観点を表現し得る新たな統合概念が求められなければならない。そこで提案されるのが

「意味（meaning）」の概念である。この概念によって「理性または心の全範囲の内容」、或いは人間的諸機能のそれぞれに特色ある様々の側面のすべてが表示される。それらの諸機能は「意味の種類」であり、それらすべてが「一緒になって、意味の生活を構成し、それが人間生活の本質である」。かくて「人間の本性についての問いに対して、提案したい哲学的な解答をいえば、人間は意味を発見し、創造し、また表現する存在である」。以上の如くであるとすれば、教育の目標は、かかる「意味生活」の成長を促進することに置かれなければならない。

しかるに、フェニックスに従えば、「意味」には次の四つの次元がある。すなわち、

① 反省的な自我意識の經驗

② この経験を形態化する論理的原理

③ 無限に多様な意味種類のなかからの、現実の人間生活において重要な（意義のある）類型の選択的精製

④ これらの類型の象徴的表現

故に「意味生活」の成長を目指す教育者は、これらの諸次元との係わりにおいて学習課程を編成しなければならない。その際、多様な学究的学問を、論理的構造の類似の線に沿って大枠の部分的単位に区別することが必要である。ではこのような区別はどのような形で成立するのか。――先ずあらゆる認識可能な意味には「量」および「質」という二つの論理的局面があり、その各々はそれぞれ次の如き三段階を有する。すなわち、

量 ｛単一的 概括的 包括的｝　質 ｛事実 形式 規範｝

次にこの三つの量的側面と三つの質的側面との組み合わせにより、九種類の総称的な区別とそれに対応する六種類の「意味領域」が成立し、カリキュラムに組み込まれる諸々の学問分野および芸術分野はこの「意味領域」の何れかに配置される。こりを表示すれば次のとおりである。

量	質	意味領域	分野
概括的	事実	象徴界	日常言語、数学、非論証的象徴形式
概括的	形式	経験界	物理科学、生命科学、心理学、社会科学
単一的	事実	審美界	音楽、視覚芸術、動作芸術、文学
単一的	事実	共知界 synnoetics	実存的な局面における哲学・心理学・文学・宗教
単一的	規範	倫理観	道徳と倫理関係の多様な特殊領域
概括的	規範		
包括的	事実	通観界	歴史
包括的	規範		宗教
包括的	形式		哲学

フェニックスは以上の前提のもとに、この書物の第二部において、これらの「意味領域」の各々に関する詳細な考察を行っている。それはまさに『意味の領域』というこの書物の標題に該当する箇所であるから、著者の立場からすればこの書物の最も枢要な展開局面に違いなかろう。しかしここではその一々に立ち入る余裕はないし、またこの問題に深入りすることは本稿の目的からしてあまり適切とは思われない。そこでこの箇所における重要な論点についての吟味は他日に期することとし、ここでは第三部「一般教育の教育課程」のうち、爾後の論議に関係の深い四つの点、すなわち学習内容の選択に関する四つの原則に簡単に触れるにとどめよう。

①**【学問的知識の使用】**。一般教育に適切な教育内容は、何よりも先ず単なる意見と区別された学究的学問の成果、すなわち専門的研究者相互間の共同作業の成果たる確実な知識に基づかなければならぬ。このような学問的知識の本質は決して一般教育の観念と矛盾するものではなく、却って後者は前者の基礎の上にのみ成立する。一般教育の「一般」たる所以は、「知識一般」なるものを前提とするところにあるのではなく、特殊な集団の成員に制限されない一般的・人間的連関をもつというところにある。ではここでの教師の役割はどのように解されればよいのか。それはすなわち、専門的知識を一般的な人間的関係に連絡させるべく媒介すること、学問的知識の「人間化」を行い、それを学生の利用に供すべく生気あらしめることであり、その点で教師の任務は専門領域における研究者の任務とは機能を異にしている。

②**【代表的観念】**。知識の過剰に対する教育上の解決策として、その徹底した簡素化が要求されるが、そのための有効な手段は、学問的知識の豊富な資源から特に代表的な事項を選択するこ

と、還元すれば、学問の「代表的な観念」を例証すべく教育的内容を選択することである。ここで「代表的観念」とは、学問の類型を表わすという意味で「典型的観念」であり、また学問の性格を明らかにするという意味で「特徴的観念」である。ところでこの「代表的観念」は、同時に「成長の原則」――それによって例証の豊富化と洞察の深化が行われる――であり且つ「単純化の原則」――それによって細部で道に迷うことを防ぐ学問の地図が提供される――であるという驚くべき役割を果たす。つまり「学問の範囲内の知識を急速に拡大させながら、学問を豊かにするまさにその観念の理解が、また学問を学習するという仕事を単純化する基礎」でもあるのである。

③**【探究の方法】**。教材の内容は、探究方法と理解様式を例証するように選択されるべきである。というのは、第一に、方法の理解は、犬儒主義を克服し、破壊的懐疑を理解の可能性への確信に導くからであり、第二に、方法が一学問における統合的要素である限り、それの理解は、現代における知識の断片化の傾向を阻止するのに有効だからであり、第三に、探究の道具があれば、ひとは既成の知識を大量に詰め込む必要から免れる限り、方法の理解は、知識過剰の問題の解決に役立つからであり、第四に、方法がその適用結果たる知識よりも一般に安定性が高い限り、それを研究することは、「意味」にとっての現代的脅威たる「うつろいやすさ」の悪影響を防ぐのに特に有益だからである。総じて、方法の理解は、学習の継続と研究の自己企画との可能性を生み、また方法への注意の集中は、「無意味性の二つの形態である材料の断片化と過剰を克服する助けとなる」。

④【想像力への訴求】。これまで挙げた三つの原則が、主として組織的学問の論理的形態に、特に学ばれるべき知識量の徹底的な減少に係わっていたのに対し、ここに挙げる第四の原則は、主として教師・学生のもつ「内的生活」の性質に係わっている。すなわちここでの中心問題はいわゆる動機づけの問題である。人間の願望が「意味」に向けられている以上、学習の根本的な動機が「意味」の探究にあることは言うまでもない。そして想像力はかかる動機に本質的な連関を有しているのである。それは人間の内的精神生活の意識的中心にほかならない。故に学生に学習の動機づけを与えるためには、新たな「意味生活」への展望にむけて彼らの想像力を喚起するような、意外性と生気に満ちた教材が選択され、編成されなければならぬ。

――以上の如く要約されたフェニックスの見解について、次に「ヒューマニゼイションの学問性」という本稿の主題に実を結ぶ方向で吟味を加えていくことにしよう。

Ⅱ　フェニックス学説への批判的吟味

教育学者・笹本正樹は、フェニックスの著書を早い時期に日本に紹介した論文において、そのカリキュラム哲学の根本的な立脚点を次の如く批判している。(4) すなわち、彼の見解の背後に「神学的な面」を匂わせる節がその論述の随所に見受けられ、反面、そこには一貫して社会的側面が欠落している。つまり彼は一般に社会的なものに眼を向けようとはせず、人間存在の意味をひたすら「神の認識」に関係づけようとしている。その当然の結果として、彼の一般教育論からは人間性を破壊し圧殺するものへのプロテストとしての「一般教養」の観点は生まれてこない。その意味で「彼の人間性はタテの人間性（神にむかう）を強調して、ヨコの人間性（人間にむかう）を忘却しているのではないかと思われる」、と。――フェニックスの著書を全体として通読した限り、筆者もまた笹本と似通った印象を否み得なかった。にも拘わらず、筆者の叙上の要約では、このような基本観点にはまったく触れなかった。というのは、第一に、このような基本観点についての論争は本稿の主題とは差し当たり無関係であり、また第二に、フェニックスの見解には、笹本によって指摘された基本観点に係わる問題性を差し引くとしても、なお今日の教養教育の問題を考究し解決していく上で重要かつ示唆的な内容が多く含まれていると思われるからである。故に以下の論述では、笹本の指摘は暗黙に念頭に置いておくに留め、叙上の要約に係わる範囲で検討を進めていきたいと思う。

先ずフェニックスの見解のうち、我々の問題の探究に肯定的に引き継がれるべき側面を見よう。第一に挙げられるのは発端における問題意識の共有である。学問の細分化と職業の専門化は現代社会における必然の趨勢であり、またそれは社会発展の不可欠な側面でもあるに違いないが、しかし同時に、それに伴う知識の過剰、生活の断片化と無意味化という問題状況を何らかの仕方で解決し、全面的な文化、広汎かつ多面的な視野、人間生活の統合的な展望に立った「教養」を実現する方途を見出すことは今日吃緊の課題であると言わなければならない。結論的な見解の如何に係わりなく、一般教育探究の出発点をこのような状況と課題に置いた点では、フェニックスと我々との間に何らの齟齬も存在しない。

第二に、筆者が彼の諸見解のなかで特に肯定したいのは、彼が人間解釈上および教育理念上の統合概念として「意味」の概念を導入したことである。人間とは「意味」を発見し創造し表現する存在であり、従ってまさに人間の生成に携わるところの教育の目標は、かかる「意味」の生活の成長を助けることに置かれなければならぬ、という彼の主張は、それが人間の発生や存在に関する形而上学的解釈にまで延長されない限り、従ってそれが人間の在り方・課題・展望に関わる価値論的視座からの見解に限定される限り、爾後の論議の基調にそのまま継承される立場にほかならない。

第三に、学習内容の選択についてフェニックスの挙げた四つの原則は実際の教育場面において大いに利用価値のあるものと思われる。特に第二の原則、すなわち「意味」との係わりにおいて「代表的観念」を浮上させ、それを例証するような内容を選択・編成することにより、教育内容を凡庸化・浅薄化することなく徹底的に簡素化すべきであるという原則は、実践的観点からして極めて卓抜な着眼と言わなければならない。

しかし同時に、フェニックスの著書は、笹本正樹によって指摘された前述の基本的難点は別としても、本稿の主題がむしろそれへの反措定として展開されるべき幾つかの問題点を含んでいる。

第一に、彼の学説の根本に在り、かつその体系構成のアリアドネの糸たるべき「意味」の概念が、決して短いとは言えないその論述の全体を通して一向に明確にされていない。なるほど彼はこの書物の第二章において、「意味」の四つの次元に関する詳細な記述を行ってはいる。しかしそれは飽くまでこれらの「次元」についてであって、これらを統括する「意味」それ自体の正体についてではない。

第二に、そのことと関連すると思われるが、発端における鮮明な問題意識にも拘わらず、肝心の展開部分、すなわち「意味」の領域乃至はその基本形態に関する論述は著しく精彩を欠く結果となっている。勿論その中には、例えば「共知界（synnoetics）」のようにフェニックスの創見に懸る部分、また「動作芸術」のように彼の卓越した識見を示す部分も見られるが、概して言えば、それは九種類の「意味領域」に分類された各学問分野の一般的な「性格」に関する叙述であって、端緒における問題意識から期待されるような各分野の「意味」の把握、或いは「意味」との係わりにおける各分野の教養化乃至ヒューマニゼイションの方法の提示とはなり得ていない。またその「性格」把握においても、例えば心理学や社会科学のような領域に関しては、特殊アメリカ的な学問状況の制約を免れておらず、普遍的な検討の俎上に乗せるには極めて不充分である。

第三に、彼は学問の「人間化」の問題を専ら「教育」の問題に限定しており、それ自体を一つの新たな方向線に沿った、新たな意義のもとにおける「学問」の構築の問題として捉える視点を欠落している。すなわち彼は教師――特に一般教養（教養教育）に携わる教師――の任務を規定して「教師の職務は、知識の媒介者として、学問を人間味豊かなものにすることであり、そのことが果たされるのは、さまざまな知識がそれぞれに、特定の専門家集団にとってよりはむしろすべての人にとって意味があるということを示すことによってである[5]」「……一般教育にたずさわる教師の特別な任務は、ある特定の学究的学問領域で、知識の産出と正当化に責任をもっている人々の特別の任務とは、機能的に異なるものである[6]」と述べている。この規定は、教育の実践場面に限って言えば、まったく正当なものとして受け入れられなければなるまい。しかし「学問」の観点からすればどうか。

ここにあるのは一方の極における「学究的学問」、他方の極における「一般的教育」への二極分解であり、知識の産出と正当化に従事するのは専ら前者の役割とされ、これに対して後者の使命は専ら前者によって産出され正当化された結果を媒介することに限定される。だが学問の「人間化」は単に「教育」の問題であって「学問」の問題ではあり得ないのか。「学問を人間味豊かなものにすること」それ自体は、この方向において新たな「意味」に充実せる――先に触れた内田義彦の伝に倣って言えば、まさしく「創造的な作品性」を具えた――学問世界の形成に繋がらないのか。もし学問の「人間化」の課題が「教育」の側から提起されるとすれば、「学究的学問」から「教育」への方向線とは逆の方向線、すなわち「教育」から新たな学問世界の構築に向かうという方向線は考えられないのか。抑々媒介とは常に相互的・連環的なものであるからには――。

第四に、もしフェニックスのように予め「意味の領域」を設定し、そこに既成の学科を分類配置するとすれば、逆にこれらの学科の開設を固定化し、前提とされた「意味」を以てこの固定化を「意味づける」結果に陥りかねない。そのことは、再び逆に、「意味」概念それ自体の貧困化と枯渇化を招くであろう。「意味」がもし真の意味において主体の自律系における固有の位置を獲得しているとすれば、それは領域設定とそれの意味づけの局面に作用するというよりは、むしろ人間的・社会的・文化的な諸課題に応じた自由なカリキュラム編成――例えば「平和学」「環境科学」「福祉学」のような学問領域や課題別の学際的領域の導入、或いは「意味領域」それ自体の、まさしく意味的な再編――を支持し指導する機能を営むであろう。この点に関連した「意味」への問いは我々の不可避的な課題とならざるを得ない。

――フェニックスの所説に対する以上の如き疑問点の摘出は、もとより単なる批判のための批判、すなわち破壊的な批判のためになされたものではなく、却って彼の見解の積極面を充分に受けとめつつ、なおその疑問点をもまた否定的媒介として活用することを目指してなされたものにほかならない。それがどのような実を結ぶかは以下の展開を俟たなければならぬ。

Ⅲ　ヒューマニゼイションにおける「意味」の意味

1.「意味」論の状況

フェニックスにおける「意味」概念の不明確さを指摘した以上、暫らくはこの概念の穿鑿にかかずらう義務を負ったことになるであろう。

では抑々ここで求められる「意味」とは何か。――先ず手がかりとしてオグデン（C. Ogden）およびリチャーズ（I. Richards）の周知の著書『意味の意味』[7]を繙いてみよう。同書八章には哲学者たちによる多数の「意味」の用例が挙げられている。このように一堂に集められると、特にそこに登場する哲学者の多くがこの種の問題に過度の厳密さを要求することで知られていることに鑑みれば、頭痛を引き起こすのに効果覿面《てきめん》の錯雑ぶりは一驚に値しよう。著者たちはこれらの哲学者による「意味」の取り扱いに不信を表明した後、それらの材料に検討を加え、従来採用されている主な

「意味」の定義を三類型・十六種・二十三個に分類している。[8] しかし遺憾ながら我々の求めている「意味」概念に的確に対応する「意味」概念はこの表中には見出されない。B類型六種目の「対象に投射された活動」、七種目の「志向された事件」「意思」などは何らかの意味でここに関連をもちそうであるが、しかしその各々についての著者たちの精緻な分析——残念ながら今ここでそれに触れる余裕はない——を前提とする限り、それらにはフェニックスの掲げるような人間解釈上の統合概念の位置に揚挙され得る資格があるとは到底考えられない。

とすれば、我々は最初の手がかりをより大枠の単純明快な定義に求める必要があるように思われる。そこで参考になるのは池上嘉彦の見解である。すなわち彼は日常語における「意味」の用法を、「単語の意味」「文の意味」というような場合の「言語表現上の意味」——以下、「言表的意味」と略記する——と、「人生の意味」「宗教の意味」「彼の行為の意味」というような場合の「言語表現以外の意味」——以下、「言表外的意味」と略記する——とに大別し、後者の場合の「意味」は「意義(significans)」「価値(value)」「意図(intention)」などの語と置き換えることが出来る、と指摘する[9](このうち「意図」乃至「志向」の語はオグデンおよびリチャーズの分類表にも見られるが、ここでは彼処におけるような厳密な規定は与えられていないから、差当たりは広く「言表外的意味」を「言表的意味」から区別する極く一般的な内容として受け取って差し支えはないであろう)。この区別に従えば、我々の求めている「意味」が池上の所謂「言表外的意味」に該当することは明らかである。そしてそれが「意義」「価値」「意図」などと近縁の位置にある言葉であることは概ね肯定されてよいであろう。しかしこれは飽くまで概ねの趣意についての第一段階の確認に過ぎない。

我々がいま探索しているのは、一般的な意味論上の「意味」の意味ではなく、旧来の「理性」概念に代わって人間解釈上の統合概念の位置に揚挙されたところの「意味」の意味である。かかる役割を託された「意味」の概念について、単に「意義」「価値」「意図」などの語と置き換え得るという確認を以て最終的な確認とするわけにはいかないことは言うまでもなかろう。

私見によれば、ここで求められる「意味」の概念に最も接近しているのは、現代ルーマニアの哲学者グリアン（I. C. Gulian）の所謂「価値意味」——彼の人間論の文脈において「人生の意味」という場合の「意味」——の概念である[10]。彼はかかる「価値意味」を、価値展望と結びついた人間の固有性の「対象化（自己確証）」との関連において、しかもそれを人格の投錨せる社会的・歴史的状況との関連において把握している。しかるにもし我々の求めている「言表外的意味」が、グリアンの云うような実存的並びに社会的契機を含蓄しているとすれば、それは「言表的意味」とまったく無縁のものではなく、むしろ——後述の尾関周二の見解に明らかなように——或る系譜に属する研究者によって究明された「言表的意味」と深く接続していると思われる。故に暫らくはこの系譜における「言表的意味」の解釈を追跡していきたい。

2. アダム・シャフ（Adam Schaff）における「言表的意味」

最初に現代ポーランドの哲学者アダム・シャフの見解を見よう[11]。彼は言語記号の「意味」を二つの局面から把握する。

一つは「記号－場（signsituation）」の分析において浮上するところの意味である。ここで「記号場」とは、

①相互に思考しコミュニケートする複数の人間、または人々の諸クラス

②記号が関係している「或るもの」

③思想がそれによって伝達されるところの記号

などの諸要素の複雑な関係として成立している「場」の謂いである。従ってそこから析出される「意味」とは、ひとつの社会過程たる「伝達理解過程（コミュニケーション過程）」における、相互にコミュニケートし合う人々の一定の関係として把握されるところの意味にほかならない。この意味における「意味」をアダム・シャフは「心理学的平面における人間の関係ないし諸関係の或るシステム[12]」、或いはより正確に「人間コミュニケーションの過程における、つまり一人の人から他の人へ思想を伝達するという過程における仲介者としての機能を記号に演じさせる或るもの[13]」と規定している。このような観点からの「意味」説を我々は尾関周二に倣って「意味＝相互人間関係」説と呼んでおこう[14]。

なお因みに、ドイツ（旧東ドイツ）の倫理学者アイヒホルン（W. Eichhorn）が、かかる意味における「意味」把握、すなわち「意味」の本質を記号場（Zeichensituation）における人間的な理解過程において生ずるところの社会関係として捉える観点を、道徳の本質機能の一側面の分析に適用しているという点に注意を促しておきたい[15]。このことは裏から言えば、一つの社会過程であるところの理解過程という視点から捉えられた「意味」は何程かモラーリッシュな性格を帯びているこ

とを意味するであろう（この点は次に見る尾関の見解とも関連している）。そしてこの点は、やがて学問のヒューマニゼイションの一面を客観的認識のモラーリッシュな性格化として捉える私見とも結びつくので、ここで一つの伏線として念頭に留めて頂きたい。

ところで、アダム・シャフの意味論にはいま一つの側面、すなわちやはり尾関によって「意味＝概念」説と命名された側面がある。[16] それは思考と言語との有機的統一を踏まえた認識論的局面から、言語意味の「対象反映性」を承認するところに成立する「意味」説であると言ってよい。シャフによれば、語の「意味」は「概念」と等しく「現実についての一般化された反映」[17]の所産であり、両者はただ吟味の行われる局面の相違に従って異なった取り扱いを受けるに過ぎない。差し当たって「意味」の側からのみ見れば、かかる「反映」の所産たる「概念」が、人間コミュニケーションという見地から吟味される場合に、特に「意味」と称されるのである。

ここで顧慮に値するのは、叙上の如きアダム・シャフの見解の得失に対する尾関周二の分析・批判である。[18] すなわち、第一に、シャフの「意味＝相互人間関係」説は、コミュニケーションの観点から当然導かれる見解ではあるが、コミュニケーション過程における「仲介者としての機能を記号に演じさせる或るもの」という定義はいま一つ明確さを欠いている。第二に、シャフの「意味＝概念」説は、「意味」の普遍的・一般的性格に着目する限り、「意味＝指示対象」説、「意味＝心象」説、「意味＝行動」説、「意味＝用法」説などの所説に比して遥かに有力であるが、その反面、語の「意味」の本質的成分たる「価値的アクセント」や「生活関心」による規定が顧慮されていない限り、完全に同意し得る説とは言い難い。第三に、シャフにあっては、「意味＝相互人間関係」説と「意味＝

概念」説との間に連絡がなく、両者がいわば並列状態で放置されたままになっている。言語の「意味」を明らかにするためには、コミュニケーションの観点と反映の観点との統合的なアプローチが必要だったのではないか、と。――ではこのような批判を前提として、尾関自身はいかなる見解を提起したのか。次にそれを一瞥しよう。

3. 尾関周二における言語意味の反映的側面とコミュニケーション的側面

尾関は先ずシャフによって並列的に提示された反映論の観点とコミュニレーションの観点とを統合し得る地点を言語に関する発生論的論議に求める。そこでは、言語の発生の原点が、対象に向かう「指示の身振り」と社会的交渉活動における「相互的身振り」という二種類の原初的な記号活動の融合であることが確認された。このことが示唆するように、「意味」の発生もまた、前者と結合した「認識的な反映活動」と後者と結合した「相互の心的状態の規範的な制御された表出活動」とが融合したところにあると考えられる。この観点からすれば、語の「意味」は、「概念的（認識的・対象反映的）」側面と「人間関係的（価値評価的・感情表出的）」側面とを、ともに本質的成分としてひとしく含蓄することになる。かくて尾関は、この両契機の統合において成立する「意味」概念として、「意味＝一般表象」説と称される新たな見解を提起する。

なお筆者自身は、尾関の如く「意味」を「一般表象」として捉えると、「意味＝概念」説の有する一面の積極性が失われるのではないかという危惧を抱いている。問題はむしろ「意味」

を「概念」としてのみ捉えるところにあったのではなく、「概念」を「反映」としてのみ捉えるところにあったと考えられる。但し、他の目的を追って尾関の説を紹介しているこの場面で、この点に深入りすることは差し控えたい。

ここで所謂「意味」＝「一般表象」の「一般性」――「一般性」はまさしく言語の核心である――に着目すれば、そこには次の二重の「一般性」、すなわち認識的な意味での「一般性」と、社会的な意味での「一般性」――或る集団・民族・社会等々に共有され、遍在する表象という意味での、社会的・共同的性格を伴った「一般性」――とが内属している。以上の如く考えると、「意味＝概念」説――筆者の私見では、「概念」を「対象反映」としてのみ理解した限りにおける「意味＝概念」説――では排除されていた側面、すなわち語の「意味」における「価値的アクセント」も、また「言語的意味」と「非言語的意味（言表外的意味）」との接点も正当かつ明瞭に把握されることになる。

以上の前提のもとに、尾関はさらに言語における「反映的側面」と「コミュニケーション的側面」との各々に考察を加えているので、いま暫らくその所説の紹介を続けよう。すなわち、尾関によれば、――

①**【言語の反映性】**。ここでは言語意味における対象反映性がそこにおいて成り立つところの記号相互のシステム構造など、言語理論上から見れば重要な論点については、紙幅の都合上省略することとし、本稿の主題と係わりの深い次の二点を取り上げておきたい。第一は、言語意味の対象反映性は「指示性」の契機を伴っているということである。そのことは、かかる反映性それ自体が意識次元における実践的な対象志向性と関連していることを示すとともに、「指示」が他者に対する

或る対象の指示であることを考慮すれば、そこにすでに一定の社会性が含蓄されていることを意味している。第二は、別種の言語における対象のクラス分けの相違が示すように、言語における対象反映性は「生活上の関心」の深い刻印を受けているということである。このことは、このような関心を可能な限り捨象し、実在の構造をそれ自体において反映するところに成立する「科学的概念」と、通常の言語における「意味」との相違を明確にする上でも重要な指標である。この点はまた生活革新を課題とする運動のなかでは無視できない意義を有している。

②**【言語コミュニケーション】**。尾関は言語コミュニケーションの問題を意味論の範域を越えて、労働とともに人間自身の人間化に係わる人間活動の本質契機として論じている。すなわち労働が自然と人間との関係の次元における自己の対象化＝自己確証であるのに対し、言語コミュニケーションは人間と人間との関係の次元における、労働とは異なった性格の自己確証、つまり「共同化」の実現という方向における自己確証である。もとより労働も「共同化の論理」を含み、言語コミュニケーションも「対象化の論理」を含んでいるが、しかし我々は両者を単純に同一平面に融解させるのではなく、それぞれの独自性を踏まえた上で相互の不可分の連関を捉える必要がある。かくて「本源的には、労働は『共同化』を伴う『対象化活動』であり、他方、言語コミュニケーションは『対象化』を伴う『共同化活動』である[19]」。

——さてここまで到達すると、筆者がこれまでアダム・シャフから尾関に至る系譜の言語意味論およびその延長線上にある言語コミュニケーション論を煩を厭わず追跡してきた理由はもはや明白であろう。これらの言語論者の「意味」の考察から、「言表外的意味」の領域に連携する示唆的な内容が導かれているからにほかならない。そこで今や上来の確認事項を携えて我々の本来の領分である「言表外的意味」の土俵に上がることにしょう。

＊　＊　＊

なお、以上の叙述では、尾関に倣って、「言語的意味」「非言語的意味」の語を使用したが、以下、本稿では「言表的意味」「言表外的意味」の語を用いる。その理由は、——尾関の場合は、論題が「コミュニケーション」の問題と結びついていたので、上記のような用語が採用されたのであろうが、しかし以下において論題とする「意味」、すなわち「人生の意味」という場合の「意味」もまた、まったく「非言語的」であるのではなく、恐らくはヴィゴツキー（Д. С. Выготский）によって「外言」——コミュニケーションにおいて使用される「社会的言語」——から区別された「内言」と結びついていると考えられる。[20] あらゆる意味において「非言語的」であるような「意味」は想定し難い。故に以下の叙述においては、「意味」概念を「社会的言語」において担われたものと然らざるものとに区別し、前者を「言表的意味」、後者を「言表外的意味」と称することにする。

4．人間観における統合概念としての「意味」

対象反映性に立脚した「意味＝概念」説を不自然なく印象づける「言表的意味」の領域においてさえ、実践的な対象志向性や生活関心が本質的成分として含蓄されていたし、またかかる「意味」

を担った言語コミュニケーションに至っては、労働と相俟って人間の自己確証＝自己産出、より本源的に言えば、人間の人間化に係わる人間活動の本質契機であった。とすれば、「言表的意味」よりも一層価値的側面に傾斜した「言表外的意味」、殊にここで求められている人間解釈上の統合概念としての「意味」には、こうした人間の主体的性格が遥かに強く反映されていなければならないであろう。ここから次のことが帰結される。すなわち言表外的な「意味」は、「価値」の語との単純な置き換えによって解釈されるだけでなく、むしろ人間的な「価値」の実現に向けての課題性との関連において解釈されなければならない。

ところで、かかる「課題性」の観点から人間存在の「意味」が解釈されるには、人間存在の独自の「質」、それ故にまた独自の性格の「有限性」が前提とならなければならない。それはつまり、ヘーゲル（G. W. F. Hegel）がヤーコブ・ベーメ（Jakob Böhme）の言葉を引きつつ語っているように、「定有（Dasein）」としての「質（Qualität）」がもともと「苦悩（Qual）」の意味を有し、その苦悩（否定的本性）のうちで「他者から戻って自己を措定し、自己を確立する」[21]ということ、或いは「制限と当為」の項目において語っているように、「質」が制限でありつつしかもそれを越えるものをもつ故に苦痛の自己感情をもつ[22]ということと関連する。

これを我々の主題に引き戻せば、人間の現存在は、過去における人類史的にして個人史的な活動（対象化および共同化）の成果としてのみならず、単なる現段階の成果に過ぎないものとして、それ故それを越えた未達成の人格的並びに共同的な価値によってもまた制限されたものとして、その質的内容を有するのである。そしてこの制限は、自ら越えられるべき自己自身の内実、それ故苦悩を以て引き受けられる自己自身の内実にほかならない。とすれば、そこへ向かって自己の制限を越えゆくべきところの未達成の価値――未だ実現されておらず、しかも継続的に実現されゆくべき人間の「価値本質」――もまた彼自身の現存在と無縁のものではなく、まさに「課題」として彼の内的本質、つまりはその企投的な実存契機を成しているのである。かくて人間存在の「意味」とは、課題を担う故の――未だなきものたる自己否定的要因を自己自身の内的本質とする故の――苦悩によって放つ光輝、つまり制限されつつその制限を越えゆくべきものとして実存する有限者特有の尊厳であるとともに、その実存契機として常に「課題性」であり続けるところの人間の「価値本質」そのものであるということができよう。

ここに揭挙された「本質（Wesen）」とは、「意味」を人間の所与的な「本性（Natur）」――より悪質には「本来性（Eigentlichkeit）」――に結びつける或る種の見解に対置される概念である。[23]もし「意味」が「本性」に結び付けられるとすれば、たとえいかにそれの成長・創造・表現が語られようと、それらはかかる本来的なものの延長線上においてしか理解されないであろう。そしてもし「意味」が「所与」だと言われるならば、「意味」への問いはそこで行き止まりとなるほかはなく、高々それの次元または側面について語る以外に余地はなくなるであろう。さらにその淵源を問われるならば、これを何らかのイデア的・超越的な「価値体」に求めるしか術はないであろう。笹本正樹がフェニックスを評して「彼の人間性はタテの人間性（神にむかう）を強調して、ヨコの人間性（人間にむかう）を忘却しているのではないか」（前出）と言ったのは、フェニックスの見解におけるかかる一面――もっとも彼は全体としては単純な「本来」主義者ではないが――を念頭に置いてのことと思われる。この種の見解に対して、我々は「意味」を人間の所与的な「本性」にではなく、その生活過程において不断に自己を実現していく現実存在としての人間の「真理」、いわばかかるものとしての人間の「本質」に関連させているのである。人間の価値本質——人間における人間性——は決してアプリオリな「本性」ではなく、彼自身の個人的並びに共同的な人間化活動の成果であるとともに、その自覚的な実存契機として常に企投的な課題であり続ける。人間の生活は、その対象化および共同化における自己確証（＝成果の自己内獲得）を通して自己を人間として産出しゆくたゆみなき行程である。かく人間的本質を特徴づける全生活価値が「意味」の内実であり、その諸成果（対象化における作品ばかりでなく、自己および共同体のうちに形成された人間的価値そのもの）——その豊饒と尊厳——の享受と、新たな価値実現に向けての刻々の自覚的努力の実感とが「意味」の体験にほかならない。

以上の如くであるとすれば、学問のヒューマニゼイションとは、かかる「意味」との関係づけによる諸知識の賦活と再編の営為であり、そこに問われている学問性とは、かかる「意味」の地平における特別に意識的・方法的な作品化の性格にあると言ってよいであろう。

Ⅳ　「無意味性」との対決としてのヒューマニゼイション

学問のヒューマニゼイション、——それは現代における或る種の「無意味性」との対決において営まれる。フェニックスにおける一般教育哲学の主題の一つもここにあった。すなわち彼は現代人における生活と学問の断片化と無意味化、そのもとでの専門性への一層の逃避という状況からの「意味回復」を「意味の領域」としての一般教育に求めたのである。現象学派のシュトラッサー（S. Strasser）もまた、やや異なった角度から、「細部の研究に、つまり小さな事実や注意を引く事柄の収集と整理に」自己を限定する専門家の「実証的」傾向における「完全な無意味さ」という危険を指摘した上で、ここからの脱出の方途をやはり「意味」――彼にあっては「存在の存在」――の洞察に見出している。(24) ところで、彼らの言う「無意味性」「無意味化」は、上来の我々の視点からすればいかに把握し直されるのであろうか。すでに人間存在の「意味」を人間の人間化活動における自己産出性に見出したからには、「無意味性」の内実もまたかかる自己産出性の頽落を意味する周知の概念、すなわち「疎外」の概念を以て捉えることが出来るであろう。

では我々の主題に関連する学問の「疎外」とは如何なる状態を指しているのか。暫らくこの点を深刻に剔抉したヴァチシエフ（Г. С. Ватишев）の論証に耳を傾けよう。(25) 彼によれば、一般に専門分化の結果とされる断片化や無意味化の如き「職業的クレチン病」は、決して抽象的な「専門化一般」という点に淵源するのではなく、むしろ社会的労働分割――単に生産的・技術的諸機能間の区別ではなく、人間的労働としての人間的労働自体の社会的本質における分裂――という現実に依存して発生する。つまりここでの疎外は「労働分割体系のそれぞれの環が、全体的活動であることを止めるにつれて、ここでもまた自立的意味と内容性とを失っていく」という点に根拠をもつのである。ここで科学者の「活動」は幅の狭い職人（プロフェショナル）のそれと変わりないものとなり、そこに残されるものはもはや専門家（スペシャリスト）としての彼には係わりのない「指示器」か「退化器官」に過ぎない。とすれば、科学活動の「分解機能」は、かかる活動それ自体のうちにではなく、却ってそれの外——社会的労働分割の体系——に必然性を有すると言えよう。科学の外部におけるかかる「外的な合目的性」（K. Marx）が却って「科学作業」を外から規制し統制するのである。ところで狭い専門諸領域における「科学作業」としてのそれぞれの環は、「科学作業」自体の外部における一体系の個々の環として相互に関係しあっている。ここにおいて一つの環における成果は他の環によって専ら「利用」されるに過ぎない。すなわちそれはそれを生み出した人間の対象化活動の如何に係わりなく、かかる活動自体がすでに「化石」と化し終えたところの、ただ「便利な」性質のみを有する「功利事物」として扱われる。しかるに他の環における成果を専ら「利用対象」として扱う人々はかかる「事物」以下の位置に立つ人々である。彼らにあっては、対象化された結果（＝文化）をそれの「脱対象化（Entgegenständlichung）＝我が物とする獲得」を通して観念的に再生産し、主体の創造的能動性の形式——それ自体、新たに展開される活動の形式——に移すことは、まったく不必要な、余計な贅沢と見なされる。このことは知識の適用結果たる他の諸産物ばかりでなく、知識それ自体にも当て嵌まる。ここでは知識はすでに「生産を完了した」事物たる「既製品知識」として現れる。かかる知識の既成性は「まさしくその後の知識の利用可能性（功利可能性）によって規定される」。このような関係のなかで、利用に供される知識そのものにも一つの特徴的な疎外と畸形化が生ずる。すなわち知識は、それを創造した生きた思考＝認識の過程をそのなかに喪失した、無性格的・標準的な、殆ど審美的機能を欠如した「科学情報」に還元され、さらにはかかる「情報」の担い手たる「言語物質」それ自体の固有の性質であるかのように表象される（言語の「物神崇拝」）。知識や研究における「簡易さ」や「経済性」の秘密はここにある。このような事情のもとで、知識の習得は転倒した「物象形態」における情報を手際よく寄せ集め利用する形式的技法に堕し、また教育はかかる「既製品知識」のやみくもな棒暗記の強制という一つのことしか意味しなくなる。――

ヴァチシエフによって以上の如く描握された学問上の疎外は、その基礎にある社会的労働分割――乃至はそれによる人間的労働そのものの社会的本質における分裂――の止揚という歴史的展望との関連においてのみ、克服の展望を見出すことが出来るであろう。しかしそのことは、かかる疎外の克服を、私的所有のもとでの人間の分裂が最終的に止揚される時点――人類の「本史」が開始される時点――まで待たなければならぬことを意味するのでは勿論ない。疎外の克服は、かかる未来への展望に立ちつつ、しかもそれに向かう途次の折々にかけがえのない諸価値を実現しゆく歴史形成的行為に企投する人間主体において――諸主体の個人的内実においても、また諸主体の参加する団体の共同化においても――、いわば歴史的に先取りされるのでなければならない。

ところで、ヴァチシエフによって剔抉・把握されたのは、差し当っては専門諸科学における疎外の実態と、それの克服の概略の方向性であった。それが我々の当面の論題に示唆するところは、科学における疎外が次の点、すなわち社会的な労働分割に基づく科学外的な「体系」の強制のもとで、或る領域における対象化活動の結果が、その活動をそのなかに喪失させるよそよそしい対象性の形式においてのみ、従って他者にとつては「簡易な」利用対象たる無味乾燥な科学情報としてのみ現れるという点にある限り、かかる疎外の克服の先取りは、科学活動の内部においては、対象化（Vergegenständlichung）と脱対象化（Entgegenständlichung）とを一連の過程とする科学の自立的意味と内容性とを回復すること、また科学活動の外部に対しては、社会的労働分割に抵抗して他のあらゆる人間活動と連携する科学者共同体を樹立することにしか求められない、ということである。ここに存する論理は、等しく学問——一般教育（教養教育）において問題化している学問——に係わっている我々の課題にもそのまま引き継がれるであろう。しかし我々の課題は専門諸科学における「学問性」ではなく、すべての人間の「教養」に資する、それ故また人間の共通課題に意識的に関与する「学問性」の確立であった。そこでは専門諸科学における疎外の克服に加えて、なおそれ以上の或るものが考案されなければならぬ。この或るものとは何か、——その具体的内容に接近することが本稿の最後の楽章である。

V　学問としてのヒューマニゼイションの展相

1．ヒューマニゼイションの主体としての「制御サブ・システム」

そのなかで学問・知識がヒューマナイズされ、新たな「学問」に形成され洗練される機構として、ここに一つのモデルを仮定しよう。それは一つのシステムとして構想される。システムというからには、上位の制御系（制御サブ・システム）とそれ以下のサブ・システムを以て構成されなければならない。このシステムの基礎層を成すサブ・システムはフェニックスの所謂「学究的学問」、すなわち専門的諸学における営為およびその成果である。学問的知識の本質が一般教養の観念と矛盾するものではなく、また最先端の学術研究の諸成果を軽視したのでは如何なる教養も成立し得ないことは、フェニックスの指摘を俟つまでもない（専門学術への蔑視と引き換えに強調された「一般教育」重視の最も畸形的にして非教養的な産物は、かのヒットラー〔A. Hitler〕またはナチス・ファシズムの「一般教育論」である）[26]。なおここでは専門的諸学を以て代表的名称としておいたが、芸術・スポーツなど分野も、単にそれらを対象とする学術研究ばかりでなく、それ自体の探究・創造活動の場合でも、特に専門的な活動の範囲内にある限り、この基礎層のサブ・システムに属するものと見なされる。但し芸術そのもの、および芸術性を重要側面とするスポーツ（例えば、体操競技、フィギュア・スケート、新体操の如き）の場合、その最高の達成たる最終成果の意義が一般の人々の鑑賞に供されるところにあるばかりでなく、かかる創造そのものが鑑賞を媒介として成立することは、この際特に強調しておく必要がある。「鑑賞者の鑑賞活動は、芸術内容の創造に一役かっているわけで、これがなければ芸術活動は完成しない[27]」という画家・永井潔の指摘は、人間生活の教養的設計を考える上で極めて重要である。つまり芸術および芸術的分野における専門的活動は、それの完成の最も光栄ある局面を却ってまさに人間的教養の領野に有しているのである。

このシステムの上位層、すなわち制御サブ・システムは、「批判」と「意味」とを本質契機とする自律的な機構である。それは「最高善」としての「人間とその生の尊厳[28]」（岩崎允胤）という、このサブ・システムではただ一つ絶対不可侵の価値理念＝究極理念を指標として、自己の内部に人間的な「意味」の脈絡を形成しつつ、それとの関係づけによって基礎層の諸サブ・システムに「批判的に」介入し、それらをヒューマナイズするとともに、かくヒューマナイズされた諸分野の内容をそのなかで相互に翻訳し――この翻訳自体ひとつのヒューマニゼイションと言うことが出来よう――、相互に交流させ、やがてはそれぞれが共同の価値創造活動に連絡を結ぶような諸文化の統合を成立させる。もとよりかくの如くヒューマナイズされ統合化された諸文化が再び制御サブ・システムに還流し、それの批判的・意味付与的機能を充実・強化するという逆の回路も当然の前提とされなければならない。

ここで特に「批判」および「意味」という、この制御系の機構の二つの本質契機を明確に規定しておく必要があるであろう。

①**【批判について】**。この点に敢えて注釈を加える必要を感じたのは、一部の論者に「批判」または「批判的精神」を忌避する傾向が見られるからである。「批判的精神」を「意味」の主要な敵の一つと見なすフェニックスもまたそうした論者の一人である。[29] しかし彼はともかくも「批判的精神」が「逆説的に、意味を成長させる主要な機会を与える」ことを認めているが、アカデミズムの権威を楯として「反批判的精神の学的勧告」を唱える美学者・今道友信《いまみちとものぶ》に至っては、学問や芸術の価値を理解しない通俗的批評に対してだけでなく、理性とヒューマニズムに立脚した良識ある批評に対してさえ口封じを迫る脅迫的な響きを帯びてくる。[30] 忖度するに、彼ら――殊に今道――の「批判」忌避は、「価値への憧憬」を欠落した一部の無定見な通俗批評への反駁を装って、「批判」または「批

判的精神」一般を排拒しようとする意図から生じたものであろう。私見によれば、今日余りにも多く世上に氾濫している通俗批評の類は別として、本来正常な意味における「批判」とは、単なる傍観者の立場から、或いはむしろ悪意ある妨害者の立場から相手の欠点を一方的に攻撃する作用ではなく、例えば原稿の下書きへの批判的点検がそれの推敲と結びついているように、現実を改良したり変革したりする能動的・主体的・実践的な作用と連絡を結んでいるのである。特に学問や芸術やスポーツなどの文化領域において、正常な「批判」活動は、「多くの価値あるもの」を「侮辱する」（今道）どころか、却ってこれらのものを救出し擁護する上で不可欠な働きである。例えば人間活動の意味を喪失した「科学情報」とそれの兇悪な「利用」――原子核兵器の製造の如き――という局面において科学（学問）そのものへのニヒリズムが発生する場合、この連鎖のなかにある「科学」の顚倒と疎外の本質を「批判的に」暴くのでなければ、本来の人間活動としての科学の「価値」――その自立的な意味と内容性――をこの状況から救い出すことは不可能であろう。また例えばナチスにおける、知性・理性・「上品な礼儀作法」への反感と憎悪に結びついたスポーツ礼賛や政治演説でのスポーツ用語の多用が[31]、スポーツそれ自体の本性に由来するのではなく、却ってそれの顚倒・疎外・頽落に密着していることを「批判的に」洞察する能力がなければ、人間の人間化・教養化におけるスポーツの「価値」を正当に評価し、それを人間の文化的生活設計のなかに位置づける術を欠くことになるであろう。さらに例えば、戦意高揚を目指した国策的な戦争絵画（藤田嗣治等）やレイシズムの喚起を目指したナチスの「ゲルマン的」ヌード絵画の「醜」への批判的洞察力が、村上華岳や佐伯祐三、ピカソやシャガールの「美」を感受する内的精神力と不可分の関係にあることは、まともな常識を具えた者ならば誰しも疑わないであろう。――我々が問題にしているは、基礎層と上位層（制御系）との媒介関係において成立するヒューマニゼイションおよびそれによる新たな学的世界の構築である。この関係において、基礎層に対する上位層の「批判的」関与に格別の重要意義が帰されることは改めて強調されるまでもなかろう。

②【「意味」について】。

「意味」一般の意味についてはすでに詳述したところであるが、ここで問題となるのは、基礎層に対して批判的に関与する際の上位層（制御系）における「意味」の脈絡の形成についてである。この点に関して有益な示唆を与えるのは、事態の客観的意味の把握に関連して語られたコシーク（K. Kosik）の次の指摘である。「（事態の客観的意味の）把握と暴露というこの過程は、同時に、それの助けで事態の意味がとらえられるようになるところの、人間の側での適切な『意味』の形成である。事態の客観的意味は、人間がそのつど適切な意味を形成する場合にのみ把握されうる」[32]。ここでコシークが語っているのは「認識」一般における主観的意味と客観的意味との関係であるから、ヒューマニゼイションという問題領域にそのまま適用されるものでは勿論ないが、しかし対象的意味の闡明に当たっては、作用主体の側に独自に「意味」が形成されていなければならぬという論理自体は、我々の領域にも充分妥当性をもつであろう。ここでは、「認識」一般の場合と違って、基礎層――諸領域の学問や芸術――それ自身が、すでに主観的意味との作用連関を通して、客観的意味として把握された、いわばそれぞれの領域における意味形成の諸成果である。しかしヒューマニゼイションの主体たる上位機構との関係で言えば、それは再びそこから新たな意味が発見され、新たな次元において再組織・再学問化されるべき対象界に過ぎない。上位機構においては、かかる対象界との関係において作用するに相応しく独自に「意味」の脈絡が形成されなければならない。それはすでに指摘した通り、「人間とその生の尊厳」という、それだけは唯一絶対の価値理念を枢軸とし、人間の「価値実現」という課題性それ自体を主題とした「意味」の組織体系である。

以上、二つの層、すなわち上位層と基礎層との中間のサブ・システムとして、ヒューマナイズされた作品世界たる新たな学問世界が形成される。それは、一言以て蔽えば、上位機構の媒介を通して人間的意味と関係づけられた諸学の内容の再編成、その意味における新たな「意味連関」の世界であると言えよう。

次にかくて実現されるべき学問世界における「学問性」の諸特徴を見ていこう。

2．歴史的考察による知識の賦活と再生

科学のヒューマニゼイションにとって歴史的考察が重要な意義を有することについては、夙に一九三〇年代の半ば、研究領域としての「科学史」の制度的確立に貢献した科学史家サートン（Geoge Sarton）によって指摘されていた。現在では殆ど忘れられた貴重な指摘なので、ここでは煩を厭わず彼自身の言葉を再録しておこう。

「科学的努力を人間的なものにする（ヒューマナイズする——村瀬）唯一の道は、それに少しばかりの歴史的な精神を注入することである。……科学に対する深い人間的な関心を示せ、さうすれ

ば科学の研究はこの上ないヒューマニズムの容器となるであらう。人間的な関心を排除し、単に知識と職業教育とのために科学的知識を教へよ、さうすれば、その科学的研究は教育的価値を全然失ふであらう。純粋な技術的見地から見てそれがいかに価値あるものであらうとも。歴史を缺いた科学的知識は、教養的には危険なものとなり得る。歴史と結びつき尊敬心と解け合ふ時に、科学的知識は最も高い教養の温床となるであらう[33]」。

「吾々は、科学と他の文化部門とを綜合する手段を見出さねばならないのであつて、科学を、他の部門と関係のない道具として、発展させてはならない。科学はヒューマナイズされねばならぬ。といふことは、何より、科学を勝手に暴れ廻らせてはならないといふことを意味する。科学は、吾々の文化の中心的な部分でなければならない。同時にそれは、文化の他の部分に奉仕するところの部分でなければならぬ。科学をヒューマナイズする最上の方法は、それが唯一の方法ではないとしても、科学を歴史的に考察することである、——吾々が他の文化的諸要素を考察する場合に常にさうであつたやうに[34]」。

『科学史と新ヒューマニズム』と銘打ったサートンの著書には、哲学的唯物論に対する根拠薄弱な罵倒の如き、学術的文献にしては頗る穏当を欠く文言も散見されるが、上に引用した基本的観点に関する限り、今日なお、否、今日なればこそ却って、顧みて再考に値する見識として受け取られなければならないであろう。すでに一九三八年に翻訳刊行されているこの著作の趣旨が、戦後の新制大学における一般教育導入の際に殆ど考慮されなかったのは、まことに無念と言うほかはない。

＊　　＊　　＊

この点に言及したいま一人の重要な証人は、ランジュヴァン（Paul Langevan）、――フランスの卓越した物理学者であるだけでなく、対独レジスタンスの闘士でもあり、またレジスタンスの同志であった大心理学者ワロン（Henri Wallon）とともに、世界でも最も民主的な教育改革計画（『ワロン・ランジュヴァン計画』）を策定した人物としても有名な、かのランジュヴァンである。

彼の端的な言明に従えば、一般教養に寄与する科学教育の形態として、過去の努力の歴史に代わり得るものはない[35]。というのは、科学教育はこのような方法によってのみ、科学研究の実利的側面ばかりでなく、そこに含まれる人間的価値についての意識を人々に与えることが出来るからである。なお彼は物理学者の炯眼を以て、一般の教科書や参考書類の記述では、科学の創始者による極めて深淵かつ今日性ある――恐らく結果としての知識が過去のものとなってもそれ自体は今日性を失わないであろう――、それ故にまた最も面白い考察が入念に濾過・省略されていることを指摘し、科学の教養化に当たってはかかる生きた局面との頻繁の接触が必要であることを強調している。

科学教育についてのランジュバンのこの指摘はヒューマニゼイションの一面の性格を捉える上でも頗る示唆的である。すなわちここで「学問性」を問われる第一の課題は、単なる「科学情報」に還元された「既製品知識」とそれの簡易な「利用」――場合によっては本来の人間活動としての科学そのものとは無縁の兇悪な「利用」――、或いは修得または教育の場面では、かかる「既製品知識」の手際よい蒐集またはやみくもな棒暗記、といった疎外状況の実態を暴露し、それとの峻厳な対峙において、真実の人間活動たるに相応しい本来の思考過程＝認識過程において把握し直すこと、しかもそれを人類共通の基盤たる「意味」の土俵において「意味確認的」に把握し直すことにあつた。

かかる要請に真率に応答する作品化の仕方が、諸学を歴史的な創造過程およびそれの人類の文明全体への歴史的な影響過程――単にそれの実利的な利用による影響だけでなく、「精神の解放と人権の肯定において科学の演じた役割」（ランジュバン）の如き内面的影響も含めて――における把握と記述に求められることは容易に察知されるであろう。なおここで、ヒューマニゼイションにおける諸学の歴史化が、それについての歴史学的研究、特にそこにおいて発生しがちな所謂「実証主義的」傾向と区別されるべきことを敢えて断っておかなければならない。ここで要求されているのは、諸学の歴史的創造過程の曲折に対する、人間の価値実現という指標からの批判的・意味確認的な吟味とその結果に対するヒューマニゼイションの地平における理論化である。その意味において、それは諸学に携わる人間活動そのものを対象の位置に据えた一種のメタ科学であると言えよう。

かかる歴史化の所産として我々はすでに幾つかの模範を有している。自然科学と社会科学とを包摂する諸科学の発展を社会の発展との関係において捉えたバナール（J. D. Bernal）の壮大な著述『歴史における科学』、物理学の発展を内在的に追跡しつつその性格を究明した朝永振一郎の『物理学とは何だろうか』、自らの科学論および科学史研究の総括に立って、特に発見過程と社会的背景の闡明に力点を置いた原光雄の『化学入門』などは、その極めて卓越した実例と言えるであろう。なお原光雄の著作は次項で述べる「方法の闡明化」という観点からも注目に値する労作である。歴史化の視点から見た社会科学分野の労作としては、何を措いても初期マルクス（K. Marx）の『経済学・哲学草稿』『ミル評注』、成熟期マルクスの『剰余価値学説史』に指を屈しよう。そこでは、過去に創造された学説への批判的吟味と、そうした歴史的記述を通しての、なおそれ以上に展開される新たな創造的能動性の形式への移行が、客観的対象認識と併せて浮き彫りにされている。さらに他の分野に眼を向けると、ピアジェ（J. Piaget）の大著『発生的認識論序説』は、著者自身の主観においては「発生的認識論」という新たな専門的研究分野の開拓・樹立を目指したものであろうが、我々の当面の課題からすれば、科学史の発展に即しながら、そこにおける認識主観の構造の発展を「自己中心性」からの「脱中心化」の諸段階という雄大な構想のもとで把握した点において、ヒューマニゼイションにおけるメタ理論的側面の最大の発揮と見なすことが出来よう。

3．方法の鮮明化

学問のヒューマナイズィングに当たって、研究の方法的側面に焦点を合わせることが極めて重要な意義を有することは、夙にフェニックスによって指摘された通りである。すなわち、一学問における統合的要素たる方法を浮き彫りにし、それを基軸として徹底的に簡素化された知識を編成すれば、断片化された過剰な知識の棒暗記を強いることなく、しかもその学問の重要な内容、基本的な結構、生きた諸過程についての確実な知見を与えることが出来る。この点を具体的な「作品化」に生かした好例として、前記の原光雄著『化学入門』を挙げることが出来よう。

原はこの著作において、材料を一八世紀末から一九世紀前半にかけての草創期の事例に限りながら、その展開を「化学の方法」という標題のもとに追跡している。ここでは化学の知識内容としては極く初歩的なものが与えられているに過ぎない――その意味ではフェニックスの所謂「徹底的な簡素化」が行われた典型である――が、その反面、この学問の偉大な創始者たちの苦闘の足跡が印象深く語られているばかりか、仮説や法則の立て方、殊に「仮説から客観的真理への発展」という、いわば本書の基調をなす方法観に関しては、恐らく類書に例を見ないであろう高度の理論化が達成されている（この点は原光雄が『自然弁証法』の著書を有する哲学的素養の深い科学史家であることにも助けられているのであろう）。そしてこうした史的展開から導かれた「有効的仮説必ずしも客観的真理ではない」という結語、さらには「われわれは、素朴唯物論の見地から自然科学を理解して、科学の内容は何でもかでも客観的真理だ、というふうに思いこんではならないのである。自然科学の内容を構成する重要部分として仮説があること、仮説が客観的真理へ到達する道はたんたんたる直線コースではないこと、をわすれてはならないのである(36)」という一文は、自然科学従事者に限らず、我々現代人が共通に陥りがちな迷妄への深刻な警句となり得ているであろう。

このような作品化があらゆる場合の範例になるわけではなかろう――殊に原光雄とは逆に最新の、または先端的な事例を取り上げる場合もあり得よう――が、しかしこの作品が、試験が終われば直ちに忘却の淵に沈むような過剰な知識の詰め込みから専門外の人々を解放するとともに、他の分野の活動にも継承し得る方法的側面の高度の意識化をはかるという点では、模範的な成功例の一つであることは疑いを容れないであろう。

なおヒューマニゼイションという観点からすれば、このような方法中心の叙述については次の如き性格と意義が指摘されなければならない。すなわち、方法が科学における人間の「活動性」の側面を代表するものである以上、方法そのものを理論的に闡明しつつ、それの展開を軸として内容の展開を追跡するという作品化の仕方は、前述の歴史化とともに、ヒューマニゼイションにおけるメタ理論的側面の一つの展相であると言えよう。さらに「統合」という観点から一点を付言するならば、方法はフェニックスの指摘する如き一学問分野における統合的要素であるだけでなく、例えばマルクス経済学における貨幣の運動図式W（商品）―G（貨幣）―W（商品）の処理方法が、「解析操作」の仕方という点において、波多野完治の発達心理学における外因と内因との関係図式W（外界）―O（有機体）―W（外界）の処理方法にヒントを与えたと推測される如く、異なる学問分野を相互に連携させるところの統合的要素でもある。故に方法の鮮明化は諸分野を総合する知見を開く上でも頗る有効である。

偉大な古典作品には、その作品中において自らの方法を鮮明化している事例が少なくない。例えばマルクスの『経済学批判』における上向法・下向法の分析、『資本論』における研究方法と叙述方法との区別の如きは、これらの作品の重要側面の秘密を自ら解明しているとともに、本論における内容豊富な理論展開がこうした方法の例証となるような教養化の特色を発揮する結果となっている。そしてこの点がこれらの作品の「作品性」を高める理由の一つとなっていると考えられるのである。

4．課題化認識

「課題化認識」乃至「課題化」を冠した用語は、もと歴史学者の上原専禄が日本教職員組合運動との関係のなかで提起した概念である。[37] 彼はその際この概念を「法則化認識」や「個別化認識」（M.

Weber）の如き「学者的・専門家的方法」と区別し、「国民的認識の方法のひとつ」として謳ったのである。上原によれば、それは「歴史的現実の重荷を背負いながら、歴史的現実に即して、歴史的現実を変更していくという問題、その問題の基本的構造と基本的内容を歴史的現実そのもののなかに探り出すことによって、問題直観を課題認識へと定着させていく」という方法、つまりは特殊専門的な「学問性」を越えた「学問性」――「国民的認識」としての教養的な「学問性」――の特徴を示す「方法」、それ故同時にその「学問性」の「意味」でもあるような「方法」にほかならない。

こうした上原の歴史的発言は教育界には幾許かの共感を呼んだようであるが、しかし当時の緊迫した情勢との絡みもあって、見方によっては聊か性急な武断との印象を与えたせいか、残念ながら方法論の上でも認識論の上でもそれ以上の学問的論議の進展に繋がった模様は窺われない。そこで以下、筆者自身の観点から、これについての若干の敷衍を試みることにしたい。

一般に――筆者がかつて拙著『戴震《たいしん》の哲学』において戴震の思考法に関説しつつ指摘したように(38)――研究主体の問題意識や課題意識は、研究過程において排除されないばかりか、研究成果の意味合いにも陰翳を与え、またそれ自体として認識における客観性の要請を妨害するものではない（ましてここで問題としているのは、人間の価値実現という課題性との関連における対象認識である）。それは特定の成見に固執して対象を割り切ろうとする主観主義的臆断とはまったく系統を異にする能動性・主体性の機構に属している。ここではそれは、既述のように、教養世界のシステムにおける上位の制御サブ・システムとして仮定されている。とすれば、かかる機構に淵源する或る種の――良識を以て適用される――評価作用は、ここではむしろ積極的な役割を演ずると考えざるを得ない。

探究課程において、かかる評価作用は対象への客観的分析との間に特別の緊張関係を結んでいる。すなわち問題解決・課題設定との関連において、不要な要素・無意味な要素は評価的に選別・廃棄され、基本的な要素・有意味な要素は評価的に選別・抽出される。かくて精弁された諸要素――主体の課題意識にとって重要であるとともに現実の基本的傾向と判定された諸要素――は、それに相応しく選択された統合概念のもとに、一つの「意味連関」として総合され、我々がそれを通して現実世界に係わり得る知的対象界を形成する。

勿論かかる評価的な対象把握は、我々にとって「重要である」「意味がある」という観点からのそれであって、ことの良し悪しに関するものではない。重要性には肯定的なものもあれば否定的なものもあるであろう。その何れについてもかかる把握が成立するのである。先ず現実の否定面に関する課題化把握の実例をノルウェーの平和学者ガルトゥング（J. Galtung）の「暴力」の定義に即して閲しよう。[39] 彼は「平和」を単なる「戦争」の対概念としてではなく、一層包括的な概念である「暴力」の対概念として、つまりは端的に「暴力の不在（Abwesenheit von Gewalt）」として把握した上で、「暴力」の概念には「人間の自己実現を妨害する諸要因のうち可避的な（vermeidbar）もの」という定義を与え、さらにこれを「直接的暴力（direkte Gewalt）」――戦争、テロ、リンチ、暴行、など、加害者が直接に現れる「可避的な」自己実現の妨害――と「構造的暴力（strukturelle Ggewalt）」――社会的な制度や慣習、経済的状態、政治や法律、開発などによって恒常的にもたらされる「可避的な」自己実現の妨害――とに区別する。かくて、直接の戦争状態のみならず、「構造的暴力」の支配する状態もまた「反平和的」状態と判定されるのである。

かかる定義に見られる現実把握には、ガルトゥングの「平和」への問題意識・課題意識に淵源する評価作用が色濃く反映されていることは言うまでもないが、しかしだからと言ってそれが単なる主観的な「価値意識」によって現実世界に外鑠された恣意的な「意味付与」であると言うことは出来ないであろう。むしろ洞察と評価の凝縮たるかかる定義においてこそ、それまで茫漠としていた世界のなかから、我々にとって重要な現実の問題状況が明瞭な姿を取って浮上して来るのであり、そしてかかる意味における現実把握こそが、単なる「戦争の不在」に甘んじるべきか、それとも「構造的暴力」に対しても対決すべきか、というような、現実に対する我々の重要な価値選択に手懸りを与え得るのである。

現実の肯定面に対する課題化把握の実例としては、例えばマルクスによる労働者階級への理解が挙げられよう。彼は大工場制のもとでの労働者の深刻な疎外状況を捉える一方、しかし同時に、かかる条件下に置かれた彼らのうちに、連帯性と団結性、組織性と規律性、高い文化の習得と全面発達の可能性など、未来社会の担い手たるに相応しい肯定的な諸資質を洞察したのであるが、これらの諸特質は、単なる現存態の徴表として没価値的に描述されたのではなく、人間の価値実現がそこに定位すべき現実的発展傾向として疎外の闇のなかから明るみに出されたのである。もしマルクスにその卓越した客観的分析力と併せて労働者階級への共感と社会変革への情熱がなかったならば、現存在としての労働者が具えている諸特質のなかから、かかる最も意義深い諸資質を浮き彫りにすることは出来なかったであろう。それは客観的認識成果であるとともに、陶冶作用への課題性を明示すべく性格づけられた知見でもある。

以上のことからすれば、課題化認識とは、客観的認識の或る種の「性格化」であると言うことが出来よう。しかるに「性格」とは、戸坂潤によれば、「それみずからに人々への関係を含んで」おり、「人と事物とを媒介すること」が出来、事物がそれによって「人々に通達し得るものとなる」ような「通路」をもっている。[40] とすれば、課題化認識とは、ひとがそれを通して現実界に実践的に接近する媒介項たる「通路」として主体の側から意識的に造成するところの、ヒューマナイズされた現実認識の一形態にほかならぬと言えよう。

5．クリティシズム

教養世界における上位機構（制御サブ・システム）の主たる機能の一つが「批判性」にあることはすでに前提とされているが、ここではかかる批判的機能そのものがこの「作品性」に露わに表面化する領分、すなわちクリティシズムの領分に関説したい。

先ずクリティシズムの問題について鋭い洞察を行った戸坂潤の見解を見よう。彼は中期の著作においては、クリティシズムを、「科学」と対比される「常識」の類縁として把握している。[41] すなわち彼は常識に対する世上の偏見——常識は科学的知識に比べて低級で不完全な知識だ、というようなな——を批判し、両者は同一平面において対立するものでも、まして上下の体統関係にあるものでもなく、却って社会におけるイデオロギーの切断面を異にするものである——従って常識には常識としての自律性と権威がある——ということを明確にした上で、両者の相違を、科学が「研究」を切断面とし、「結論」を目指し、「アカデミー」に所属するのに対し、常識は「クリティシズム」を切断面とし、「見識」を目指し、それ本来の意義において想定された限りにおける「ジャーナリズム」に所属する、という点に見出している。

ところで、かく解されたクリティシズムは、科学の常識化・大衆化に際して重要な役割を演ずる。すなわちもし後者が通俗化や卑俗化を意味するのではなく、多数者を科学にまで近づけるべく組織するという方向での真の常識化・大衆化を意味するとすれば、それはクリティシズムの立場から科学の諸成果を取り上げる場合にのみ可能である。さらにクリティシズムによる常識化の局面において初めて、科学それ自身の立場では判然としなかったそれの社会的機能が明らかになるとともに、科学と他の諸文化との関連もまたそこで始めて問題として正当に取り上げられる。

以上の如き戸坂の指摘は、それ自体においてすでに頗る示唆的であるが、この時期には彼はなおクリティシズムを「学問」としては取り扱っていなかった。しかるに彼は、その学問的生涯の最後を飾る論文「クリティシズムと認識論との関係」――この論文を最後に、戸坂は日本ファシズム権力から一切の執筆の権利を奪われ、遂には獄死に追い込まれてしまった――において、クリティシズムの概念の学的拡張を図り、これを一種独特の性格をもつ「認識論」として把握し直している。(42)それによれば、クリティシズムは、その対象が芸術であれ科学であれ、認識＝認識物の検討を任務とする端緒的な特徴からしてすでに一種の認識論であるに違いないが、なおその上に次のような独自の作用を営む。すなわち、第一に、それは所与の（第一次の）作品に概念的・悟性的反省を加え、これを新たな言語への表現または翻訳を介して第二次的性質をもつ別の次元・別の秩序界に持ち込み、ここに「別の秩序界」を展開する。第二に、クリティシズムは、単に一つの対象領域（一つの文化）に関与するだけでなく、諸領域（諸文化）に関与し、それらを相互に媒介する。かかる媒介性、より適切に言えば「文化運搬性」がクリティシズムの一つの重要な側面である。しかるにかかる媒介や運搬が可能なのは、諸文化それ自体のうちに或る共通性・共軛性が存するからにほかならない。クリティシズムは各文化への認識論的処理を通して引き出した共軛部分たるそれぞれのエッセンスを相互に運搬するのである。第三に、クリティシズムは、諸文化間のかかる共軛性・運搬可能性を基礎にして、これらの諸領域を一貫する、それ自体において統一性・単位性を具えた独自の秩序界を形成する。それが可能なのはクリティシズムの側に一つの「体系」が準備されているからにほかならないが、ここに言う体系は図式を指すのではなく、一つの「組織力」を指している。第四に、クリティシズムのかかる「組織力」の基礎にあるのは、諸文化から「指導的イデー」として抽出され、それが主体化され主題化されたところに成立する「文化意識」にほかならない。それは内容上から言えばクリティシズムそのものであり、活動性という点から言えば、クリティシズムしはまさしくかかる「文化意識」の活動であると言ってよい。——

＊　＊　＊

ほぼ以上の如き戸坂潤の見解から、ヒューマニゼイションという我々の主題と関係の深い二つのポイントを引き出し、我々の主題の方向に敷衍しておこう。それは第一に、この領野においては「結論」よりも「見識」または「良識」——因みに「良識」については、筆者はかつてこれに「一端を『認識の真理性』に、他端を『価値の妥当性』に接し、両者を媒介させつつ、人間的行為の指針たるべき『意味』を紡ぎ出す機構」[43]という定義を与えておいた――が重視されるということ、第二に、それは具体的なクリティシズムの展開場面――文学批評、芸術批評、科学批評、政治批評、経済批評、等々――においてそれぞれ異なる形態を採るとはいえ、クリティシズムそのものとしては、諸領域に分割されない、それ故に人間や社会にとって重要なあらゆる領域に視野を開き、それぞれのエッセンスを運搬し秩序付ける組織力としての独自の体系性と、必要に応じてそれぞれの領域に相即しつつも、そのものとしてはそこから自立した「普遍的意識性」とを具備しなければならないということである。

では、これらのポイントはヒューマニゼイションという我々の主題に関して如何なる展相を顕ずるのか。――第一に、ここでは予め仮定した上位機構（制御サブ・システム）の機能が或る意味において露わに顕在化する。前述したヒューマニズムの諸側面――「歴史化」「方法の鮮明化」「課題化認識」――においては、作用者・媒介者たる上位機構は、学問の内容記述そのものには必ずしも己れの姿を明確には現わさなかった。その性格上クリティシズムと最も近縁の位置にある「課題化認識」にしても、それは主に課題化的に性格化された対象記述であって、必ずしもかかる性格化を媒介する上位機構そのものの顕在化ではない。しかるにここでは、人間の価値実現（人類の目的）という上位機構の普遍的主題そのものが、対象への批判的吟味の展開とその作品化との不可欠な構成要素として常に登場する。何故なら、如何なる対象領域に関与する場合においても、クリティシズムのプロパーの主題はかかる上位機構の主題であって、そのこと自体が作品性の性格として明示されない限り、それはクリティシズムとしての意義を失うに違いないからである。

第二に、ここでは作用主体の普遍的主題が露わに課題となる以上、それにとって重要性を有するあらゆる文化領域・現実領域が自己の対象とならなければならない。その課題が普遍的である限り、クリティカーの資格要件の一つが、かかる課題との関連における事柄の重要性を弁えた関心の多様性・広汎性であることは言うまでもなかろう。ここでの作用主体の特質は、普遍的・人間的課題性を自覚した、それ故それにとって重要なあらゆる事柄を無視して通ることの出来ない「見識」であり「良識」である。従ってここにおける作用面の独立性・自律性に対応して成立するところの、同じ主体の他の側面は、広汎多様な分野に渉る絢爛たる博識性でなければならない。かかる博識性はもとより不快な衒学趣味や空疎なディレッタンティズムとは無縁である。それらは主体の自律系における「見識」や「良識」によって、それの抱える切実な課題性との関係づけのもとに選択され、かつそれの媒介作用を通して「教養的品位」（Langevin）にまで精錬されるのであるから。そしてこの「教養的品位」は、ヒューマニゼイションを意識したクリティシズムの作品における或る種の「珠玉さ」——如何なる対象を取り扱うにせよ、そこに常に閃いている、人間である限りにおける人間の叡智の耀き——に呼応している。

なお視野が広くかつ炯眼を具えたクリティカーによる、特定の専門分野における独自の学術研究にも注目する必要があろう。そこには時として、クリティシズムの特質を含蓄しつつ、しかも高度の学問水準を達成した魅力的な作品が生まれる場合がある。蔵原惟人の『歴史のなかの弁証法』や加藤周一の『日本文学史序説』はその最も卓越した事例である。

6．「異化効果（Verfremdungseffekt）」の追究

或る一般教育関係の報告書(44)は、古来教養概念には、その基本型として「経典型」と「対話型」との二つがあると指摘した上で、大学改革に当たっては前者から後者への移行が望ましいという趣旨の見解を謳っている。これは大学教育の根本に係わる重要な指摘であり、恐らく理念としては大方の承認を得るところであろう。しかしこの点が一般的なスローガンとして掲げられるだけでは、教育実践の場面における「対話的な」学問探究の遂行に対する何の保証にもなり得ない。ここにおいても重視されるのは、やはりこの場面に相応しい学問のヒューマニゼイションの問題である。

その際、初めに必要なことは、人々の活発な対話を阻害している状況が明確にされ、それに対する何らかの対策が講じられることである。しかるに「対話」が阻害されるのは、私見によれば、権力による抑圧や不利な処遇への恐れが支配している場合を別とすれば、人々がその日常性に刻印されている「自明性」の仮象に捉われている場合である。この事情を鋭く剔抉した例として、江戸中期の鴻儒・三浦梅園（一七二三〜一七八九）の見解を挙げることが出来よう。

梅園によれば、長年の習慣によって「泥《なず》み」や「習気《じっけ》」が身についた人間は、日常慣れ親しんでいる事物事象に対して疑問を抱くことを知らない。例えば石の落下を見れば、「それは重きによりて下に落《おつ》る也。知れたる事也」と言って片づけてしまう。それは正しく認識した上でそう言うのではなく、ただ「なれくせにて貪着《とんちゃく》なしにしれたりとおもふ」に過ぎない。この種の人間は、一般に自然現象に対する場合、「筈といふものをこしらえて、これにかけてしまふ也。其筈とは、目は見

ゆる筈、耳は聞《きこ》ゆる筈、重き物は沈む筈、かろき物は浮ぶ筈、是はしれたる事也とすますなり」、こんな調子では真理の探究に向けて一歩も踏み出せないから、ひとは先ずあらゆる事物事象に疑問の念を起こし、「この大地をくるめて一大疑団となす」ことを学ばなければならぬ、と。[45]――これは「条理学」を樹立するに当たっての「方法的懐疑」とも呼ぶべき手段の提唱に懸る発言であるが、「対話」の停止する状況と心理を巧みに突いた洞察としても頗る興味深い。所与の事態に対して「筈」とか「知れた事」とかと決めつけてしまえば、それ以上「対話」の進展する道理はないからである。そしてこのような停止は、「泥み」や「習気」によって「自明」となった状況に対して生ずるのである。とすれば、「此天地をくるめて一大疑団となす」とは、我々の日常性を覆う「自明性」の仮象を剥離《はくり》する作用にほかならない。

以上の如くであるとすれば、我々が教育場面――我々の認識に従えば、それは一つの「学問」の場面であり、従って一つの教育課程は、ヒューマナイズされた一つの学問的な「作品」である――において「対話」を組織するためには、「自明」とみられる状況を決して自明ならざるものとして提示する必要がある。この点で示唆的なのはブレヒト（B. Brecht）の唱えた所謂「異化理論（Verfremdungstheorie）」、すなわちアリストテレスのカタルシス論――演劇の機能を俳優によって演じられる模倣行為への感情移入・共感・共体験を通しての内的鬱積物のカタルシス（浄化）に見出す理論――に対置され、それ故特に「非アリストテレス的（nichtaristotelisch）」と規定される演劇美学上の理論である。[46] ここで「異化」とは、簡単に言えば、日頃馴染みとなっている故に却って真実の隠蔽されている状況から、「自明のこと」「手出しの出来ないこと」「自然の掟」「変えられないこと」といった印象を剥離し、この状況をそれに対する理性的な吟味・穿鑿《せんさく》に供し得るような馴染みない形態に変形する芸術上の手法を意味する。ここで目指されるのは、カタルシス作用の如き鬱積された情緒の「排泄」ではなく、理智的な懐疑→真相の穿鑿と認識→変革意欲の醸成→自己の社会化といった全過程を通しての人間精神の「充電」にほかならない。この目的のために、演劇の進行は、その流れへの非理性的な「同化＝感情移入」を峻拒すべく、各場面の出来事を予示する標語の掲示や映像・音響などの媒介物の挿入によって屢々意図的に「中断」され、またそれぞれ特異な問題を提示する状況（場面）と状況とは、意識の集中を促すべく、相互に衝突しあいながら接続されていく。――こうしてそれらの全体が、観客としてそこに臨場する人間主体の側に、批判的理性とも言うべき高次の意識状態をもたらすべく構成されるのであるから、かかる「異化効果（VEffekt）」の追求を特別な仕方によるヒューマニゼイションの一形態と見なすことに異論はないと思われる。

＊　　＊　　＊

同時に注目されなければならないのは、このような「異化」が単に個々人の意識状態に対してだけでなく、同時に人々の相互関係に対して及ぼす効果、すなわち人々相互間に「対話」状況をもたらす上での効果である。かつて筆者はこの点に着目し、これを「平和論」に関する一般教育演習科目に応用した経験がある。その詳細は学会誌に発表した論文(47)に譲ることにし、ここにこの要点のみを紹介すれば、――先ず授業は、受講学生（三〇人）を一〇人ずつ三班に分け、班討議、班毎のレポート共同作成、シンポジウム形式の全体会など、学生の活動を中心として展開される。平和問題に関する学的認識と、参加主体における思考の「脱中心化（decentration）」という二重の主題のもとに、通年のプログラムを、①「共同の真理」探究のための準備、②探究の「動機づけ」、③比較考察による資料の理論化、④相互に知見を与え合う表現と討議、⑤仮説演繹討議、などの諸段階に分け、それぞれの段階に特有の障害または拘束条件を設けることによって、それぞれの状況の特異性とそこで営まれる自己の行為の意味を意識化させるようにしておく。つまりここでは、探究課題たる戦争と平和を巡る現代の情勢はもとより、演習の実演者たる学生自身からも、吟味・検討・反省を、従ってまた「対話」や「討議」を防遏し遮断する「自明」の所与性という仮象が剥離され、客体および主体の双方の問題性について意識的にならざるを得ないような状況が設定されているのである。なおその上、それぞれの段階ごとに、映画の上映や講義を挟むことによって、各段階の取り組みに予備的な構えを与えるとともに、全体の流れに意図的な「中断」を与え、探究と討議の深化を計った。――この試みは、その後の一般教育制度の改変、それに伴う責任体制の変更などにより、理論的総括の曖昧なまま数年間で中止の已むなきに至ったが、少なくとも最後の「仮説演繹討議」の段階では、一定の教育効果に繋がったと実感している。

なお、上述の授業は大学教育に限った取り組みであるが、それに限らず教育一般に係わる「普遍的効果」への論究としては、とりわけ教育学者・坂元忠芳の見解に止目を促したい。坂元は特に感情教育の観点から、「同化する感情や昇華する感情だけで情動と感情の教育のリアリティを構成することの危険性[48]」を指摘し、「情動と感情の教育が、知性によって情動と感情を異化する必要性」を強調、さらにこれを地球的規模での「社会的自我（socius）」の形成と結びつけている[49]。とすれば、

「異化効果」の守備範囲は、学校教育の枠を越えて、汎く人間の生涯教育の万般に拡大されることになるであろう。

＊　　＊　　＊

しかし本稿の文脈において「異化」の問題が取り上げられるのは、それが叙上の如き一般的な問題のほかに、まさしく科学のヒューマナイズィングそのものの問題と深く係わっているからである。それは次のような事情に由来している。すなわち、一般に「異化」とは、理性的な吟味に供されるべく意図的に――演劇の場合は芸術的に――変形して表示する現実描写の仕方であるが、ここで対象とされる現実には、経済状態や労働条件、或いは学校や職場における人間関係のような「生《なま》の」直接的現実だけでなく、専ら「情報」として与えられる現実の「コピー」が多く含まれている。本稿の当面の主題である学問もしくは科学に関しても、我々にとっての直接的な「所与」としては、こうした「コピー」群が大半を占めていると言っても過言ではない。我々は自らプロフェショナルもしくはスペシァリストとして携わる領域以外の場面では、こうした「コピー」群を手掛かりとするほか現実世界に接近する「通路」を獲得することは出来ない。とすれば、我々が自己の職域を越えて、社会的に重要な普遍的課題に参入するためには、「コピー」としてのみ与えられる「科学情報」が真実に現実世界への「通路」としての資格を有するか否かを絶えず検討する必要に迫られる。逆に言えば、「科学情報」そのものに、理性的な吟味・穿鑿の俎上に載る状態への或る種の変形が、――まさしく上述した意味における「異化」という仕方での「定式変更」が施されなければならないのである。

「異化理論」の提唱者ブレヒトは、自らの作品『ガリレイの生涯』において、公正で客観的な真理の支担者として暗黙に――場合によっては盲目的に――了解されている近代自然科学への「異化」を試みている。すなわち、ブレヒトの描述に従えば、ガリレイの事件が終息して以降、「教会やそれと結びついた全反動勢力」は科学的批判からの「秩序整然たる退却」を完了し、その結果として科学の側も、それらの勢力による直接的介入から解放され、比較的妨害の少ない発展を保障されることとなった。しかしそれは、科学が本来それ自身のうちに内在していた筈の社会的意味・批判的機能を放棄し、厳しく限界の定められた、一部の専門家のみが携わることを許される特殊科学に純化することによって――いわば完全な没イデオロギー化を代償として――なされたのである。それは果たして社会的・文化的意義における科学の健全な発展であったのか。ブレヒトは劇中のガリレイをして、師の科学的業績を讃える弟子アンドレアを前に、権力への屈服によって科学を裏切ったことへの自省に苛まれる苦衷を告白させている（以下、聊か引用が長くなるが、我々が現在その渦中にある研究状況と、そこから提供される「科学情報」との孕む問題性に向けられた、前世紀の輝ける知性からの憂心殷々《いんいん》たる警鐘なので、暫らく傾聴を請いたい）。

ガリレイ　……科学は知識を扱う、知識は疑うことによって得られる、すべての人のために、すべてのことにつて知識を作り出しながら、科学はすべての人を疑いをもつ人にしようとする。……疑うというわれわれ流のやり方は大衆の心をとりこにした。大衆は望遠鏡を私たちの手からひったくって、それを自分たちを苦しめるもの、領主や地主や僧侶に向けた。これまで科学の成果をむさぼるもののように利用していた、利己的、暴力的なこのお偉方たちは、科学の冷たい目が同時に、何千年前から人為的に作られていた不幸の上にも注がれているのを感じた。この不幸は、明らかに自分たちお偉方が取り除かれることによって取り除かれるものだったのだ。そこで彼らは、われわれ科学者を、しつこく脅したり買収しようとしたりした。よほどしっかりしていないととても抵抗できないぐらいにね。しかしわれわれ科学者は、大衆に背を向けていてもなお科学者でいられるだろうか？……君たちは何のために研究するんだ？　私は科学の唯一の目的は、人間の生存条件の辛さを軽くすることにあると思うんだ。もし科学者が我欲の強い権力者に脅迫されて臆病になり、知識のための知識を積み重ねることで満足するようになったら、科学は片環にされ、君たちの作る新しい機械もただ新たな苦しみを生み出すことにしかならないかもしれない。……そして君たちと人類との溝はどんどん拡がって、ついには君たちが何か新しい成果を獲得したといってあげる歓喜の叫びは、全世界の人々がひとしなみにあげる恐怖の叫びによって答えられることにもなりかねない。――かつて私は科学者として唯一無二の機会に恵まれた。私の時代に、天文学は民衆の集まる市場にまで達したのだ。このまったく特異な状況下で、ひとりの男が節を屈することをしなかったら、……自然科学者は、医師たちの間のヒポクラテスの誓いのようなものを行うことになったのかも知れない。自分たちの知識を人類の福祉のため以外は用いないというあの誓いだ！……だのに私は、自分の知識を権力者に引き渡して、彼らがそれを全く自分の都合で使ったり使わなかったり、悪用できるようにしてしまった(50)」。

科学は認識結果としての「真理」内容に関する限り、確かに研究主体の偏見や立場や価値観から解放されていなければならず――つまりはそうした偏見や立場や価値観によってその「真理」内容に歪曲や伸縮が加えられてはならず――、その意味では飽くまで没価値性の要請に従わなければならないが、しかしそれは、たとえ科学の核心ではあるにしても、人間による人間的営為としての科学全体の文脈のなかでの一局面に過ぎない。科学全体の文脈は、「真理」の探究を動機づける問題意識や課題意識の局面、紆余曲折に満ちた発見過程の如き「真理」への模索の局面、技術的応用や教養の向上や文化の豊富化への貢献の如き「真理」の活用の局面などを含む豊饒な「意味連関」として成立している。かつまた、科学者は専門職制度に属する者として、その活動に関して「自治」を原則とし、自己の業務を自ら管理する社会的責任を背負っている（それを方向づけるのは、かのヒポクラテスの誓いだ！）。以上のような意味において、科学は、その人間的・社会的・文化的な意義と役割においては、決して没価値的でも没イデオロギー的でもあり得ないのである。それ故、科学的批判からの「秩序整然たる退却」を全反動勢力に許し、かくて科学に「その後の比較的妨害の少ない発展」を保障せしめた科学の「没イデオロギー化」は、科学そのものにとっては、むしろそれ本来の意義と役割からの疎外にほかならず、そこで謳われる「価値への中立性（neutrality）」の要請――科学からの社会的意味・批判的役割の剥奪――は、研究活動の誘導や認識成果の管理・運用を科学外の力、すなわち権力や財力、もしくは功利的な動機づけに委ねる方向に道を開いたと評しても過言ではない。こうした疎外と頽落のもとでの科学の「発展」の頂点に立つのが原子爆弾の開発である。ブレヒトによれば、「原子爆弾は、……ガリレイの科学的業績と、社会的な機能停止との生み出した古典的な最終生産物である」。

ところで、ブレヒトは、終極において原子爆弾の製造に到達する近代科学の路線を、その発端に位置する先駆者に即して「異化」したが、そうであるとすれば、原爆製造に直接携わった現代科学の巨匠たち、その活躍や科学観もまた相応に「異化」されなければならないであろう。マイケル・フレイン（Michael Frayn）の戯曲『コペンハーゲン』[51]は――フレインとブレヒト、もしくはその異化理論との縁故の有無は別として、本稿における上来の文脈からすれば――まさしくこの要請に応える名作として注目される。劇は、一九四一年、すでにナチス・ドイツの占領下にあったデンマークの首都コペンハーゲン――言うまでもなくナチス支配の直前までは理論物理学のメッカであったかのコペンハーゲン――に在住するニールス・ボーア（Niels Henrik David Bohr）の許《もと》を、かつての弟子ハイゼンベルク（Werner Karl Heisenberg）が秘密に訪問するという「奇妙な事件」を題材として展開される。何故「奇妙な事件」かと言えば、当時ボーアは反ナチス抵抗組織に参加して活動しており、他方ハイゼンベルクはナチス・ドイツに加担して軍事研究に携わっていたから、――つまりこの師弟は当時の国際状況のなかでいわば不倶戴天の敵対関係にあったからである（二人の邂逅が実際に存在した「事件」であったことはすでに確認されている）。この短かからぬ劇の全体は、彼ら二人に、ハイゼンベルクを嫌悪するボーアの妻マルグレーテを加えた三人による対話から成り立っているのであるが、しかし舞台はすでに三人とも現生を去った後の霊界であり、いわば霊界から生前の自分たちの、否、自分たちを含む錚々たる科学者たちの行為を吟味しているのであるから、舞台設定そのものが一つの「異化された」世界であると言えよう。その一節を見れば、――

ハイゼンベルク　先生、わたしは知らなければならないのです！　答えを出さなければならないのは、わたしなんです！　もし連合国が（原子）爆弾を製造しているなら、わたしは祖国のためにどういう選択をすればいいのでしょう？……

ボーア　しかし、ハイゼルベルク君、わたしには何も言えんよ。連合国が開発を行っているかどうかなんてまるで知らないのだから。

ハイゼンベルク　こうして話をしている間にも、開発は進んでいるんです。もしかしたらわたしのしようとしている選択は、敗北よりも悪いのかもしれません。かれらの製造している爆弾は我々の上に落されるはずのものですから（登場人物はすでに霊界にいるから、ここからの会話は一九四一年よりは後の視点から語られている——村瀬）。ヒロシマの夜にオッペンハイマーは、それが心残りだと言いました。爆弾の完成が、対ドイツ戦の使用に間に合わなかったことが。

ボーア　後になって、彼は自分を責めつづけたよ。

ハイゼンベルク　ええ、そうです。後になって。……彼らのなかで一人でも、ほんの一瞬でも、立ち止まって自分たちのしていることを考えたものがいたでしょうか？　オッペンハイマーは？　フェルミは、テラーは、ジェラードは？　一九三九年にルーズベルトに手紙を出して原子爆弾開発の予算請求したときのアインシュタインは？　その二年後に、コペハーゲンから逃れてロス・アラモスに行ったときの先生は、どうでした？

ボーア　だけど、いいか、ハイゼンベルク君、我々はヒトラーに爆弾を提供しようとはしていない。

ハイゼンベルク　そして、ヒトラーに爆弾を落としてもいない。代わりに、手近な人たち（広島や長崎の人たち――村瀬）の頭上に落したのです。民間人の年寄りや、母親や、子供たちの頭上に。[52]……

劇中において、第二次世界大戦中における科学者たちの行為が、ほかならぬナチスの軍事研究の加担者たるハイゼンベルクの発言によって「異化」され、人々の吟味の俎上に供されている。ここでは、戦後その言動によって科学者の良心の証しと謳われたアインシュタイン（A. Einstein）やオッペンハイマー（J. R. Oppenheimer）でさえ、恐るべき兵器の開発に積極的に携わった罪状から自由ではない。ほとんど自明化され、不問に付されるこのような事実の問題化（異化）により、我々は、マンハッタン計画に係わった科学者たちが、科学の「没イデオロギー性」の信条によって良心の呵責を免除され、自らの研究結果から無辜の民衆にもたらされるであろう酸鼻を極めた地獄図にはほとんど無関心に、この計画のもとに営まれる悪魔の所業に従事し、そのグロテスクな産物を、専らそれの「実用」にのみ関心を抱くトルーマン（Truman）大統領の強固な「イデオロギー」に、いとも安易に、恬淡として譲り渡したこと、その意味では科学の「没価値性」「没イデオロギー性」の信条はそれ自体一種の――裏返しの――「価値観」「イデオロギー」に過ぎないこと、しかもこれに類する信条が今日なお連綿として影響を持続し、科学の疎外状況に一役演じていること、等々に思いを致すべく使嗾されるであろう。

もとより上記の意味における科学の「異化」は、他方の極に疎外された科学へのニヒリズム、つまりは「反科学主義」の如き非合理主義の思潮に支援を与えるものではない。逆にそれは、「没価値化」

「没イデオロギー化」の口実のもとに、没人間化され、無意味化と砂漠化の方向に頽落した科学から「自明性」の仮象を剥離し、これを批判的知性の吟味に曝すことを介して、科学を真実の人間的な営為に「意味回復」させる手法の一つ、それ故に文字通りの意味において「科学のヒューマニゼイション」のための有力な手法の一つとして位置づけることが出来るであろう。

小括

以上の論述の枢軸をなしているのは、ヒューマニゼイションにおける「学問性」の資格は人間の──まさしく人間の名に値する──価値実現の積極的な追求にある、という観点であった。この点は「没価値性」をすべての学問の資格要件と見なす立場からは大きな反発を招くものと思われる。そこで最後に少しくこの点に言及しておこう。

「没価値性」の主張は、少なくとも最初は、経験科学における客観性の確保への要求から発生したものに違いないが、しかしその後の学術史は、この立場が決して学問の公正さを保障する所以ではなく、却って学問的関心を狭隘瑣末な対象に閉じ込めるばかりか、場合によっては、反人間的な、兇悪な目的を追求する研究を弁護する口実としてさえ効力を発揮することを実証した。それは何よりも、例えば「平和学」のような新しい分野、すなわち元来「いわゆる没価値的（wertfrei）な科学でなく、平和という価値を志向する科学」[53]（岡本三夫）であることを前提とする学問分野とは、抑々出発点からして相容れない立場である。だが没価値性の立場は、このような新しい科学と相容れないだけでなく、既成科学の内部においても、そこに独特の反価値的な歪曲をもたらしている。一例として、高木昌彦[54]、橋本八郎[55]らによって摘発されている放射線研究所（旧ＡＢＣＣ）の実態を挙げよう。そこでは原爆症の医療という「正義のための目的」（高木）が駆逐され、被爆者は専ら調査研究のための「資料」として扱われる。現在でも被爆者は「サンプル」と呼ばれ（橋本の報告）、この如何にも「没価値的な」名称に相応しく待遇されている。人道目的（＝価値目的）のこのような排除に伴って、研究上においても、因果関係を「直接に」証明できるものだけが原爆症であるという「実証主義」の立場から、残留放射能の影響の無視、被爆実体の過小評価など、当の認識内容そのものにも大きな制約が加えられている。とすれば、かかる「没価値的＝実証主義的」研究は、科学の客観性を保証しているどころか、むしろその「良識」の欠如、甚だしい「不見識」の故を以て非難に値するものでしかあり得ないであろう。それは「医療」という「価値目的」の代わりに、アメリカの原子核戦略のためにデータを提供するという「他の価値目的」に従属しており、つまりそこでは「没価値性」という要請それ自体が自己矛盾に陥っていると言わなければならない。

これに対して、被爆者の医療という正当な価値目的との関連で研究を進める場合、その科学上の認識方法としては次のような観点が設定される。「被爆者の疾病並びに病的現象と、原爆放射能とは、積極的な関係がないという証明がないかぎり、両者の間に関係があると仮定し、研究を続行するという実践をとおして両者の関係を解明することができる」（高木）。かかる観点が、単にその人道性において評価されるだけでなく、「実証主義的」偏見から方法と内容を解放することによって、研究それ自体にも遥かに多くの客観性を保障するものとなり得ていることは自明であろう。ところで、かくの如く、「没価値性」の立場と袂を分かつことによって新たな客観性の展望を開く上で力強く働いているのが、前者には欠落していた人間としての「見識」であり「良識」であることも、やはり疑いを容れないところであろう。そしてかかる「見識」や「良識」は、それ自体としては、他のあらゆる分野に携わる人々に共通する、人間である限りにおける人間の一つの「自律的な系」にほかならない。――まさにこの地平にこそ、上来追究してきたヒューマニゼイションの基盤があったのである。かつまた、かかる共通の系としての「見識」や「良識」そのものを指導原理とする学問の組織化こそがヒューマニゼイションにおける「学問性」の基準にほかならなかった。しかるにここに所謂「見識」や「良識」は根本において一つのヒューマニズムの精神であると言えよう。そしてヒューマニズムの精神は元来「教養」の理念と不可分であった。とすれば、「教養」としての学問に関する我々の次の探究課題は、かかるヒューマニズムそのものの闡明とその展望の追究にあるのでなければならない。

【注】

（1）内田義彦『作品としての社会科学』、一九八一、岩波書店、三八～五六頁。

（2）訳者・佐藤安仁・吉田譲二・沢田允夫（原著、P. H. Phenix, Realms of Meaning —— A Philosophy of the Curriculum for General Education, 1964.）

（3）笹本正樹「一般教育カリキュラムのための哲学――フィリップ・H・フェニックス『意味の領域』について――」、『香川大学一般教育研究』増刊号、一九七一、五六頁。

（4）同右、五六頁。

（5）フェニックス、前掲書、五六頁。

（6）同右、三三五頁。

（7）原書 C. Ogden and I. Richards, the Meaning of Meaning, 1923. 石橋幸太郎訳、新泉社。

（8）同右、二六頁。

（9）池上嘉彦『意味論』、一九七五、大修館書店、三八頁。

（10）グリアン『人間の前に立つマルクス』（花田圭介・杉田吉弘訳）、社会思想社、三二三〜三四二頁（原書 I. C. Gulian, Antropologie filosofica, 1972.）。

（11）Adam Schaff, Westo do semAntyki, 1960. 平林康之訳『意味論序説』、合同出版。

（12）同右、二二九頁。

（13）同右、二三〇頁。

（14）尾関周二『言語と人間』、一九八三年、大月書店、一二三頁。

（15）W.Eichhorn, Wie ist Ethik als Wissenschaft möglich ?, Berlin, 1965. S. 133.

（16）シャフ、前掲書、二三〇頁。

（17）同右、三五三頁。

（18）尾関、前掲書、一〇七〜一八六頁、参照。

（19）同右、一八五頁。

（20）ヴィゴツキー『思考と言語』（柴田義松訳）、明治図書、上巻、七三頁および一四六頁（原書 Л. С. Выготский, Мышление и Речь, 1934.）。

（21）G. W. F. Hegel, Wissenschaft der Logik I. Werke (stw) 5., S. 122.

（22）Ibid. 142.

（23）「本性」と「本質」との区別については、村瀬裕也『戴震の哲学——唯物論と道徳的価値——』、二一六〜二一八頁、参照。

（24）シュトラッサー『人間科学の理念』（徳永恂・加藤清司訳）、新曜社、二五三〜二五七頁（原書 S. Strasser, Phänomenologie und Erfahrungswissenschaft des Menschen, 1962.）。

(25) ヴァチシエフ『矛盾と弁証法』（武井勇四郎訳）、七九〜九五頁（原書 Г. С. Батищев, Противореч ие как Категория диалектической Логики, 1963.）。
(26) ヒットラー『我が闘争』（平野一郎・将積茂訳）（下）、角川文庫、八〇頁（原書 A. Hitler, Mein Kampf, 1927.）。
(27) 永井潔『芸術の伝統と創造』、一九七四、国民文庫、一〇三頁。
(28) 岩崎允胤『核兵器と人間の倫理』、一九八六、新日本出版、六二頁。
(29) フェニックス、前掲書、三七頁。
(30) 今道友信『美の位相と芸術〔増補版〕』、一九七一、東京大学出版、三四五〜三七八頁。
(31) クレンペラー『第三帝国の言語〔ＬＴＹ〕』（羽田洋他訳）、法政大学出版局（原書 V.Klemperer, LTI. Nattizbuch eines Philologn, 1967.）、第三二章。
(32) コシーク『具体的なものの弁証法』（花崎皋平訳）、せりか書房、二六頁（原書 K. Kosik, Die Dialektik des Konkreten, zur Problematik des Menschen und Welt, 1967.）。
(33) サートン『科学史と新ヒューマニズム』（森島恒雄訳）、訳書刊行一九三八、岩波書店、七六〜七八頁。（原著 Geoge Sarton, The History of Science and New Humanism, 1936.）。
(34) 同右、二四五頁。
(35) ランジュヴァン『科学教育論』（竹内良知・新村猛訳）、明治図書、一二二頁（原書 P. Langevin, La Pensée et L 'Action, 1947.）。
(36) 原光雄『化学入門』、一九五三、岩波書店、二〇八頁。
(37) 上原専禄「日本における独立の問題」、『思想』、一九六一・六、参照。
(38) 村瀬裕也『戴震の哲学——唯物論と道徳的価値——』、一九八四、日中出版、二九六頁。
(39) J. Galtung. Struktuelle Gewalt-Beiträge zur Friedens- und Konfliktforschung, 1975, Rowolt, S. 7. ~ S.37.
(40) 戸坂潤「『性格』概念の理論的使命」、『イデオロギー論理学』、一九三〇、『戸坂潤全集』第二巻、八頁。
(41) 戸坂潤『科学論』、一九三五、『全集』第一巻、二〇四頁。
(42) 戸坂潤「クリティシズムと認識論との関係」、一九三八、『認識論とは何か』付録一、『全集』第三巻、参照。
(43) 村瀬裕也『「良識系」の哲学』、二〇〇四、青木書店、三〇五頁。

(44) 国立大学一般教育担当部局協議会・一般教育責任体制調査検討委員会『国立大学一般教育責任体制に関する調査報告書（その2）——一般教育改革を主題として——』、一九七七、なお、堀地武「大学教育とFaculty Development」、『日本の科学者』、一九八七、一一月号、一二頁、参照。
(45) 三浦梅園「多賀墨郷君にこたふるの書」、『三浦梅園集』、岩波文庫、一三〜一四頁。
(46) ブレヒト（Bertolt Brecht）の「異化理論」は、独立の論文のほか、自作の戯曲への「注釈（Anmerkungen）」の形で含蓄深く語られているが、ここでは主として、'Das epische Theater'. gesammelte Werke 15. に拠った。なお、ブレヒトの異化理論については、村瀬裕也「ブレヒトのガリレイ像——教養について——」（『教養とヒューマニズム』、一九九二、白石書店）、参照。
(47) 村瀬裕也「一般教育演習科目における表現と討議——平和問題をめぐって——」、一九八六、『教養とヒューマニズム』所収。
(48) 坂元忠芳『情動と感情の教育学』、二〇〇〇、大月書店、二〇六頁。なお、坂元は本書に先立ち、「教育実践における異化の諸問題について」（『教育』誌、一九八六・一一〜一九八八・三）を発表している。
(49) 同右、二七六頁。
(50) ブレヒト『ガリレイの生涯』（岩淵達治）、『ブレヒト戯曲全集』4、未来社、三三四〜三三五頁（原書 Bertolt Brecht, Leben des Galilei, 1955. Gesammelte Werke 3., Suhrkamp Verlag. S. 1340.）。
(51) 原著 Michael Frayn. COPENHAGEN. 1998. 邦訳書は、小田島恒志訳、ハヤカワ演劇文庫、早川書房。
(52) 同右、七四〜七五頁。
(53) 岡本三夫『平和学への接近』、一九八六、四国学院大学・平和学教室、五六頁。
(54) 高木昌彦『大阪に根ざした非核平和ゼミテキスト』、第三分冊、参照。
(55) 橋本八郎「巨大な悪魔——放射線影響研究所（元ＡＢＣＣ）」、『赤旗』評論特集版、一九八六・一一・一〇、参照。

エッセー

フンボルト（W. v. Humboldt）の生と死、そして復活

――「ベルリンの壁」崩壊前夜における旧「西ドイツ」での記録――

〔付記〕以下の文章はいささか旧稿に属するが、話題の内容が今日なお、否、むしろ一層深刻な形で進行しつつある問題に係わっていること、また私の訪独の時期が「ベルリンの壁」崩壊という歴史的事件の前夜であるだけに、この記録にはそれなりの記念碑的意義があるであろうことを考慮し、ここに再録することにした。但し対話をそのまま公表したのでは差し支えが生じると思われる個所には、内容の趣旨を歪めない範囲で、幾分か表現上の「暈し《ぼかし》」を施しておいた。故に本稿を「実際に近いフィクション」として受け止め、関心を専ら「フンボルト」を巡る状況に傾けて頂ければ幸いである。

この夏、西ドイツの二つの大学のJapanologie（日本学）研究室から招聘を得て、ほぼ五〇日にわたって彼の地に滞在した。私の目的はドイツにおける日本哲学史・日本思想史、特に近世儒学史の研究状況の調査にあったのだが、ドイツの研究者との対話が、ひとしく大学に職を奉じる者同士のこととて、汎く最近の大学問題、学生問題、社会的・文化的諸問題に及んだことは言うまでもない。――ここでは、そうした交流のなかから、我国の大学問題とも無縁とは言えない幾つかの話題

を拾い、ささやかながら帰国報告に代えたいと思う。

先ずドイツの土を踏んだ第一歩から、——

フランクフルト空港に降り立った妻と私は早速最初の目的地Z市（仮名——以下、市名・大学名・人名すべて同様）へ直行した。予約しておいたホテルは、市の中心部を僅かに離れた新市街の一角にあるのだが、真向かいには由緒ある古い教会が立ち、周辺には愛らしいレストランやカフェが軒を並べて、到着早々のまれびとを異国の情趣で歓迎する。「とても美しい街ですね（Sehr schöne Stadt !）」と私がタクシーの運転手に声をかけると、彼は「仰る通り、メルヘンの街です（Ja, ja, märchenhafte Stadt)」と相槌を打つ。——だがこの〝märchenhaft〟の意味は、翌日A教授夫人の案内で市内を見物したときに始めてしみじみと実感されたのだ。

私たち夫婦の宿泊したホテルは、当地の学生の話によれば、この小都市では最高級のホテルなのだそうだが、部屋の中には——ツインのベッドとの触れ込みであったが——、人間二人を縦に並べて寝かせる、細長い、文字通り鰻の寝床のようなベッドが壁際にしつらえられているのには、呆れると同時に思わず吹き出してしまった。それから数日間、私たち夫婦は、頭を南北逆方向に置き、足裏を突き合わせる形で眠る仕儀となった。——さて、旅装を解き、暫らく休憩した後、Z大学の日本学センターに到着を伝えると、主任のA教授が自ら自家用車でホテルまで迎えに来てくれた。

「今日は取り敢えず大学を御案内して、それから私の自宅へ御招待しましょう。妻の勤めるY大学は一足先に夏休みにはいったので、妻も家に戻っているのです。街のなかは明日妻が御案内することになっています」。

私たち夫婦はA教授の言葉に甘えることにした。Z大学の人文学部は、かつて西田哲学を嚆矢とする我国の本格的講壇哲学に深い影響を与えた新カント学派の一方の牙城として名を馳せた伝統ある学部なので、私はその建物についても荘重な古典的建築を予想していたのであるが、実際にはその予想を裏切って、日本で言えば一時期の丹下健三に代表されるような六〇年代特有のモダン建築であったのには聊か失望を禁じ得なかった。とはいえ構内の環境は素晴らしい。鬱蒼とした緑が贅沢に校舎や研究所を囲み、木洩日を光らせながら広い敷地をよぎる一筋の小川が閑雅な雰囲気に興趣を添える。万象悉く思索の殿堂の尊厳を守っているようだ。その日は、A教授からドイツにおけるヤパノロギーの概況を窺い、研究所に収蔵されている資料を一通り拝見してから、教授の自宅へ向かった。

A教授の家は大学から車で三〇分ほど離れた農村にある。近頃は住宅難で、大学の近辺に居を構えることができなくなったので、仕方なくここに農家を購入して改築したとのことである。「西ドイツは自家用車がなければ暮らせない世の中になりました」とA教授は嘆く。しかしそれにしては教授の御自宅は古朴な味をモダンな造形に生かした瀟洒な建物で、私たち夫婦から見れば羨ましい限りである。この地から遠く離れたY大学で日本語の講師を務める社会学者の夫人と初対面の挨拶を交わした後、私たち四人は、美しい庭木の眺められる、しかしそれとともに山村らしく堆肥の臭いの微かに漂ってくる応接室で、暫らくは日独の社会・文化一般の状況についての話に花を咲かせたが、やがて話題が大学や学生の問題に移るのは職業柄自然の流れであった。

私「日本の文教政策や文部行政には財界の圧力が強く、大学でも様々な形で実利主義の影響を被り、大学本来の教養理念が後退を強いられています。これとどう対抗し、どう教養理念の実現を構築していくかが、日本の大学人にとって深刻な問題となっています。その点、フンボルトの理念から出発したドイツの大学では大分事情が違うと思うのですが。」

A教授「Ulm の大学などでは新しい型が追求されていますが、一般には、特に日本との比較で言えば、おっしゃる通りかもしれません。しかしね、それが全面的に肯定されてよいかどうか、――古典主義・人文主義に立つフンボルト先生たちは、実用的なこととなるとソッポを向いてしまって、まったく取り合わない。産業を重視しないのも困ったもので、要はバランスの問題でしょう。」

私「しかしフンボルトの伝統を前提としてその限界を克服するのと、始めからそのような伝統の希薄な上に実利主義が土足で踏み込むのとでは、雲泥の差があります。前者は Aufheben と言ってよいでしょう。私たちの困難は、フンボルト理念の肯定と否定とを同時に行わなければならないところにあります。」

A教授「おっしゃる意味はよく分かります。――ところで、あなたの強調される一般教養については、西ドイツでもやはり深刻な問題なのですよ。高等学校の段階から専門分化が進んでいるせいもあって、学生の視野が狭くなった。一番困るのは彼らが本を読まなくなったことです。それに芸術的教養についても、――例えば私どものZ大学には音楽サークルが幾つかありますが、クラシック系はひとつもありません。（夫人の方を向き）あなたのところは？」

A教授夫人「Y大学にはクラシックのオーケストラがありますよ。」

私「日本における学生の教養の問題は、直接には大学入学前の教育状況、特に早期から子供たちを捉える苛烈な競争主義の教育に係わっていると思われます。味わいや色合いの乏しいドリル式の学習、それに『部活』——という奇妙なものが日本にはあって、これは並のサークル活動とは違い、競争原理や勝利至上主義や差別主義を助長する温床となっています——や帰宅後の『塾』通いなどで、びっしりと詰まった中学生の生活時間の過密さは酷いものです。自由時間というものが乏しいので、自主的な時間管理の能力が育ちません。」

そこへ、音楽教室を主宰している関係で平素子供たちとの接触の多い私の妻も言葉を挟む。

妻「小学生までは好奇心もあり個性的であった子供たちも、中学生になり、受験勉強やら部活やらが始まると、途端に個性を失って萎縮してしまいます。」

私「しかしこのような教育状況の背景としては、やはり『企業原理』が極端化した日本社会の構造的問題が指摘されなければなりません。特に国際的にも悪名の高い長時間労働は、これを解決しなければ他のいかなる問題の解決も不可能な、いわば諸悪の根源です。——実は今回の西ドイツ訪問では、余暇時間の増大と人間の自己達成の度合いとの関係を確かめたかったのです。というのは、余暇時間の増大した西ドイツで、それに伴って同時に国民の教養状態が向上したという証拠が掴めれば、日本に帰ってから時間問題について語る際に説得力が増すからです。」

A教授「それは無理でしょう。——この国では、余暇時間には、殆どの人がテニスに行ってしまいますよ。」

教授はそっけなく答えた。かくて私の意気込んだ今回の西ドイツ訪問の重要テーマのひとつはあっけなく消え去る運命に帰したのである。しかしフンボルト理念の問題については、次の目的地であるX大学に赴くまで、暫らく拘泥し続けなければならない。

＊　＊　＊

翌日は約束通りA教授夫人の案内で、市の中心部や四辺に点在する名所旧跡を見学した。Z市は、「ここは都市のなかに大学があるのではなく、大学のなかに都市がある」というA教授の表現通り、周辺に分立するZ大学の各学部や研究機関に囲まれた、坂の多い可憐な小都市である。もともと坂の多い地形は、萩原朔太郎の散文詩に謳われたように、それだけでも何処かノスタルジーをそそるものだが、その上、木骨組みの紋様の間に淡い色調の壁を塗りこめた独特のファサードに、思い思いのデザインを凝らした張出し棒の看板を飾った店々が、いかにも楽しげな品物を揃えて石畳の坂道の両脇に並び、あるいはまた銅像の立つマルクト広場を玩具の建物のように囲続する光景は、弥が上にもエトランジェの旅情を駆り立てる。幼いころ絵本で親しんだメルヘンの世界がここではまさに現実の姿で息づいているのである。そして、――どんな人が住んでいるのだろう、花に飾られたあの物語めく窓の奥に今なおお日用飲食の実際生活が営み続けられているということは、何とも不思議の感を抱かせるが、ここではやはり確かな現実なのである。私たちはお伽の国を訪れたクララのような浮き立つ気分で、恐らくその時ばかりは同じ童心に帰っているであろう人々の雑踏を縫いながら暫らく市内を散策した。

街の一角から急な坂道が走り、山頂の方伯の城に通じている。息を切らせ、汗を滲ませながら城門の前に辿り着き、石垣に寄って街を見下ろすと、そこにもまたこの世のものとも思われない眺望が開かれる。遥か遠方に陽炎に霞む聖エリザベート教会のドーム、此方目前に左右対称の規範を無視してユーモラスに歪んだ姿を虚空に突き立てている修道院の尖塔、そしてその間に無限の大気に沈むように、あの märchenhaft な家々の渋い色調の屋根が並び、路上を行きかう豆粒のような人々の動きと相俟って、幾百年繰り返されてきた人間の生の営みの鼓動と息吹を伝えてくる。――時刻が十二時を回ったのであろう、突然あたりの静謐を破って四辺の教会の鐘が鳴り、街を包む澄み切った大気に交響する。それは哀歓を籠めて営々と続けられる人間の生活の奥深い意味に厳かな祝福を送っているようだ。否、無神論者の私は次のように考える、――人々はこのような美しく厳かな世界を築きながら、それを通して自己の存在そのものの意味と尊厳を彩り豊かに確証し精錬し実現してきたのだ、と。「我々は環境から作用され逆に環境に作用する、環境に働きかけることは同時に自己に働きかけることであり、環境を形成してゆくことによって自己は形成される。環境の形成を離れて自己の形成を考えることはできぬ」。反ファシズムの信念故に非業の死を遂げた哲学者・三木清の言葉が念頭に浮かぶ。それはまた生涯「教養」の問題に執着し続けたヒューマニストの言葉でもある。

* * *

妻と私とはメルヘンの都市Z市に心を残しながらも、日程の都合に迫られて次の目的地に向かった。次の被招聘先X大学のある小都市X市は、一般の観光コースから外れているせいもあって、日本を出発する前にホテルを予約することができなかったので、私たちはX市から汽車でほぼ一時間ほど離れた大都市W市の駅前に宿を確保し、そこから大学まで通うことに決めていた。

X市もまた古い大学都市で、ドイツ近代精神史に燦然たる光芒を放った哲学者と詩人の若き日の研鑽の地として有名である。駅から旧市街までの閑散とした新市街は流れの緩やかな川で仕切られ、中州は高い並木の整然と続く静かな公園となっている。渋い赤瓦の屋根を蓋った白壁や黄壁の古風な家々が、喬木や灌木や枝垂れ柳の緑を配し、満々と湛えられた水面に影を浮かべて並ぶ北岸の眺めは絵に描いたように美しい。そのなかに、かつて孤高の詩人の狂乱の半生を幽閉した黄色の小塔が、思いなしか憂愁を帯びた姿でひっそりと立ち、偉大な精神の時代の栄光と苦悩を偲ばせる。

連絡に応じて迎えに来てくれたのは若い日本文学者の研究助手B氏である（私がX大学の日本学センターを訪れたのは、ここの主任教授が哲学系の研究者だったからであるが、大学における研究部門が「日本学」として一括されているせいか、プロフェサー以外の所員はすべて他分野の専攻者である）。B氏は憂い含みの翳りとおどけ気味の明朗さとの混じった親しみ深い風貌の好青年で、最初の挨拶を交わした途端、私たちの間にはもう初対面の緊張はほぐれていた。研究所は街から自動車で一五分ほど、大学の構内を突き抜けた先の住宅街の外れにある。個人の邸宅を買収して改築したものらしく、三階建の家屋に、教授はじめスタッフの研究室、図書室、事務室、教室、研究室所属の学生や大学院生の学習室などがすべて揃っている。こんな研究所ならば、スタッフも学生・院生も、我家同然の居心地のなかで研究や勉学に専念できるだろう、と、いささか羨望の念を禁じ得なかった。

＊　　＊　　＊

この日は期末試験の最終日で、私たち夫婦は試験後のパーティーに参加する約束になっていた。ドイツの試験は伝統的な口頭試問によるので、相当に時間と手間がかかるらしい。B氏の説明を受けながら収蔵図書や研究所の内部を一通り見学した後、「まだ大分時間があるようです。ちょっと外に出ましょうか」とB氏に促され、近くの小じんまりしたレストラン兼カフェの店に案内された。庭には例によってドイツの夏の風物詩ともいえるパラソルとテーブルが並べられ、遅い日脚が漸く西に傾きかけた中止半端な時間に拘わらず満員の客で賑わっている。私たちはその一角に陣取り、大ジョッキのビールを傾けながら、閑雅な午後の一刻の清談を楽しんだ。

B氏は宮沢賢治の研究者だが、日本の戦後文学にも造詣が深く、私がその方面に幾らか通じていることが分かると、氏の談話は一段と流暢になる。私の応答もビールのほろ酔いに助けられて次第に弾みがついていく。第一次戦後派の野間宏、武田泰淳、大岡昇平、椎名麟三、梅崎春生、埴谷雄高、第二次戦後派の堀田善衛、安部公房、——私がまだ十代の半ば頃、学校をサボりながら貪るように耽読したこれらの作家たちの晦渋な作品が、久方ぶりに、しかも異国の地で評隲《ひょうしつ》の俎上に乗ったことに、私は年甲斐もなく高揚感を覚えた。

私の戦後日本文学への関心がいわゆる「第二次戦後派」止まりであるのに対して、B氏は大江健三郎や丸山健二の名を挙げ、現在日本における文学の健在ぶりを指摘した。私はこの若い日本文学研究者の確かな文学的具眼に敬意を払わないわけには行かなかった。

私「私が日本人として気に懸るのは、西ドイツで日本文学がどのように待遇されているかということです。Z大学のA教授の御自宅の書棚に、安部公房の作品の独訳がありましたが、あれなどかなり読まれているのでしょうか？」

B氏「安部の作品は二冊ばかり翻訳されましたが、よく売れたという話は聞いていません。大体この国では、日本文学に限らず、文学に親しむ習慣が薄れました。私は埴谷雄高の『死霊』を訳したいと思うのですが、こういう長大な本格的文学の出版を引き受けてくれる会社は、西ドイツにはなかなか見つかりません」。

B氏のこの不満は幾分か割り引いて受け取ったほうがよさそうである。というのは、西ドイツにおける文学書の売れ行きが昨年はかつてないほど増加したとの情報も伝わっているからである。しかし専門の文学者であり、しかも日本の優れた作品をドイツ人の教養目録に加えることを切望しているB氏の要求と、西ドイツにおける一般的な読書状況との間に相当の断層があることは確かであろう。

私「ところで、少し話は違いますが、活字離れの傾向はドイツの学生の間でも顕著になっているのですか？——実はA教授が、最近の学生は本を読まなくなったと嘆いておられたので、少々気になっていたのです」。

B氏「A先生の仰せの通りでしょう。今度の試験でも、日本文学専攻の学生への口頭試問はこんな調子でした。——

『あなたはこのゼメスターの間に、何か日本の小説を読みましたか？』

『川端康成の〝雪国〟を読みました』

『あなたはそれを日本語で読みましたか、それともドイツ語で読みましたか？』

『日本語で……』

『その感想を述べてください』

『……』

『あなたはこの小説を全部読んだのですか、それとも途中までですか？』

『途中まで……』

『どの辺りまでですか？』

『……』

『汽車がトンネルに入るところまで読みましたか、それともトンネルを出るところまで読みましたか？』

『トンネルに入るところまで読みました』

『では、あなたは、この小説が始まる前まで読んだのですね』。

「国境の長いトンネルを抜けると雪国であった」という『雪国』の有名な書き出しに絡めて学生を引っかける辺り、いかにもバイエルン人らしい茶目っ気が感じられて面白いが、しかし日本におけると同様の事態が西ドイツでも進行していることを窺わせる話の内容は、気楽に笑って聞き流せるほど愉快なものではない。

私「学生の読書離れ、それは勿論『一般教養』の衰退と関連していると思われますが、大学としてその傾向に対する何らかの対策を立てているのですか？」

B氏「対策の立てようなどありますか？」

私「しかし、――自分の国を棚に上げて他国を批評するわけではありませんが、私たちはドイツに対してやはりフンボルト理念の発祥の地、教養の王国という尊敬の念を抱いてきました。その国で教養理念が崩壊するとすれば、それはドイツに限らず、人類の未来に対する大きな損失を意味します」。

B氏「西ドイツはもう教養の国ではありません、ビデオとテニスの国になってしまいました。それに、――人類に未来なんてあるのでしょうか？」

B氏は悪戯っぽさの混じった皮肉な表情を浮かべた。私自身は、時折は胸裡を過るニヒリズムに自ら抗しながら反ニヒリズムの論陣を張ってきたせいか、他人のニヒリズムには――それが悪質なファシズムに繋がらない限り――頗る寛大なのであるが、こういう点になると正義派の我が愛妻は決して容赦しない。それまで黙ってB氏と私のやりとりを聞いていた妻は、ここに至って俄然、B氏に対して「学生の教育に携わる方が人類の未来を疑うようでは困りますよ」と、何の外連《けれん》もない正攻法の反駁を向けたのである。B氏は、一瞬呆気にとられたが、しかしすでに席を立たなければならぬ時刻が自己のニヒリズムに対する弁明の責務からB氏を解放した。

＊　＊　＊

「もう試験は終わったようですね」。B氏は廊下にちらほらし始めた学生たちの姿を見やりながら言い、「ああ、可哀想な学生たち！」と、自分が学生に向けた厭味な質問のことなど棚に上げて頻りに学生に同情する。口頭試問では散々絞られた挙句、五〇％は落第するというから、確かに同情には値しよう。あるいはB氏自身の辛かった「修業時代（Lehrjahre）」を追想しながらそう言ったのかも知れない。

パーティの部屋はすでに人で一杯であった。テーブルの上には、各種のビールやワイン、皆が持ち寄ったヴルスト（ソーセージ）、ケーゼ（チーズ）、手製のキムチ、スパゲッティ、ドライカレーの焼き飯、それに日本学研究所に相応しく箸を添えた寿司などが並べられ、一日の緊張が解かれる華やいだ雰囲気を彩っている。

「遠方からようこそお出で下さいました」と、丁寧な挨拶で私たち夫婦を歓迎してくれたC教授は、その業績から想像していたよりも遥かに若く、一見はにかみ屋で内向的で繊細な印象を与える。だが後で聞いた学生や院生の人物評によれば、C教授は学問に関しては頑固一徹なところがあり、その厳格な学生指導はすでに定評があるらしい。C教授の元来の専門は日本近世儒学であるが、しかしドイツにおけるこの分野の研究者はあらかじめ哲学一般に関する素養を培っているから、我国のように時代別に専攻を固定する志向はなく、彼の研究対象も汎く西田哲学を始めとする日本の現代哲学にまで及んでいる。当然のことながら東西両ドイツにおける哲学の現況に対する関心も強く、私との間では、ルカーチ（Lukács György）、ブロッホ（Ernst Bloch）、ハーバーマス（Jürgen Habermas）などが話題に上った。

パーティの参加者は、研究所のスタッフ、学生、院生のほか、近隣の他大学の教授、日本から招聘された非常勤講師、留学生など、多彩な顔ぶれであり、従って酔いとともに盛り上がっていく対話の内容も豊富である。妻はとみれば、学生たちに取り囲まれて一曲歌うようにせがまれている。妻が音楽専攻であることは、A教授からC教授への電話連絡の際に伝わったらしく、それがまたC教授から学生たちに伝わったらしい。しかし当人は先程来のビールとワインの影響で、クラシックの歌曲にはとても無理な状態だったので、何とか誤魔化して擦りぬけた。

Ｃ教授が私の前に連れてきて紹介してくれた四～五人の男女の大学院生は、「もう今日は学問の話は厭です」と笑いながらも、私の質問には逃げることなく応答し、何時しか自然に学問談議に熱が入っていく。彼らの研究テーマは、安藤昌益の『自然真営道』、伊藤仁斎と荻生徂徠における「性」概念の比較、山県大弐の『柳子新論』、九鬼周造の『「いき」の構造』など、概ねオーソドックスなもので、この国における日本思想史への関心の所在を示していると言ってよいであろう。私が殊に興味を抱いたのは、ここでは修士論文としては翻訳――例えば『柳子新論』と『「いき」の構造』は全訳、長大な『自然真営道』は「法世物語」巻のみの訳――が課せられ、博士論文に至って初めて創造的研究が許されるということである。この点については主任教授の説明を窺うことにしよう。

Ｃ教授「これは或る意味においてアメリカ流の Japanologie に対する反措定です。アメリカの研究者にも勿論個人差はあるでしょうが、一般的に印象づけられるアメリカの流儀では――多分ベラー（R. N. Bellah）などもその属でしょうが――、外国人にとっては分かり易い部分、解読しやすい文章を拾って自分の主観的な解釈に持ち込もうとする。これでは一見独創的で面白い見解であっても、原典の本来の趣旨から外れてくる場合があります。独創的な研究には、先ず全文を客観的に解読し、しっかり翻訳できることが前提とならなければなりません」。

私はアメリカの japanology の状況については垣間見る程度にしか知らないが、私の専攻する sinology の分野には、例えばクリール（H. G. Creel）のような、人文的学識の豊富なリベラル派の研究者も存在するから、日本学の分野とて似たような状況にあるであろうことは当然予想される（もっとも sinology の分野では、胡適や馮友蘭のような、中国人の碩学による本格的な中国哲学通史の翻訳書が早くから刊行されているから、japanology の場合とは幾分事情が異なるかも知れない）。しかしかの国には、C教授の挙げたベラーのそれのように、石田梅岩の石門心学の如き二流の思想を以て日本の近世思想を代表させるような、我々日本の研究者にとっては頗る侮辱的な「日本学」の流儀が存在し、一定の影響力を保持していることは確かである。

私「アメリカでは何故そのような学風の影響が強いと思われますか？」

C教授「個人としての創造の喜びを重視する、というのも、確かに動機の一つでしょうが、しかし反面、絶えず業績の量が問われるお国柄ですから、文献学的な考証作業にあまりに多くの時間を取られることが忌避されるのかも知れません」。

要するにC教授の研究室では性急な業績主義が排除され、思想的創造の前提としての Philologie を要求する手堅い学風が頑なに守られているのである。何れにせよ、――この研究所は古き良きアカデミズムの牙城であり、C教授はA教授のいわゆる「フンボルト先生たち」の典型的な代表である。しかし私がC教授に看取したフンボルト精神とは、――それが決して現実社会に背を向けた象牙の塔への閉塞を意味しないことは、後に記す彼と私との対話が遺憾なく示すであろう。

＊　＊　＊

後日の夕刻、――この日は自ら休日と定め、W市の美術館や繁華街を散策し、ホテルの最上階のプールで泳いでから部屋に戻って寛いでいると、先日のパーティで意気投合したV大学のD教授夫妻から電話がかかり、夕食に誘われた。D教授は歴史学者、夫人は日本人で、労働問題の研究者である。

案内されたのはW市では評判のよいギリシア料理の店で、くすんだ白色の壁と黒褐色の木骨組みで構成される壁面に船具や鹿の角などを飾った室内は、いかにも地中海風のエキゾチックな雰囲気を漂わせている。私たちは芳香の強いギリシア産のワイン（レチーナ）やブランディ（メタクサ）、スパイスのよく効いた、とびきり分量の多い肉料理を味わいながら交歓の時を過ごした。

D教授は他人の語る日本語は幾分か理解できるらしいが、自分からは殆ど日本語を話さない。夫人は、私が気を配って注意しない限り、夫君を聾桟敷に置いたまま日本語でばかり話そうとする。従って私たちの間では、日本語とドイツ語の入り混じった奇妙な会話が続いた。――私の妻が当地を訪れて気づいたこととして特に問題にしたのは、ドイツの大学教員と日本の大学教員との「時間使用」の落差である。

妻「日本の大学はとても忙しいらしく、夫は研究時間がないと言っていつも嘆いています」。

D教授夫人「何がそんなに忙しいのですか？」

私「私の場合は、市民運動や労働運動との関係もありますから、大学だけが多忙の原因ではありませんが、大学の内部事情に限ってみても、akademische Freiheit の観念が定着していないせいか、外部の情勢に左右されて、管理運営の仕事が煩雑になり、時間使用が不安定になりがちです。特に経団連（当時――村瀬）、日経連など財界筋のナショナル・センターや、中央教育審議会、経済審議会、大学審議会のような諮問会議から出される提言に沿う形で、政府や文部省（当時――村瀬）の文教政策が慌ただしく推移し、大学側も、あるいは組合運動も、これに対応したり抵抗したりしていかなければなりませんから、それに引っ掻き回されて、本来の研究や教育にとっては余計な雑務に忙殺されがちです。とにかく、年中時間が細切れに寸断されるのは研究者としてやりきれません。それに、ヨーロッパの大学では常識になっているサバティカル・イヤー（sabbatical year）の制度などは、組合の要求課題に設定することさえ困難な有様です。とにかく、日本では、充実した研究のための時間確保には極めて吝嗇です。例えば、ドイツの大学では――ヨーロッパの大学では一般にそうでしょうが――、三カ月の夏季休暇があり、その間の時間設計はまったく本人の自由に委ねられているそうですが、日本の大学では、たった二カ月の夏季休暇にさえ、入試対応の業務などが無造作に入りこみ、大きな研究計画が立てにくくなっています」。

私はどれほど理解されるのか危ぶみながらも、池田内閣時代（一九六〇～六四）に成立した高度経済成長政策（『国民所得倍増計画』）のなかで、「人的能力開発政策（manpower policy）」――人間を専ら「経済成長の手段」として捉えた教育改革路線――が謳われて以来の政府・文部省の教育政策の変遷、――教育における「人格育成機能」の相対的縮小と「労働力配置機能」（「教育投資」という観点からの「人的資本」の効率的育成、「役立ち」の価値の追求）の相対的肥大化、「競争原理」の過熱化とそれのもとでの青少年の発達疎外、高等教育に限って言えば、研究・教育への「企業原理」の侵蝕と、戦後民主主義の根幹の一つであった「大学の自治・学問の自由」の理念の形骸化への危険（「国立学校設置法等の一部を改正する法案」などの政策）、つまりは大学を全面的に利潤機構の歯車と国際的経済競争の渦中に巻き込みかねない昨今の動向などについて、概略的に説明した。

D教授「ああ、まさにサッチャー（Thatcher）ですね。しかし実利主義の趨勢という点では、西ドイツも例外ではありません」。

夫人「(夫君を指して) この人はドイツ人のくせに西ドイツのこととなると悪口ばかり言うのですよ。でも村瀬先生は、日本の財界や大企業を批判されますが、私たち西ドイツ在住の日本人の立場からすれば、日本をこの国の人たちに認識させたのは企業製品と企業進出の成果だという実感は拭えません。ドイツ人の教養なんて言っても大したことではない。大体、ちょっと前までは、日本を中国の一部と思っていたり、日本人は、第二次大戦中、槍と薙刀でアメリカの近代兵器と戦ったから偉い、などと妙な褒め方をするドイツ人が少なくなかったのですから。こういう偏見を改めさせたのは、まさに企業の力ですよ」。

私「おっしゃることはその通りなのでしょうが、しかし私が問題にしているのは個別の産業や企業についてではなく、大企業にリードされた「総資本」のセンター、つまり政治的な圧力団体やイデオロギー部隊としての、そうしたセンターの行動についてです。私が言いたいのは、物事には『節度』というものが必要だということです。社会の多面的な機能のうち、文化や福祉、医療や教育のような、もともと市場原理や競争原理に馴染まない領域にまで容喙し、政治権力を借りて、社会全体を利害打算の一色に染め上げようというのは、明らかに僭逸の越権行為と言わなければなりません」。

そして一息ついてから、

私「それにひたすら競争力を強化してサーヴァイヴァルをはかろうというやり方が、これからの長い人類史に何時までも耐えられる道理がありません。競争などというものは、何時かは疲れ果て、後進のものに追い抜かれる性質のものですよ。そんな一時的な事柄のために、『永遠の相のもとに』

続けられるべき大学的営為が犠牲になってよい筈はありません。かつまた、現在は国際化時代と言われています。国際化と言われる以上、我々日本人もまた、精神文化の創造という点でも、人類の長期的展望を照らす智慧の産出という点でも、世界の各国と対等の関係に立つ必要があります。そしてその面に寄与することこそ大学の最も基本的な任務と言ってよいでしょう。その大学が企業原理の全面的な支配下に置かれるとすれば、日本の未来の国際的位置は非常に馬鹿げたものになるに違いありません」と一気に述べ、少し間を置いて、「現在のような状況だからこそ、日本の大学人は、ドイツの大学の原点であるフンボルトの理念を……」と言いかけると、突然D教授は私の話を遮って、この時ばかりは明快な日本語で、語調を強めて言った。

D教授「ドイツの大学では、もうフンボルトは死にました」。

遂に聞きたくない言葉を聞いてしまった。だが考えてみると、自国において課題とする理念の説得性を他国（ドイツ）におけるそれの既在によって裏打ちしようと望んだ私の趣向自体、最初から後進国根性の浅ましさであったかも知れない。――ひと時の沈黙の合間に窓の外を眺めた。すでに満天に煌めく星屑が悩める地上を見降ろしている。彼処ではあの壮麗な祭典が永劫に営まれているのであろうか。それに引き換え此方では、D教授夫妻も、私たち夫婦も、そしてあまたの人々も、それぞれの状況において否応なき歴史の課題を引き受けつつ、冷厳な終着の訪れまでの限られた「生」の時間に孜々《しし》として「意味」の証跡を刻んでいかなければならぬ。こうした受苦と情熱の集積が何れの日か「人類」のまことの栄光を実現するまで、歴史はまだまだ曲折に満ちた長い道程を歩まなければならないであろう。開け放たれた窓から夏の夜気を含んだ風が流れ込み、ほろ酔いの心を、幾分感傷を伴った渺々の思いに誘った。

＊　＊　＊

或る日、――C教授の強い勧めで、妻と私は古い修道院のあるX市近郊のU村を訪れた。或る大学院生は、C先生の知っているのはU村だけですよ、と陰で冷やかしたが、実はC教授夫妻はその修道院で華燭の典を挙げたのだそうである。しかしそんな因縁は別としても、U村は確かに一見に値する素晴らしい村であった。木造の確かな技術を誇示するかのような大きな修道院も、濃緑の灌木と色鮮やかな花々に飾られて濃密な象徴的空間を形づくっている墓地も印象的であったし、修道院の立つ小高い丘の麓のレストランのヌードル料理も格別に美味しかった。だが何よりも感心したのは、ゆったりした敷地に立ち並ぶ農家の家屋が、何れもあの詩情を誘う伝統的建築様式を実直に守っていることである。ここは日本流に言えば一種の美観地区で、改築や新築の際にも、デザインや大きさに厳しい制限が設けられているとのことである。この国では、伝統に培われた文化風土を守る規制が、戦災を免れた由緒ある都市だけでなく、こんな何気ない一寒村にまで及んでいるのである。

しかしこの日は西ドイツの別の一面に触れた日でもあった。私たちはU村から大学の研究所に戻った後、遂々時間を忘れて夜遅くまで話し込んだため、夕食を取りそびれた上、最終バスに乗り遅れてしまい、仕方なく人気ない長い夜道を歩いて駅まで辿り着いた。このままW市に戻っても食事にありつける保証はないので、最終電車の到着までの間にここで空腹を満たそうと思ったが、駅の周辺にはすでに開いている店はない。そこで暫らく旧市街の方へ歩き、或る街角で狭い路地の奥を覗くと、一軒だけ明りの灯っている店がある。やれやれと思い、近寄ってドアを押した途端、ギョッとしてたじろいだ。スナック風の高いテーブルと椅子に満席の客は、この社会の底辺に居ついているらしい――中には失業者も混じっている模様だ――荒んだ様子の南欧系の人々ばかりであった。例によって話し声は大きいが、しかし南欧人特有の陽気さはなく、しかもその表情に殆ど微笑が浮かばないので、言葉の意味が解らない者には喧嘩でもしているような印象を与える。いかにも物騒な雰囲気である。とはいえ、もう他に営業中の店を探すのも困難であろうから、私たちは一斉にこちらに注がれる無機質の視線に尻込みしながらも、好感のもてる美男のマスターの指示するままに窓際の空席に腰を落ち着けた。しかし注文に応じて運ばれた山盛りのギュロスやポームフリットの味は、さすがにイタリア人の店だけあってなかなか捨てたものではない。

暫らくビールを飲みながら食事を頬張っていると、戸口の方へふらふらと歩いて行った若い男が再び慌てたように戻ってきて、妻に後ろを通せと手で合図する。妻が椅子を引くと、無理に押し入って、その奥で黙々とワインを啜っていた老婆に擦り寄り、何事かを頻りに懇願している。老婆は冷淡な拒絶の表情のまま見向きもしない。そこへ美男のマスターが近づき、胸倉を掴んで若者を引きずり出し、その腕を捩じあげて戸口の方へ連れて行った。どうやら無銭飲食らしい。すると四方から野次が飛び、四～五人の男が前に出て小突きだす。それをマスターが宥めて、罵声とともに若者を外へ解放した。その間、人々の顔は依然として独特の無表情に支配されたままである。――私たちは胆を冷やしながらこの陰惨な光景を眺めていた。この遅い時間にここに群がっている異国人がこの国でどのような役目を果たしているのか、この一場の光景だけからは判断のしようがない。或いは、西欧随一の経済力を誇る一方で「三分の二の国」――三分の一の国民の犠牲によって残る三分の二の国民が豊かな暮らしを享受している国――と酷評されているこの国の、自国民の底辺のさらにその底辺――移民や出稼ぎの労働者の群がる最底辺（Ganz unten）――を支えて現在の「繁栄」に寄与しながらも、今や無視できない勢力となった排外主義の強風に曝されている人々なのかも知れない。

私たち夫婦は店を出ると、背後を警戒しながら、まったく人気の途絶えた寂莫たる街路を駅へ急いだ。

＊　＊　＊

X大学を去る前夜、――私はC教授と話し合う機会をもった。私自身の願望としては、私がC教授のうちに看取した「人文主義」の精神――私なりに解釈した「フンボルト精神」――の輪郭をより明確に把握しておきたかったのである。

典型的な夜型であるC教授の出勤時間は、授業のない場合は大抵午後五時である。その日の私たちの対話も夕刻から延々と夜遅くまで続いた。今そのなかから専門に亙る内容は端折り、雑談に類する部分のみを収録しておこう。

話の節々から敬虔なクリスチャンであることが窺われるC教授が、永田広志や三枝博音など唯物論系列に属する研究者の業績に高い評価を与え、また永田との関連でソ連（本稿執筆当時――村瀬）のラードゥリ＝ザトロフスキー（Я. Ь. Радуль-Затуловский）に少なからぬ関心を示していることは、私にとっては極めて興味深いことであった。恐らくそこには、「日本精神」の揚挙といったファッショ的迷妄から日本哲学史・日本思想史を解放し、それを客観的研究の対象として取り扱う上で先鞭をつけたこれらの学者の学術的功績に対する評価と、C教授自身の反ファシズム的信条に、少なくともその限りでは血縁を結ぶ筈のこれらの先駆者への同志的共感があるのであろう。先ずその客観性への志向から、——

C教授「外国の思想史を研究する場合、こちらの思い違いによる主観的解釈に陥らないよう、いつも警戒する必要があります。そのために、私は先ず幾つかの視点を立て、それぞれの視点から、その一枚々々にはなるべく他の要素の混じらないような青写真を何枚か作り、それらを重ねたり組み合わせたりしながら、様々な側面の現れを通して対象の客観的な内容を探るという方法を採用しています」。

私「それは大変興味深い方法ですね。私の仕事にも役立ちそうです。ところで、——話は方法から内容に移りますが、私にとって少々腑に落ちないのは、その方法を駆使する最初の対象として、あなたが水戸学を取り上げられたことです。水戸学は、特殊に限定された日本思想史という文脈では、確かに一定の無視できない位置をもっていますが、人類的な普遍に触れる哲学や思想としての内容的意義という点から見れば、例えば伊藤仁斎、荻生徂徠、三浦梅園といった人たちに比べると、遥かに興味が薄れるのですが……」。

C教授「ああ、あなたはもしかして、永田広志よりも、むしろ三枝博音の流れを引く方ではありませんか?」。

私「確かに、——それまでヘーゲル（G. W. F. Hegel）などを勉強していた学生時代の私が東洋哲学の研究に転じたのは、三枝の三浦梅園研究に触発されたのがきっかけでした。今日の眼から見れば、或いは永田の方が本格的かも知れません。各思想家を社会的背景のもとに位置づけ、一切の思い入れや過剰解釈を排して冷静に分析していくあたり、確かに玄人の手法ですし、また時代を限ってであれ通史的叙述を試みた点でも――津田左右吉のような番外の例を別とすれば――日本の研究者としては異色でしょう。しかし、恐らく当時の国粋主義への反発からでしょうが、逆に個々の思想や哲学の内容に対しては、評価が抑制され過ぎている憾みがありますし、場合によっては極度に同情を欠いているような気がします。例えば三浦梅園の『条理学』が、永田の言うような、直観的儒教弁証法の単純な拡張に過ぎないとはとても考えられません」。

C教授「それで分かりました。あなたは、多分あなたの戴震（拙著『戴震の哲学』――村瀬）もその御意向でしょうが、日本や東洋の遺産を受け継いで新しい思想を建設する責任を感じておられるのです。その点から言えば、私は飽くまで余所《よそ》の人です。私にとっては、日本精神史という、客観的に存在する外の現象に対する興味が先行しています。しかしそうは言っても、私が最初に水戸学を取り上げたのは、ドイツ人としての問題意識によるところが大きいかも知れません。私は先ず日本ファシズムの源流を解明したかったのです。社会的・経済的原因を別とすれば、その精神的源流は水戸学あたりまで溯れるのではないか、と」。

私「ドイツ人としての問題意識というと……？」。

C教授「御存知のように、この国は、東西対決の衝に当たっているせいもあって、戦後になってからも長い間、ファシズムの影響、――最近のネオ・ナチズムのような直接の運動体でなくても、少なくともその精神的影響を払拭できませんでした。例えば、ドイツ人がいまだに国際的非難を浴びるのは、ユダヤ人を生かしておいたからだ、どうせ殺すなら皆殺しにすべきだった、などと言う人が少なからずいましたし、それが後になると、ロシア人を殺せ、というスローガンになりました。――あれは私の挫折の時代でした」。C教授は、周囲の非合理な風潮に抗しながら良心的研究者としての成長を遂げていった若き日の苦衷を回顧するように、視線を宙に浮かせながら言った。「最近はそんなことが少なくなり、良識ある層が広がったのは幸いです」。

私「A教授から、最近あなたが西田哲学の研究を進められていると伺いましたが、同じ動機が背景にあるのでしょうか？」

C教授「仰せの通りです。彼の難解な哲学の内在的研究は暫らく後回しにして、当面は日記などによる周辺からのアプローチに着手しています。どうもやはり、彼もまた戦争とファシズムへの責任を免れない、というのが私の感想ですが、結論はもっと先に延ばしましょう。しかしこうした事実の捉え方によって彼の哲学そのものへの解釈も意味づけも違ってくる筈です。この点は西田だけでなく、例えばハイデガー（M. Heidegger）などについても言えるでしょう。彼がナチス党に身を投じたのは、個人的な打算なども絡んでいて、決して単純な政治音痴として見過ごせるものではありません。戦後のハイデガー研究者には、彼とファシズムとの係わりを無視するか、或いは彼の政治的決断とその哲学とを無関係のように扱う人が少なくありませんが、これは責任ある研究の仕方ではありません。私のように思想史を専門にしている者の立場からすると、その人の政治的態度決定とその哲学や思想の性格とが無縁であるとは、どうしても想像することが出来ないのです」。

私はC教授の見解に基本的に同意を表明しながらも、西田幾多郎には、その「絶対無」や「場所的弁証法」の哲学への賛否に拘わらず、問題提起者としての卓越した一面を認めざるを得ないこと、例えばその表現論が務台理作や木村素備や三木清の表現論に影響して、日本哲学史の一角にそれなりの成果として実を結んでいること、などを主張した。――しかしこうした遣り取りは多くは専門的な内容に係わるので、この辺りで省略し、話題を先に進めよう。私は、現在日本の大学では、「実利主義」の暴威に抗し、「一般教養」の理念を実現することが切実な課題となっていることを説明し、拙稿「ヒューマニゼイションの学問性」「教養としての総合」などの抜き刷りを差し出して、「私も素人ながらこういう仕事をしなければなりません」と言った。

C教授「ああ、それは大切なことです。――しかし私は、教養だけで現代の問題に対処することが出来るとは考えません。ドイツでは教養によってファシズムを防ぐことは出来なかった。私が考えているのは、例えば宗教の役割です」。

C教授の教養概念と私のそれとの間にずれのあることは確かだ。恐らくC教授は、ファシズムに対してまったく無力であったワイマール的教養体系を念頭に置いているのであろう。そして我国における所謂「教養主義」もまたそうした教養体系に遥かに呼応している筈だ。私が志向しているのはまさにこのような「教養体系」に対峙する新たな教養概念の確立である。しかし私は議論の錯綜を避けるため敢えてこの点には触れず、暫らくC教授の談話に耳を傾けることにした。

C教授「日本の現状は、無原則に何でも受け入れ（目先の利益とあれば見境もなく追求する、という意味らしい――村瀬）、資本主義の暴走を許しているところにあるのではないでしょうか。勿論西ドイツもその点では余り威張ったものではありません。しかし日本に比べればまだしも抑制が効いています。これには教会の力が大きく与っています。確かに教会にも、資本主義に協力している面があります。しかしその暴走を抑えている面もあるのです。西ドイツでは、何か問題が起こると、各界の意見が出され、それが新聞に載ります。そのなかに教会の意見も加わり、これが世論の良識に大きな影響を与えるのです。ある機関にそのような権威を認め、それをもとに良識を以て問題に対処する、——そんな智慧を獲得するのに、ヨーロッパでは千年の歴史がかかりました」。

しかしその宗教とてファシズムの防遏《ぼうあつ》には無力ではなかったか、——私は喉まで出かかった言葉を飲み込み、ここではむしろC教授の発言に同調することにした。

私「おっしゃる通り、日本では、超長時間労働、非正規雇用、サーヴィス残業、過労死、『人活センター』にも示されたような人格的侮辱など、あなたの所謂『資本主義の暴走』による由々しい問題が多発しています。それが教育界にも侵入し、苛烈な競争原理が子供たちの成長を蝕んでいます」。

C教授「悲しいことです」と嘆きつつ、「最近は東ドイツの学生たちとも接触できるようになりましたが、彼らに会うと強い印象を受けます。というのは、あちら（東ドイツ）には、個人の成功という一つのことだけでなく、社会全体のことを考え、それに責任をもつように育っている若者が多い、——それにはとても好感がもてるのです。あの社会（東ドイツ）には、スターリン主義の影響など否定的な面がありますが、社会全体が競争原理に支配されていないということが、青年の成長にはプラスになっているのかも知れません」。

私「ところでこの問題と、先程の宗教の問題とはどのように繋がりますか？——東ドイツでは、宗教活動はむしろ制限されたり抑圧されたりしていると聞いていますが……」。

C教授「或る教会の牧師が一枚の紙を半分に折り、それを広げてから、周囲の信者たちに『この紙を好きなところで折って下さい』と言って渡しました。信者たちは銘々あちこちを折りました。すると牧師はその紙を取り戻し、『私ならここを折ります』と言って、先程自分が折った真ん中の折り目を軸にして裏返しに折りました。方向は逆でも、一度つけた折り目を利用するのが一番折りやすいのです。こちらで宗教であるものが、あちらではマルクス・レーニン主義かも知れない。そしてこちらの宗教に問題があるように、あちらのマルクス・レーニン主義にも大いに問題があるでしょう。しかし人間が千年かけて作り上げた『智慧の軸』はそう簡単には動かせないでしょう」。

私「しかしそうなると私はやはり教養の問題に拘泥しないわけにはいきません。御指摘の『智慧の軸』はまだまだ未完成です。特にスターリン主義に歪曲された『マルクス主義』——勿論ソ連や東欧に存在した、スターリン主義とは無縁の優れたマルクス主義者たち、例えばソ連のルビンシュテイン（C. Л. Рубинштейн）、ハンガリーのルカーチ（G. Lukàcs）、ポーランドのアダム・シャフ（A. Schaff）、チェコのコシーク（K. Kosik）のような学者たちの存在を無視するわけには行きませんが、それとは違って、スターリンの御用哲学にまで歪曲された『マルクス主義』——は、マルクス本来の深い人間理解の面を排除し、『悪しき客観主義』ともいうべきステレオ・タイプに陥ってしまいました。これはもともと官僚主義的な支配の口実に堕落する性質のものでした。私が強調したいのは、『智慧の軸』には、普遍性への志向を高めれば高めるほど、他面では人間了解——特にその尊厳性・個別性・不譲渡性——に係わる或る種の知的デリカシィ、理知に貫かれたセンシビリティといったものが含蓄されなければならないということです。それを洗練させるには、多面的な文化の襞と、それを良識にまで組織する学問が要求されます。それを今、私は『教養』の問題として取り上げているのです」。

C教授「そのような意味での教養なら、充分社会的なテーマになり得るでしょうね」。

すでに夜も更けた。もはやこの素晴らしい研究所に別れを告げなければならぬ。私がこの夜確認した一つの点、——それはこの「フンボルトの牙城」を支配しているのが、決して高踏的な「教養主義」でも狭隘な「専門主義」でもなく、却って真摯な社会的問題意識であるということである。

別れ際にC教授は言った。「不思議なもので、東洋の思想史を研究していると、逆にヨーロッパ人としての意識が強くなります。勿論それは野蛮な『ヨーロッパ中心主義』ではなく、『反省されたヨーロッパ主義』とでも言うべきものです」。

私は応えた。「『反省されたヨーロッパ主義』、——それは善い言葉ですね。私も『反省された日本主義』を掲げることにしましょう。当面は野蛮な『日本主義』と闘うために、——そしてやがて人類の普遍的共同が成り立つ日のために」。

* * *

妻と私が帰国して間もなく、ゴルバチョフのペレストロイカに始まる民主化の波が怒涛のように東欧諸国を洗った。この新しい歴史的事態に対しては、暫らくは冷静な科学的分析と、じっくりと腰を据えた理性的対応が要求されるであろう。少なくとも事態の急変に慌てて「社会主義の敗北」「資本主義の勝利」などと即断するのは禁物である。何故なら、資本主義の内蔵する問題性は東欧諸国の事態とは無関係に存続しているし、また優れた先人たちが社会主義の名のもとに掲げてきた主張は依然として人類社会の重要課題で在り続けるからである。社会問題に目覚めた少年の頃より既成の「社会主義国」なるものに疑念を抱き続けてきた私には、今回の事態は、大局的にはむしろ、今後に多くの紆余曲折が予想されるにせよ、スターリン主義の汚染から社会主義本来の理想を救い、それを再び西欧諸国を含む世界の歴史の主題として蘇らせる端緒をこそ意味すると思われる。

私が本稿との関連で特に注目を促したいのは、D教授によって「死」を宣告されたフンボルトが、今回の動きのなかで図らずも再生の兆しを見せ始めたということである。それは、「人間的な社会主義」「人間的で民主的な社会主義」、——新たな模索を表明するどの標語にも「人間」という言葉が伴っていることのうちに示唆されている。

元来の意義からすれば、「人間的な社会主義」とは頗る奇態な言葉である。というのは、「社会主義」とは元々「資本主義」の非人間性への反措定として提起された思想であり、従って「人間的」という規定は本来「社会主義」という概念そのものの内包に属していたからである。とすれば、それの対意語たる「非人間的な社会主義」なる言葉もまた一つのナンセンス、すなわち暗鬱な諧謔を含んだ一つの「形容矛盾」に過ぎない、ということになるであろう。それにも拘わらず、「社会主義」の名を冠した「非人間的な」社会が現実に存在したことは確かである。ということは、現実に存在したその社会は、実は本来の社会主義とは無縁の社会であり、そこに冠せられた「社会主義」の名称は、実は実態を掩蔽するための虚偽の名称に過ぎなかったことを意味するであろう。——そうした事情を考慮すれば、「人間的な社会主義」という一見奇態な名称も、まさしく「人間」の立場から本来の社会主義の意義を取り戻そうという歴史の陣痛の映現として、肯定的に、むしろ同情的に了解することが出来る。

それと関連するのであろうか、ここ数年のソ連の出版目録を繰ってみると、「человек（人間）」とか「человеческий（人間的）」とかの名称を付した表題の書物が夥しく刊行されていることが分かる。要するに、「人間」の問題が彼処でもまた切実な問題性を帯びて人々の意識に浮上してきたのである。それはまさしく我々が此処の地において追求してきた課題とも共軛する世界的規模の問題意識に他ならないであろう。

そして人間の問題とは取りも直さず人間の実現と達成の問題である以上、それがやがて教養とヒューマニズムの問題にも深い繋がりをもつことは贅言を俟たない。――これこそまさに復活したフンボルトの登場を迎える舞台である。

＊　＊　＊

そこで最後に、これまでの叙述では敢えて名称のみで狂言回しの役割を演じてもらったフンボルトに、今度は主役として登場願い、現代に贈る彼自身の言葉を語って貰うことにしよう。

「あらゆる特殊な活動様式の中心に人間が――何らかの個別的なものに向けられた意図なしに、専ら自己の本性の力の強化と高揚に努め、自己の本質に価値と持続を与えようと欲する人間が――立っている」。「ひとが一国民、一時代、全人類に尊敬と賛美とを贈らなければならぬ場合、ひとはそれらから何を要求するであろうか。教養・叡智・徳性が可能な限り強力に且つ遍く流布し、それらのもとに盛行していること、それらが自己の内的価値を高揚し、人間性の概念が……偉大にして威厳ある内容を獲得するに至ることを、ひとは要求しているのである。ひとはなおそれに慊《あきた》りず、人間が自らの形成する諸制度に、さらに自らを取り囲む無生の自然にさえ、自己の価値を判然と刻印すること、それればかりか自らの徳と力とを……生まれてくる子孫にまで吹き込むことを要求しているのである」（W. v. Humbolt, Theorie der Bildung des Menschen, Werke 1, Cotta, S. 235～236.）。

＊　　＊　　＊

そうだ、フンボルトよ、今こそ貴下の復活の秋《とき》だ。そして人類が存続する限り、――人類が人類自身の人間化という課題を担って、その歴史、つまりは「人類自身の教養史」を持続する限り、今度こそ貴下はその歴史に永遠に生き続けなければならぬ。

第二部
哲学的省察

「唯物論」管見

天能く人を生じて、与うるに人の心を以てす、これ人の天地に如かざる所以なり。天地に生まれて能く天地を有つの心を全うす、これ天地の人に如かざる所以なり。ひとは惟だ此の心知あり、故に天を学んで天に至り、地を学んで地に至り、以て天地の知らず能わざる所のものに及んで、皆これを知り、皆これを能くす。

程廷祚『青渓文集』巻七

Ⅰ　「勤労者通信大学」における唯物論学習の留意点(1)

1.　村本提案の要点

本稿に要求されたのは、「勤労者通信大学・基礎理論コース」の哲学部分について、現行テキストの問題点の指摘およびそれに対する改定の提言を行うことでした。しかしそれについては、すでに村本敏氏の論文[2]において、哲学分野担当者一同も承認している概略の方針が示されておりますので、ここに改めて全面にわたる提言を述べるのは屋上屋を架する贅論に過ぎないでしょう。そこで本稿では、村本論文のうち、日頃気に懸っている若干の項目について簡単なコメントを記した後、要求された論題からはいささか脱線するかも知れませんが、ここで焦点となる哲学上の「唯物論」そのものについて、私の胸裡に年来蟠っていた、幾分か屈曲した所懐を披歴したいと思います。

念のため、村本提言の要点を確認しておきます。すなわち、①冒頭章が哲学への導入であるとともに、「人間の社会的解放の理論」として特徴づけられる科学的社会主義全体への導入でなければならないこと考慮し、哲学の学習を「人間論」から開始すること、②学習の主題となるのが「唯物論」一般ではなく、特に「弁証法的」として特徴づけられる唯物論であることを考慮し、「唯物論」と「弁証法」とを分断せず、両者を一体のものとして論議の俎上に載せること、③理論と実践との連関に係わるものとして、認識判断のみならず価値判断が重要な役割を演ずることを考慮し、従来薄弱であった「価値論」の視点を取り入れること、④史的唯物論が社会構造論のみならず社会発展史を含むことを考慮し、未来社会論、特にアソシエーション（association）として性格づけられる未来社会への展望に積極的に言及すること、などです。

これらの改定方向については、関係者の間で概ね了解されていることは前述した通りですが、なおこれには、繊細な配慮を要する幾つかの論点が重なっているように思われます。

2. 唯物論の原則と宗教

村本氏も指摘されている通り、「哲学の根本問題」に関連して唯物論を取り上げる場合、学習運動の参加者である青年・労働者・市民、そして様々な分野の活動家の「宗教意識」には充分な配慮が払われなければなりません。特に我々の学習運動の大衆的性格からして、この点は極めて重要です。

しかしそればかりでなく、平和問題や環境問題に携わり、暴力と貧困の根絶、人類の究極的な社会的解放に邁進する活動において、唯物論者と良心的な宗教家との末永き協働が必要であるとすれば、両者の間には単に当面する具体的な課題での見解の一致だけでなく、根本的な原理・原則、つまりは「人間としての思想」の局面での「旨趣の共有」が成立しなければなりません。これを唯物論の側から言えば、それの原則的な規定にしてすでに、活動を共にする宗教家にも了解可能な内実を具備し、もしくはそうした内実を洗練させていなければならないでしょう。

私的な經驗から一例を挙げれば、私は大学の現職時代、演習科目のテキストとして宮田光雄著『平和の思想史的研究』を使用したことがあります。その折、一人の受講学生から、この著者はキリスト教徒らしいが、大学の授業で特定宗派の思想を押し付けるのはおかしい、と抗議されました。その学生の一連の発言から察するに、彼は、かつてカルト系の宗教信者の執拗な勧誘に悩まされた経験から、強い宗教アレルギーを抱くに至ったようです。私は彼に対し、自分が無神論者であると断った上、しかしこの書物は類書の少ない卓越した研究書だ、そしてその研究が無神論者たる私にも賛同を呼ぶ内容に実を結んでいるとすれば、そうした成果を促した宮田氏の原則的見地、すなわち氏がキリスト教の形態において思惟している根本思想は、「人間としての思想」の資格において、キリスト教の枠を越えて通用する普遍的な内実を具えているはずだ、と答えておきました。同じことは唯物論の原則的見地についても要求されなければなりません。ではその原則的見地はいかに規定されるのか、——ここで遽かにその全容を語る準備はありませんが、その一端については後に言及したいと思います。

3. 唯物論と弁証法との一体的把握

哲学そのものの学習にとって重要な今一つのポイントは、「唯物論」と「弁証法」とを分断せず、両者を一体的なものとして、つまりは文字通り「弁証法的唯物論」として把握するという視点です。何故この点が改めて留意されなければならないかと言えば、そこには、夙にエンゲルス（F. Engels）によって指摘されたように、「唯物論」と「弁証法」とが別の経路を辿って発展し、マルクス（K.Marx）に至ってようやく統一されたという歴史的事情があり、その点が今日なお、たとえば唯物論の機械論的解釈というような形で、余燼を燻らせているからです。

すなわちエンゲルスによると、——古代ギリシアにおいては、たとえばヘラクレイトスの見解に典型的であるように、物事の全体の姿がその運動と連関において把握されていたが、しかし全体を構成している個々の事物、その性状や特殊な因果関係の説明には不充分であった。これに対して近代の自然科学は、自然をその個々の要素に分解し、分類するという実証的な仕方で認識を発展させたが、反面、自然物や自然過程を全体的な連関の外で、ばらばらに切り離し、静止的・固定的に把握する「形而上学的な考え方」に陥ってしまった。いわゆる「形而上学的唯物論」はこうした学問状況の哲学的表現にほかならない。そこで弁証法的思惟の発展は、唯物論哲学にではなく、ヘーゲル（G. W. F. Hegel）を頂点とする観念論哲学に委ねられることとなった。しかしそれは「観念論」である限り、飽くまで「逆立ちした」弁証法に過ぎなかったから、やがて正常に「足で立つ」哲学、すなわち唯物論によって止揚され、唯物論の側に吸収されなければならなかった。ここに我々の哲学、すなわち弁証法的唯物論が成立した、と。(3)

以上がエンゲルスによって描かれた、弁証法的唯物論に到達するまでの思惟の歴史の大まかな略図ですが、しかし私のような東洋哲学（中国および日本の近世儒学）専攻者の立場から見ると、「唯物論」と「弁証法」とが別の経路を辿ったのは、飽くまでヨーロッパの特殊事情、すなわち実証的自然科学の発達とブルジョアジーの登場・支配が急速であったという事情によるものと思われます。歴史の進展のより緩やかなエリア、少なくとも私の研究分野では、「観念論」は概して「形而上学」――この用語の良し悪しについては検討の余地があるでしょう――と結びつき、「唯物論」は多少とも「弁証法」の性格を帯びています。そのことは、周敦頤《しゅうとんい》から朱熹《しゅき》に至る客観的観念論の系譜では、常に「静」が重視され、「気」と「理」とを分断する「同一性論理」が支配的であったのに対し、張載《ちょうさい》に端を発する「気」一元論、つまりは唯物論の系譜では、常に「動」が重視され、張載自身の「一神両化」説、伊藤仁斎の「流行―対待」説、三浦梅園の「一有二、二開一」「反観合一」説などに見られるように、「矛盾の論理」の概念化が進められたことを例示すれば、思い半ばに過ぎるでしょう。その際、歴史の進展が緩やかであるということは、哲学や思想の性格の吟味にとって必ずしもマイナスではありません。というのは、進展の速やかな場合には気付かれずに通り過ぎる重要な思惟契機が、ここでは拡大された形で露呈するからです。ここで確認されるのは、弁証法が唯物論の、少なくとも「良質の」唯物論の普遍的な本質特徴をなすということ、そしていわゆる「形而上学的」唯物論なるものが「ブルジョア的」と限定される頽落形態の唯物論に過ぎないということです。この点は、新種の人間機械論、行動主義（スキーナー〔B. F. Skinner〕の如き）、生物学主義（遺伝決定論、唯脳〔ニューロンとシナプス〕論の如き）など、自らは「唯物論」を以て任じないにせよ、内容上はいわゆる「形而上学的」唯物論の亜種または末裔とも言うべき「還元主義的」哲学説が覇を競う昨今の状況に鑑み、弁証法的唯物論の普遍的意義を擁護するためにも、特に注目を促したいと思います。

4. 必然論または決定論の問題

史的唯物論の公式――因みに「公式」というのは、戸坂潤も指摘するように、必ずしも否定的意味のみを含むものではありません(4)――と絡んで、哲学上特に問題となるのは、やはりそこに貫かれる「必然論」、或いはまた、幾分か語弊を伴い、かつその語弊の故に思想そのものにも偏向を来たしがちな、巨視的意味での「決定論」の問題でしょう。

およそ学問が学問として成立する限り、特に考察対象についての科学的説明が要求される限り、何らかの「必然論」、もしくは正しく解釈された限りにおける「決定論」を前提としないわけにはいかないでしょう。のみならず、ヘーゲルの論定を俟つまでもなく、必然性の認識は認識の最も高い水準を指しています。夙に河上肇は、マルクス主義経済学のみならず、これと正面から対立するはずの「正統派の個人主義経済学」もまた、それが学として展開される限り、「一種の必然論の上に其の根拠を有す」と断定しています。[5] 河上肇は、『資本論』の研究・紹介者としてだけでなく、経済学分野に「学史」という研究領域を確立した人としても知られていますから、「必然論」に関する彼の証言は諸学説の実情を充分に踏まえたものと言ってよいでしょう。

では他の学説に含まれる「必然論」がそれほど問題にならないのに、マルクス主義のそれに限って物議の種となり、しばしば攻撃の的となるのは何故か。――その革命的な立場が世の支配層に与えた恐怖は別としても、こうした物議の理由が、マルクス主義の学説全体に潜む特別な性格、凡庸な理解力には「矛盾」としか映らないような性格に由来することも確かです。

というのは、――「必然論」は、単純な形式論理の上では、容易に「放任論」、つまり「一種の拱手無為《きょうしゅむい》論」（河上肇）と結びつきます。故にアダム・スミス（Adam Smith）の必然論から自由放任論が生まれたのは、或る意味では自然の成り行きでした。しかしマルクス主義の場合、一面では経済現象や歴史発展の合法則性、つまりは必然性を解明しつつ、他面では「拱手無為」の懶惰《らんだ》を排拒し、歴史の推進力としての人間の変革的実践――「『革命的な』活動、『実践的＝批判的な』活動」（フォイエルバッハ第一テーゼ）――の重要性を強調します。マルクス主義の哲学が一面では「実践的唯物論」と称される所以です。これは表面的に見れば確かに一つの矛盾であり、ここに体系的な整合性を見出すのは凡庸な形式論理学の手に負える仕事ではありません。

なおその他に、その「必然論」を一種の「固い決定論」、「宿命論」に傾斜した「決定論」として印象づけるような議論が、マルクス主義陣営に参加した一部の論客によって行われたことも否めません。プレハーノフ（Г. В. Плеханов）の『歴史における個人の役割』[6]などもその顕著な一例でしょう。もともと彼は「宿命論」を批判するためにこの論文を執筆したはずでしたが、結果は「意志の自由」の完全否定に立脚する「固い決定論」の提唱に終わっております。すなわち彼は、比喩的な表現を用いて、もし月が意識を有し、天空における自己の運動が自らの意志によって決定されたものでないこと、それとは別の行動は主観的にも客観的にも不可能であることを認識し、「私の意志は自由ではない」と自覚したとすれば、その場合こそ、「月の心理状態」において自由と必然とは完全に一致する、と断言し、これこそが「自由とは意識された必然である」という命題の真義であると主張します。[7]因みに「決定論」に関しては、レーニン（В. И. Ленин）もまた、「人間の行為の必然性を確定し、意志の自由にかんするくだらない作り話を排斥する決定論の思想は、理性をも、良心をも、人間の活動の評価をも、いささかも抹殺するものではない」と述べていますから、プレハーノフ寄りの見解を抱いていたことは確かなようです。[8]しかしこれでは、厳しい条件のもとで敢えて——まさしく「意志の自由」を駆使して——組合活動家としての人生を選択した労働者の「心理状態」にはそぐいませんし、また理論的には著しくヘーゲル主義の悪弊に毒されていると思われます。

この小論では、凡庸な形式論理学では処理できないこの深刻なアポリアに深く立ち入る余裕はありませんが、次の二点について、簡単に私見を述べておきたいと思います。

第一の点は、「必然論」を「良質の必然論」と「悪質の必然論」とに区別して理解することです。「良質の必然論」とは、対象認識を絶対的・宿命的な必然性の告知としてではなく、むしろ人為的な操作に道を開く方向での客観的原因の究明として提示する立論を指します。例えば帝国主義段階における、帝国主義としての条件が揃った場合の戦争の「不可避性」と、その条件の操作、または他の条件の介入による戦争防止の「可能性」とがセットになった形で、または前者が後者を示唆する形で提示される「必然論」です（その意味では、レーニンの『帝国主義論』は、「決定論」そのものに関する彼自身の「固い」解釈とは裏腹に、「良質の必然論」に属すると思われます）。この場合、没価値的な事実認識だけてなく、評価的な妥当判定が、事実の認識的処理そのものにも大きく係っていることも見逃せません。これに対して「悪質の必然論」とは、社会有機体説、民族主義、人種主義、優生学などに見られるような、人為的操作の可能性を排除した、いわば宿命論的な対象解釈として提示される「必然論」です。この場合は論理の上では「拱手無為」論と容易に結びつきますし、また偏見化すれば差別・憎悪・暴力の思想的温床ともなりかねません。

「良質の必然論」と「悪質の必然論」という区別は、勿論そのままの形においてではありませんが、ルネッサンスの思想家ブルーノ（Giordano Bruno, 1548～1600）、――コペルニクスの地動説を哲学的に敷衍してカトリックの教義に逆らい、焚刑に処された悲劇の大思想家ブルーノによって予示されたと言ってよいでしょう。すなわち彼は、その対話篇で、登場人物の一人フラカストリオに次のように語らせています。「学殖もある善意の哲学者なら、どのようなことを論じどのような主張を述べたてても（大局的な意味での決定論・必然論を主張したとしても――村瀬）、かかる陳述から人間行為の宿命性を結論したり、自由意志を否定しようと望んだりはしませんでした。例を挙げれば、プラトンやアリストテレスも、神における必然性と不変性を認めましたが、道徳的自由や自由意志の能力は何ら否定しようとはしませんでしたね。というのは彼らはこの必然性とこの自由が矛盾せぬものであることを充分に知り理解していたからです(9)」。

第二の点は、歴史の発展を「法則」と「意味」との二位相において把握する必要があるということです。このうち、「法則」の位相とは、いうまでもなく、史的唯物論において定式化されたような、主として社会の基礎的側面に焦点を当てた、社会構成体の段階的発展の合法則性を指します。これは我々の「基礎コース」においても従来から堅持してきた観点であり、新たに発見されたデータによる部分的な修正はあっても、この基本線を動揺させる必要はないでしょう。しかし同時に顧慮されなければならないのは、歴史が各発展段階における基礎的関係の制約を受けつつも、同時にそこで人間の「意味の生活」（教育学者フェニックス〔P.H.Phenix〕の用語）が営まれる舞台、つまりは人間の価値実現の舞台として、いわば「意味の位相」を形成しているということです。その視点からすれば、歴史の発展は、段階を追って進む「人間本質（マルクスのいわゆる「類的本質」）の実現過程」たる「人類の教養史」、あるいは「人間による人間自身の人間化」活動の展開過程として把握されます。ゲーテ（J.W.v.Goethe）の『ファウスト』第二部やヘーゲルの『精神現象学』などはこうした視点からのアプローチとしても了解されるでしょう。ここで問題となるのは「意味」

の概念、いわば「意味の意味」ですが、この点でのフェニックスの記述[10]は頗る曖昧ですので、ここには私自身のかつて提示した定義を再録しておきます。

「(意味とは)一般的には、『良識』と呼ぶべき一種の理性力により、人類の教養史——人間の類的本質の実現過程——における『課題』との関連において『重要である』と認定され、こうしたいわば評価作用の結果として周辺世界から明確な輪郭を描いて浮上し、主体の課題意識において比較的恒常的に担われるところの、主体および客体の基本的価値要素およびその統合である。そこには克服課題として意識された「否定的意味」も実現課題として意識された「肯定的意味」も含まれるが、このうち特に「肯定的意味」について付言すれば、それは人類の教養史への貢献として価値確証された、またはされ得る限りにおける人間の刻々の創造的な生活と行為、或いはそれの諸成果またはそれの表現としての文化諸形態の内実にほかならない[11]」(字句は部分的に修正)。

歴史を「法則」と「意味」との二位相において捉えることは、人類の未来への歴史的展望と当面する課題遂行への実践的確信を獲得するためにも、極めて重要な事柄と思われます。

なお「決定論」の正確な理解にとっては、「外的原因は内的条件を介してのみ作用する」という、ルビンシュテイン(С. Л. Рубинштейн)によって与えられた「決定論」の定義[12]や、行動主義的「S－R理論」(＝人間に関する機械論的決定論)への批判に立脚した、ヴィゴツキー(Л. С. Выготский)による人間存在の「間接的・被媒介的構造」の把握[13]などがとりわけ重要ですが、後者については場面を改めて言及したいと思います。

Ⅱ　唯物論の原則について

1．唯物論と人間理解

私はいわゆる「自分史」なるものに関心がありませんし、況《ま》してここはその場面ではありませんが、しかし以下の論述は私と唯物論との幾分か屈折した関係を前提としますから、少しばかりその点に触れたいと思います。私は青森県の田舎町で過ごした中学校二年生までは、化学に熱中した典型的な「理系」少年でしたから、自然科学の面から唯物論への道は、極く自然に開かれたと言ってよいでしょう。またその時分、その著者がマルクス主義者などとは露知らずに繙いた原光雄著『近代科学の父――ジョン・ドールトン』や田中実著『科学者リービッヒ』――ともに岩波新書――などの科学史の書物も、唯物論哲学の受け入れ準備に大きく与ったと思われます。

しかし中学三年の時に東京に出て、急速に文学少年、哲学少年に転じ、その線からも唯物論に接触する通路が開かれたのですが、私の高校生時分に流布した哲学啓蒙書がソヴィエト経由のものであったせいか、そこで語られる唯物論の解説が、どうも若年の私の価値志向とは齟齬を来したのです。高校時分、私は小林多喜二や野呂栄太郎に絶大な尊敬を抱いておりました。彼らは唯物論者でした。とすれば、彼らの受け入れた唯物論そのものに、彼らの崇高な人生と結びつく何らかの原理が具わっていなければならない筈です。ところが、「存在は意識を決定する」とか「意識は物質の反映である」とかいうような、「唯物論」の根本原則として人口に膾炙されたテーゼは、人類の解放に殉じたこれらの人々の高度の意識性・精神性に繋がる原理としては、いかにも無理があると思われたのです。しかもそうした高度の意識性・精神性がほかならぬ唯物論の受容によって培われたものであることもまた疑問の余地はありませんでした。

次のような事例を挙げれば、この事態の説明はつくでしょう。革命的民主主義者として、またフォイエルバッハ（L.A.Feuerbach）経由の唯物論者として著名なロシアの思想家チェルヌィシェーフスキー（Н. Г. Чернышевский）は、その論文「哲学における人間学的原理」[14]のなかで、人間の問題に係わる非合理な神秘主義を退けるべく、「自然諸科学の見地で精神上の諸概念を分析する方法」を採用した上で、人間における「善」の問題にアプローチし、「善」とは「楽しさの確実な原因」という意味での「有益性」、しかも「有益の非常に優れた段階というもの、非常に有益な有益というもの」と定義します。[15]ここで「非常に優れた」というのは、「長期にわたる恒久性」を指します。このように、「楽しさ」や「有益性」を価値判定の基礎とすることによって、目的や課題の設定にかかわる「不確かなものへの神秘的な態度」は払拭され、それらへの指示が専ら「良識」と「思慮分別」によってなされるようになる、というわけです。チェルヌィシェーフスキーの論述には、いかにも革命的民主主義者らしい、配慮の行き届いた曲折がありますが、結論だけを見れば、「唯物論的な」価値論の原則を――恐らくは大半のブルジョア唯物論者の轍を踏んで――「快楽説」と「功利主義」に置いていることは確かです。――勿論、彼がこうした主義主張を、決して「粗野な」趣向においてではなく、飽くまで「良識」と「思慮分別」の端緒として掲げていることは重々承知しておかなければなりませんが。

ところが、こうした「快楽説」や「功利主義」にひと度は触発されて、人間性の抑圧を以て「神聖な道徳」とする旧来の封建道徳の悪弊を払拭した人々は、実際にはいかなる人生を選択し展開したのか。チェルヌィシェーフスキーにとって、人間の理想像とは、具体的にはいかなるものであったのか。彼は自ら長編小説『何をなすべきか』(16)でそれを描いています。ここでその内容を紹介する遑はありませんが、そこに登場する新しい時代の担い手たちは、「楽しさ」や「有益性」に背を向ける頑迷偏狭な輩《やから》と敵対的であるばかりでなく、同時に私利私欲・酒池肉林の追求に余念のない「享楽」や「功利」の徒とも対立的であり、人間としての自立への志向、女性の平等な権利の確立、人間に相応しい勤労生活と労働形態の追求など、つまりは社会と個人との幸福と正義の実現のために誠実に生きる人々、――要するに、人類の社会的な課題を個人の人生の課題として受け止め、社会的な有意義性と個人的な有意味性との統一に生きることを心得た、高潔にして寛裕な人々です。その際、「唯物論的」とされる「快楽説」と「功利主義」は、これらの人々に旧弊な規範主義を打破させ、晴朗な「良識」と「思慮分別」とを覚醒させる端緒を開いたとはいえ、彼らの人生を貫く意識性や精神性の「高尚さ」、その崇高・豊穣な「価値性」にまで、そのまま延長される理法とはなり得ないでしょう。逆に言えば、こうした「高尚さ」や「価値性」に連絡を結ぶためには、唯物論そのものが、その原理・原則に遡って、それに相応しい性格を確保すべく定式を変更する必要があると思われます。

2. 哲学の根本問題と唯物論の原則

話題がいきなり価値論の方面にまで飛躍してしまいましたが、ここで再び最初のテーマに戻って、唯物論の原則的見地を模索したいと思います。

一般には、唯物論の原則は、エンゲルスによって明示されたように、「哲学の根本問題」、すなわち「思考と存在との、精神と自然との関係という問題、哲学全体のこの最高の問題」への解答という形で与えられます。[17] エンゲルスによれば、この問いに答えて、思考や精神の根源性を主張し、結局は「なにかの種類の世界創造」を承認する観念論とは反対に、存在や自然の根源性を主張するのが唯物論である、というわけです。――これは言うまでもなく存在論的観点からの唯物論の原則です。仮にこれを〈原則①〉と表示しておきましょう。

なおエンゲルスは、この問題にはなお一つの「別の側面」があると指摘します。それは「われわれの思考は現実の世界を認識することができるのか」という問題、つまりは「思考と存在との同一性の問題」であって、このような認識可能性、すなわちこの意味における「同一性（＝一致）」の成立を否認する不可知論とは反対に、こうした「一致」の可能性を肯定するのが唯物論にほかなりません。――これは、一見して明らかなように、認識論的観点からの唯物論の性格規定です。なおこの前にもう一つ別の原則が予定されますので、ここではこれを仮に〈原則③〉と表示しておきます。

先ず〈原則①〉から吟味を始めましょう。この解答で与えられているのは、「思考と存在との、精神と自然との関係という問題」に対応するとは言っても、主として両者の「発生的関係」についての見解、つまり思考や精神――一般に人間の「意識」――の未だ存在しない時期から存立して以降の時期への「全自然史」の発展という時間軸を媒介とした両者の関係についての見解です。従ってここでの「根源性」とは、主として時間的順序における「先在性」を意味するでしょう。そしてこの唯物論的見地に対立する観念論的見地としては、「世界創造」というエンゲルスの言葉が示すように、主として「先在者＝創造者」たる超越者の世界支配を肯定する「客観的観念論」が想定されていることは疑いありません（因みに、この観点から唯物論との対立を表明した古典的な代表例としては、プラトンの『ソピステス』が挙げられます）。

〔原則①〕は一般的な世界観の表明としては重要ですが、しかしこれだけで「存在論」の全体を覆うのは不充分でしょう。というのは、全自然史のなかでの一つの切断面、すなわち思考や精神がすでに成立した段階における、それ故に最も緊張した問題性（Problematik）を孕む関係局面における、思考・精神（意識）と存在・自然との関係についての唯物論的見地が、これだけでは充分明瞭に定式化されていないからです。そしてここに存する不備を補ったのがレーニン（В.И.Ленин）の『唯物論と経験批判論』[18]における唯物論の見地でした。すなわちレーニンは、意識に外在する客観的実在を否認し、すべてを感覚与件としての経験的事実に還元する「経験批判論」との闘いのなかで、意識がすでに現存している段階における「根本問題」への唯物論的解答として、「われわれの意識のそとに存在する客観的実在としての物質の承認」というテーゼを掲げました。ここに哲学的唯物論の一つの重要な柱が据えられ、唯物論と「主観的観念論」との対立点も明瞭となったわけです（因みに、主観的観念論の側から唯物論との対立を明示した代表例としては、バークリ

（G.Berkkeley）の『ハイラスとフィロナスの三つの対話』[19]が挙げられます）。

この点でのレーニンの功績は多大ですが、しかし彼の見解が、唯物論の原則を「経験批判論」への批判という文脈に巻き込んで、いわばその制約のなかで規定したことにも災いされて、幾許かの難点を抱え込み、なおその上、その難点そのものが、スターリン主義によって捏造された、恐らくレーニン自身とは何の係わりもない「哲学のレーニン的段階」なるものの徴表とされ、不当な権威を付与された結果として、その後の哲学論議に不要な暗翳を落としたように思われます。

その難点とは、第一に、問題そのものが元来、全自然史のなかに意識が成立した段階の切断面における「意識（思惟・精神）と物質（存在・自然）との関係」という問題――この切断面における「存在論的な」問題――でしたから、それへの解答としては、「意識ならぬ（意識に外在する）もの」一般という、その意味において存在論的な「物質規定」が与えられた以上、それとの相関定立として「物質ならぬもの」一般、つまりは一つの自律系としての「意識規定」が与えられなければならず、かかる意味における相関定立こそまさしく**〈原則②〉**として、唯物論の原則のなかに確固たる位置を占めなければならなかった筈ですが、レーニンの定義では、相関関係にある片方の規定――「全自然史」のこの切断面における「存在論的」規定――としての「物質規定」のみが与えられ、それがそのまま「根本問題」への解答の位置に置かれたこと、第二に、しかしそれ以上に問題なのは、レーニンにあっては――マッハ主義や「経験批判論」との論争という性格上やむを得ない傾斜であるとしても――この局面における問題が「存在論」の問題としてではなく、むしろ「認識論」の問題として意識されたため、存在論の文脈では――物質的な「存在」からの「超出」としては――定立されなかった「意識」が認識論の文脈においてここに組み込まれ、認識論的側面における「意識規定」、すなわち「物質の反映」という規定が「意識」全般――「意識規定」そのもの――の位置に格上げされ、それが「意識」に関する唯物論の原則的見地の如く扱われる結果を招いたこと、第三に、以上を総じて、「意識から独立した物質の存在を承認するとともに、その意識をもまた物質の反映として捉える学説」というような、いわば意識と物質との間接構造を短縮した――意識内容全般を「物質の反映」に還元した――形の唯物論の定義が齎されたこと、です。これならば、「高尚なる精神的要求」の欠如（西田幾多郎）といった類の口実による観念論側からの攻撃に自ら好餌を与え、自ら敵の軍門に降ることになりかねません。――実際にこの種の観念論者たちが「高尚なる精神的要求」の所有者であるか否かは、彼らの戦時中の行為によって実証された通りですが。

本来の意味における「認識論的原則」は〔**原則**③〕において定式化されます。そしてそれこそが「物質の反映」という意識の一側面の性格規定であり、従ってここにおいてこそいわゆる「反映論」の見地が正当な権利を以て主張されるわけです。この意味における「意識」の相関者、すなわち「物質」の側は、「意識の対象」、すなわち「意識において反映されるもの」として規定されます（因みに、中国一七世紀の大思想家・王夫之は、存在一般としての「境」と、その中の特に人間主体の対象となる限りでの存在局面としての「所（＝対象）」とを区別し、両者の弁証法的関係を追究しました〔境之俟用者曰所、用之加乎境而有功者曰能〕[20]）。

ところで、エンゲルスに従えば、いわゆる「根本問題」への解答はここで終わってよいことになりますが、しかし〔**原則**②〕の観点からして、〔**原則**③〕において規定される「意識」が飽くまで意識全体の一側面に過ぎない以上、それの他の側面への定義が揃わなければ、全面的な世界観への要求に応えるべき唯物論としての原則が完結したことにはなりません。ここで「他の局面」とは意識の「価値論的局面」とも言うべきもので、私はこれに係わる今ひとつの原則が**〈原則④〉**として定立されるべきであると考えます。ここでは、「根本問題」として相関する両項の中、「意識」の側は、人間の社会的・個人的な価値実現への、つまりはかかる意味における「理想」や「理念」への自覚的志向性として、他方の「物質」の側は変革対象としての課題的性格を帯びた「現実性」として現れます。

実は「唯物論の原則」が人間主体に与えるのは、「物質概念」に基づく客観的真理性の確立への指示だけでなく、それと相関的に成立するところの、**〈原則③〉**と**〈原則④〉**との連携に立脚した一つの「系」、還元すれば、「意識性」または「精神性」とも言うべき高次の「制御系」としての一つの「系」の形成に向けての指示にほかならないと思われます。——この点については、項目を改めて、より詳しく吟味しなければなりません。

3. レーニンの命題と「反映論」の問題点

レーニンの著書『唯物論と経験批判論』は、ひと頃は唯物論の聖典のように扱われていましたが、最近では逆に不当な冷遇に晒されているように思われます。例えば終生マルクスの学徒を自任していた或る論客（事情あって名を伏す）の如きは、晩年にはこの書を指して「天下の愚書」と罵倒しておりました。しかしこの書物に対するこの種の貶価は、私にはむしろ、それこそ時流に便乗した倉卒の浅知恵のように思われます。というのは、この書物においてレーニンの提起した見地、すなわち主観的観念論に対する唯物論の観点の明確化、自然科学的物質概念と哲学的物質概念との区別、相対論的不可知論から明弁された弁証法的な近似性認識論の確立などは、現在でも通用する高い継承価値を具えているからです。

但しこの書物が、当時の論争状況に制約された幾許かの疑問点や問題点を含んでいることもまた否定することは出来ません。その一つとして、前述した通り、意識から独立した物質の実在性に係わる「存在論的」言明を、当面の論争の焦点をなす「認識論」の位置に置き換え、それゆえ「意識」そのものを専ら「認識主観」としてこの文脈に組み込み、「意識」概念全体をそれの一側面の規定たる「認識論的」概念、すなわち「反映」概念を以て蔽ってしまったことが挙げられます。試みに関連する命題を幾つか羅列しましょう。

①「……物質の唯一の『性質』——哲学的唯物論は、それを承認することと結びついている——は、**客観的実在であるという性質、すなわちわれわれの意識のそとに存在するという性質**（である）……（ゴシックは村瀬）[21]」。

②「物質の概念は、**認識論的には**、人間の意識から独立して存在し、そして人間の**意識によって模写（＝反映——村瀬）される**客観的実在以外のなにものをも意味しない[22]」。

③「……**精神**は第二次的なものであり、脳の機能であり、**外界の反映である**……[23]」。

④「……**意識**は……**存在の反映**、せいぜい近似的に正しい（適切な、理想的に正確な）その**反映**

にすぎない」[24]。

先ず①を見ますと、この命題は、ゴシック文字の部分から明らかなように、物質概念に関する歴とした**存在論的言明**です。ところが②では、同じ物質規定が専ら認識論的な性格（意味合い）のものとされ、従ってここに「人間の意識によって模写される（отображаемы）」という**認識論的規定**が混入します。私見によれば、問題の発端はこの混入にあったのですが、しかしこの段階では、文意そのものに不合理があるわけではありません。この命題の第一の趣旨が意識から独立した外的存在の意識化にある以上、第二の趣旨として、そうした外的存在の意識における獲得（反映）の可能性もまた意識化されなければならないからです。もとよりここでの「意識」概念は周延されていません。しかし③および④のゴシック部分、すなわち「精神は外界の反映である（**дух есть отображение внешнего мира**）[25]」「意識は存在の反映である（**сознание есть отображение бытия**）[26]」などの命題は、②の延長線上に成立する命題ではありません。これらの命題は**全称肯定判断**であり、つまりここでは「精神」や「意識」の概念は周延されていて、「外界の反映」「存在の反映」――当該の書物の文脈では、勝義において「物質の反映」――以外の内容を排除したものとなっております。――哲学的物質概念の定立、それが唯物論の原則の確立に果たした役割、意識の認識論的局面に係わる「反映」概念の明確化など、レーニンの提言の積極的意義については上述においてすでに確認済みですが、物質の最高次の存在形態たる大脳において営まれる「意識の内容」が、それより低次の存在形態たる「物質」の「反映」に過ぎないというのは、やはりどう弁解しても武断に失するとの誹りを免れないでしょう。

ここで考慮に入れなければならないのは、生粋の「反映論」、たとえば「明鏡止水」（『荘子』）への物影の映現の如き「反映」の見方は、元来決して唯物論側の観点ではなかったということです。西田幾多郎なども、これとは異なった文脈においてですが、ひと頃しきりに「映す」という言葉を用いておりました。これに対して唯物論の方は、むしろ対象を「写し取る」**働き**を「反映」の内容構成の契機として重視していたように思われます。例えば、中国一七世紀（明末清初）の思想家・顔元は、「明鏡止水」風の観照的態度を退け、客観的な「物」の真相は、人間が「手づから物を格する」作用、すなわち「物」に加工を加える「格」の作用を媒介として初めて人間の前に顕現し、人間の知識の内実としてそこに獲得される、と指摘しました[27]。より知識の内実に即した見解としては、やはり中国の一八世紀の思想家・戴震のそれが挙げられます。すなわち彼によれば、事物それ自体に内在する「理」は、それを「照らし察する」認識作用の当否に応じて、様々な凹凸を認識主観の前に呈示しますが、それが「過たぬ」場合には「理義」、すなわち「真理価値」を帯びた知識内容として認識主観の系に組み込まれ、その系の新たな水準への再編成・再構築に関与する、と考えました。これは、対象の側からはそれの意識への「映現」と見られる内容が、意識の側からは自己の「認識構成」の産物としての意義をもつ、ということを意味します[28]。

「構成」と言えば、どこかカント哲学風の響きがあるので、かつての唯物論者の間では一般に白眼視される嫌いがあったようですが、戦前における日本の代表的な唯物論者でった戸坂潤はすでにこの問題について明快な解答を与えていました。戸坂は、人間による実在の反映・模写には、「直接（Unmittelbar）さ」の面——認識の感性的な面——と「間接（手続き—— Vermittelt）さ」の面――認識の悟性的な面――とがあり、前者がカントのいわゆる「物自体による心の触発」として、後者が彼のいわゆる「構成説」として現れた、と指摘します。ここで戸坂は「知識構成」を専ら「主観の先験的な作用」に帰するカントの説を批判しつつ、主体の「実践的な能動性」の観点を導入しますが、話題が複雑になりますので、今回はその点への言及は省略いたします。何れにせよ、彼は反映論・模写論の立場に立ちつつも、「知識構成」または「知識の構成手続き」というカントの着眼を継承し、「知識それ自身が一つの構成物」であり、知識は「一定の構成目的とその目的に適した構成手段と」の間に成立するものにほかならぬと見なしました。その上で、この「構成目的」の位置に「実在の模写」を置いたのです[29]。

私が注目するのは、知識の構成手続きとしての「間接性」という観点です。例えば、ドールトン（J.Dalton）やラヴォアジェ（A.L.Lavoissier）によって開始された近代原子論の一つの到達点を示すメンデレエフ（Д.И.Менделеев）の周期律、或いはそれに基づく周期表は、もちろん思惟による恣意的な捏造の産物ではなく、諸元素自体の性質から導かれたものに違いありませんが、周期表そのものとしては――そんな表が物質の世界に具備している筈はありませんから――、対象の合理的な把握に適合すべく、「量（原子番号）」の観点から横列を、「質（族）」の観点から縦列を設けて諸元素を配列した、いわば人間の思惟の産物であって、我々はむしろそこに思惟による「認識構成」の絶妙さを見出すでしょう。一般に対象を正確に把握するには、認識主観（意識）の側に、それに見合った内的条件、いわば認識を成立させる枠組みが形成されていなければなりませんし、一層高次の認識を達成するには、この認識枠そのものを一層高度の段階に進展させる必要があります。意識の側に形成されるこうした枠組み、或いはその枠組みを駆使した構成作用は、認識主体（意識）と認識対象（存在）との間に、主体の側から意図的に挿入される中間領域であり、主体は自らの創出した中間領域を意識的に操作することによって「間接的に」対象世界に接近します。

実はここに確認された「間接性」、もしくは「間接構造」こそが、〔原則③〕、すなわち認識論的原則を、〔原則④〕、すなわち価値論的原則に繋ぐ紐帯をなすと考えられます。〔原則④〕に関連する「間接性」とは、実践対象としての課題的性格を帯びた「現実性」――哲学的意味における「物質」の、この局面における展相――との相関において存立する人間存在そのものの特徴を表現しております。ここにメスを入れたのは、惜しくも早逝した旧ソ連の天才的心理学者ヴィゴツキーでした(30)。彼はまず人間の在り方、行動の決定に関する二つの対立的見解、すなわち自由意志論と機械論的決定論に等しく反対し、特にアメリカにおいて勃興しつつあった新たな機械論的決定論、すなわち人間を他の動物と同じく「刺激（S）－応答（R）」の図式によって把握する行動主義心理説を、人間全体に対する「自然主義的接近」として厳しく非難します。例えば、人間がスピノザ（B.D.Spinoza）のいわゆる「ブリダンの驢馬」のような状況、すなわち完全に同じ刺激によって欲望をそそる二つのものの間で二者択一を迫られた場合、人間はどう振る舞うでしょうか。この問いに、自由意志論者なら、自由意志によって勝手に選択すると答えるでしょうし、件《くだん》の行動主義心理学者なら、このような均衡刺激のもとでは、完全な制止が作用する結果、人間には行動の停止、仮死またはノイローゼのような生物的反応が生じると答えるでしょうが、実際の人間はこれとはまったく別の仕方でこの難局から脱出しようとします。すなわち人間はこの状況のなかに「籤《くじ》」という新たな「補助刺激

（補助手段）」を挿入し、この「籤」の操作、すなわち「補助刺激」の選択を介して、件の二つの対象物のうちから一方を選択します。従ってこの人間の選択行動を最終的に決定したのは、対象物そのものの作用ではなく、対象物と自己との間に自ら創出し挿入した「補助手段」の活用にほかならないわけです。

ここに例示した「籤」なるものは、もとより人間が自己と対象物との媒介者として自ら形成する「中間的環境」、より広くは歴史主体によって形成されていく「文化」の単純な比喩に過ぎませんが、これによって示されるように、人間存在とは、その対象たる「現実性」と直接に結びついた自然的存在ではなく、文化を媒介とした「間接構造」を有する歴史的・社会的存在にほかなりません。――そしてここに存する「間接性」こそが、まさに「間接性」としての性格において、**〔原則③〕**の展相に表れた認識上の「間接性」と共軛し、一つの系、すなわち「制御系」とも称すべき「系」を形成するということは、容易に見当がつくでしょう。**〔原則③〕**においては、その先端に未知を控えた客観世界の「反映」が問題でしたが、**〔原則④〕**においては、その先端に人間性のイデーを仰望した当為や良心、「類的存在」としての人類の実現に係わる真善美の価値充実が問題となります。殊に「在るところのもの」と「在るべきところのもの」との区別を許容しつつ、後者による前者の制御を志向するところに、「意識」のこの局面における「意識性」の指標があり、まさにここにこの局面特有の――「意識性」と「現実性」との間の――「間接構造」が成立します。その際、認識論的領分において、認識目的の設定、認識成果の実践的利用、社会科学の領域における「課題化的認識」の追求、知識のヒューマニゼイションなどの点で**〔原則④〕**との媒介が要求されると同様、価値論的な領分においても、もし〔原則③〕によって指示された認識の真理性との媒介がなければ、糸の切れた凧のような観念の迷走に漂いかねないでしょう。〔原則③〕と〔原則④〕との連携を俟って初めて高度の「意識性」としての「制御系」の内実が成就すると考えられる所以です。

4．物質と意識との同時救済

唯物論系列の哲学書を繙くと、往々にして次のような観念論批判に出会います。すなわち、「意識や精神の能動性を説くのはよいが、しかしそれを途方もなく誇張し、絶対化するところに、観念論の誤謬がある」。しかし本当にそうでしょうか。もしこう言われれば、或る種の観念論者はむしろ喜んで、「然り。我こそは意識や精神のこよなき友であり、その能動性を何よりも尊ぶ者だ」と居直るかも知れません。しかし私見によれば、或る種の悪質な観念論――観念論にも色々ありますので、敢えてそう断っておきます――こそ、意識や精神が正常に働く客観的条件を無視することにより、その能動性を誇張するどころか、むしろ能動性そのものの廃棄を余儀なくされていると言わなければなりません。

この問題に関連して、哲学史のなかで象徴的な出来事が生じました。現代における自然科学的物質概念の変化に呼応する形で、マッハ主義的傾向をもつ一著述家から、「物質は消滅した」という宣言が出されました。これに対してレーニンが哲学的物質概念の確立を以て対抗し、物質の存在を擁護したことは周知のとおりです。では、観念論者たちの間で、「物質の消滅」宣言によって「意識」

今度は意識の側が勝利の凱歌を挙げたかというと、事情はまったく逆で、この宣言より四年後に、アメリカのジェームスによって、今度は「意識は蒸発した」という宣言が出されました。[31] つまり主観的観念論者ジェームスのもとで、意識は哀れにも、物質とともに一個の「純粋経験」なるもののなかに影を没してしまったのです。そこで唯物論者たるもの、苟しくも真理と正義の騎士として、今度は意識や精神の救済に馳せ参じなければなりません。

実は「哲学の根本問題」への唯物論的解答として私の挙げた四つの〔原則〕は、それぞれの局面での――もとより全体としては相連携した論理での――「意識」と「物質」との同時救済を謳ったものにほかなりません。最後にここでもまた、哲学史上のエピソードに、今回の提言への支援を求めておきましょう。――中唐の詩人・文人であった柳宗元《りゅうそうげん》は、観念論者・韓愈《かんゆ》の「天人相関説」を批判しつつ、「天」に帰された神秘宗教的観念を払拭して、これを物質的自然に還元し、かつ「天」による人間支配を否認しましたが、[32] 友人の劉禹錫《りゅううしゃく》はその意を承けてさらにその見地を深化し、「天人こもごも相勝つ」という説を唱えました。[33] 簡単に言えば、「生殖」「強弱」などの自然現象に関しては自然（物質）が優越するが、「法制」「是非」のような社会的・価値的事象に関しては人間が――従ってその意識的活動が――優越する、という説です。従来、意識と物質との関係で、意識の優越性を認めるのが観念論であり、物質の優越性を認めるのが唯物論であるというようなことが屡々語られましたが、このような理解が決して当てはまらないことは上に見た通りです。両者の優劣は問題の局面に応じて異なるわけで、そのことを正当に把握するのが唯物論の任務と言うべきでしょう。その意味で、我々は今後の唯物論を、劉禹錫の「天人交相《こもごも》勝」説の継承線上に展開しなければならないと考えます。

【注】

（1）本稿は労働者教育協会の通信講座「基礎理論コース」のテキスト改定に当たって意見を求められた際に提出したものなので、この小節の叙述はそうした特殊事情に制約されているが、しかし本稿全体は筆者年来の哲学見解の簡潔な表明である。

（2）村本敏「基礎理論コースの全面改訂――哲学分野からの提案」、『労働者教育』三月号（一五七号）。

（3）エンゲルス『空想から科学への社会主義の発展』（寺沢恒信・村田陽一訳）、『マルクス・エンゲルス全集』一九、大月書店、一九九～二〇六頁（原著 F.Engels, Die Entwicklung des Sozialismus von der Utopie zur Wissenschaft, 1883, M-E-Werke 19, Dietz. S. 202 ~ 209. ）。

（4）戸坂潤「ひと吾を公式主義者と呼ぶ」、一九三七、『戸坂潤全集』（勁草書房）第一巻、参照。

（5）河上肇『唯物史観研究』、一九二一、『河上肇全集』（岩波書店）一一、七＝四九～五九頁。

（6）木原正雄訳、岩波文庫、参照。（原著 К вопросу о роли личности в истории, 1898.）。

（7）同右、19頁。

（8）レーニン『「人民の友」とはなにか』、一八九四、『レーニン全集』①、大月書店、一五五頁（原書 Ленин, Соч нения, том 1. стр. 142.）。

（9）ブルーノ『無限、宇宙および諸世界について』（清水純一訳）、岩波文庫、六八頁（原著 Giordano Bruno, DE L' INFININO, UNIVERSO E MONDI, 1584.）。

（10）フェニックス『意味の領域――一般教育の考察』（佐野安仁他訳）、晃洋書房、参照。（原著 P. H. Phenix, Realms of Meaning — A Philosophy for the Curriculum for General Education, 1964.）。

（11）村瀬裕也『哲学と教育――東洋哲学の窓から――』、一九九五、近代文芸社、六八頁。

（12）ルビンシュテイン『存在と意識』（寺沢恒信訳）上、青木書店、二二頁（原著 С. Л. Рубинштейн, Быти е и Сознание, 1957.）。

（13）ヴィゴツキー『精神発達の理論』（柴田義松訳）、明治図書、九五～一〇五頁（原著 Л. С. Выготский, Ис торий Развития

Высших Психических Функций, 1931.）。
（14）Н. Г. Чернышевкий, Антропологический Принцип в Философий, 1960.
（15）森宏一訳『チェルヌィシェフスキー著作選集』Ⅱ、同時代社、一六五頁。
（16）金子幸彦訳、岩波文庫、参照（原著 Н. Г. Чернышевский. Что делать ?, 1863.）
（17）エンゲルス『ルードヴィッヒ・フォイエルバッハとドイツ古典哲学の終焉』（藤川覚訳）、『マルクス・エンゲルス全集』21、大月書店、二七八頁（原著 F. Engels Ludwig Feuerbach und der Ausgang der klassischen deutschen Philosophie, 1886.. Dietz. S. 274.）
（18）В. И. Ленин, Материализм и емпириокритицизм, 1908. Сочинения. Т.14.
（19）戸田剛文訳、岩波文庫、参照（原著 G. Berkeley, Three Dialogues between Hylas and Philonous, 1713.）。
（20）王夫之『尚書引義』巻五、「召誥無逸」、『船山全書』（岳麓書社）第二冊、三七六頁。
（21）レーニン『唯物論と経験批判論』、『レーニン全集』（大月書店）⑭、三二四頁。
（22）同右、三二五頁。
（23）同右、九九頁。
（24）同右、三九四頁。
（25）Ленин, Материализм и емпириокритицизм. Сочинения. том 14. стр. 78.
（26）См. там же. стр.312.
（27）顔元『四書正誤』巻一、『顔李学派文庫』（河北教育出版社）一、一四八頁。
（28）戴震『孟子字義疏證』、巻上、『戴震全集』（精華大学出版社）一、一五五頁。
（29）戸坂潤『科学論』、一九三五、『戸坂潤全集』（勁草書房）、第一巻、一四六頁。
（30）ヴィゴツキー、前掲書、同頁。
（31）ウィリアム・ジェイムズ『根本的経験論』（舛田啓三郎・加藤茂訳）、白水社、四二頁（原著 William James, Essays in Radical Empipicism, 1912.）。
（32）柳宗元「天説」、『柳河東集』第十六巻。
（33）劉禹錫「天論」、『劉禹錫集』巻五（瞿蛻園『劉禹錫箋證』上、上海古籍出版社）。

三浦梅園再考

――「承認論」「寛容論」に向けての唯物論的倫理学への眺望――

およそ人の患は、一曲に蔽われて大理に闇きことなり。治むれば則ち経（正道）に復し、両疑（擬）すれば則ち惑う。……それ道なるものは、常を体して変を尽くす。一隅以てこれを挙ぐるに足らず。曲知の人は、道の一隅を観れども、未だこれを知らざるなり。故に以て足れりと為してこれを飾り、内は以て自ら乱り、外は以て人を惑わし、上は以て下を蔽い、下は以て上を蔽う。これ閉塞の禍いなり。

『荀子』解蔽篇

前言

標題に「再考」の語を用いたが、ここに企図されているのは、大方の先行研究において承認されている梅園像を覆すような新奇な梅園解釈を提起することではなく――つまりは梅園を巡る不要不毛の解釈論議に点火することではなく――、逆に筆者自身の哲学的テーマ、すなわち唯物論的観点からの価値論（Axiologie）、特に倫理学の展開に当たって、これまで解明されてきた梅園学説から如何なる示唆を受け取るべきか、という問題を再考することである。畢竟、「唯物論的倫理学への眺望」という副題によって暗示した通り、今日的創造に対する古典的遺産の媒介の方途を探ることが本稿の主題である。

そこで先ず梅園に支援を求める筆者年来の哲学的主題について聊か釈明を費やす必要があるであろう。すなわちその主題とは、しばしば観念論陣営によってなされる価値論的（axiologisch）観点からの唯物論攻撃、例えば「高尚なる精神的要求を持って居る人は唯物論に満足ができず、唯物論を信じて居る人は、いつしか高尚なる精神的要求に疑を抱く様になる」[1]（西田幾多郎）というような攻撃と対決し、その的外《まとはず》れな独断と偏見を退けるだけでなく、むしろ一層積極的に、唯物論こそが――無論ここに所謂「唯物論」とは哲学的観念論と対峙した「哲学理論」としての唯物論の謂いにほかならないが――人間における意識性・精神性の「高尚化」にとって不可欠の原理を含んでいる、という見地を確立することである。

西田の如き発言に対しては、抑々《そもそも》何を称して「高尚なる精神的要求」とするのかを問いたくなるのは当然である。少なくとも西田がかの悪逆なる侵略戦争に対して「高尚なる」精神的態度を以て対峙しなかったこと、これに対して「唯物論を信じて居る人」であった戸坂潤や永田広志が多大の犠牲を払って戦争反対の立場を貫き、人間としての精神の「高尚性・高潔性」を実証したことは歴史の示す通りである。しかし本稿において取り扱われるのは、このような実例に関する事実問題ではなく、所謂「高尚なる精神的要求」の「形成原理」を根源において問う「理論的」問題である。

だがこのような作業に当たって最初に障碍となるのは、唯物論に関する或る種の通念、すなわち唯物論を以て存在に対する意識の従属性を主張する学説と見なす通念、換言すれば、「意識が存在を規定する」と主張する観念論とは反対に、「存在が意識を規定する」と主張するのが唯物論であるというような、現在でも幅を利かせている通念である。筆者が荀子以来梅園に至る東洋唯物論の古典に着目するのは、そこにこの種の通念を打破するに足る有力な論拠が豊富に見出されるからにほかならない。

それらの古典において証されるように、唯物論は単純に、いわば全称判断として、存在による意識の被規定性を主張する学説ではない。唯物論における意識の被規定性の承認とは、徒らに意識の受動性を謳い、存在の前に意識を跼蹐せしめることを趣旨としているのではなく、むしろ逆に意識が外界の実在のみならず、自己自身の被規定性をさえ自己の思考の客観的な考察対象とし、それを媒介として自己の能動的活動の条件を正確に見定め、かつその活動を自から理性的に制御するような、いわば意識における「意識性」の確立と不可分に関連しているのである。

こうした観点を江戸中期思想の巨擘《きょはく》・三浦梅園の所説に即して確証し、かつそこから哲学的価値論、就中倫理学への新たな眺望を開こうというのが、以下の論題である。

I　学問の前提としての方法的懐疑

三浦梅園（一七二三〔享保八〕～一七八九〔寛政元〕）の学問の基調に流れるのは、汎く知られているように、真理への接近を動機づける旺盛な懐疑精神である。もとより為学における懐疑の重要性を指摘した思想家は、古くは孔子（「九思」の一項目）、近くは貝原益軒（主著『大疑録』の序）などを証人として呼び出すまでもなく、古来その実例に乏しくはないが、しかし梅園のようにこれを「方法」の位置にまで高めた思想家はほとんど稀有の例に属するであろう。

梅園によれば、学問の第一の目的は、「天地の条理」への「達観」――実在の真相への洞察――にあるが、人々にとってかかる「達観」が困難なのは、自己に染みついた「泥《なず》み」と称される性癖によって、世界の事象に向けられるべき懐疑の眼を曇らされているからにほかならない。彼自身の言葉に従えば、「かく広き世の中に、かく悠久の年月をかさね、かく数限《かずかぎり》なき人の思慮を費し、日夜に示して隠すことなき天地を、何ゆえに看得る人なきとなれば、生まれて智なき始より、只見なれ聞馴《ききな》れ触なれ、何となしに癖つきて、是が己が泥みとなり、物を怪しみいぶかる心萌さず候」[2]。

ここで「泥み」とは、端的に言えば、生誕以来繰り返される見聞（経験知）の累積によって「なれ癖」となり、さらには因習化された学習によって固執されるに至った誤謬や偏見、すなわち「所執の念」であり、仏教に所謂「習気《じっけ》」がこれに該当する。ここには二つの側面が見出される。その一つは、疑って然るべき事柄を不思議とも思わず、それ故そうした事柄の背後の真理、すなわちその「条理」にも無関心となり、すべてをその表層のままに「当たり前のこと」「分かり切ったこと」「止むを得ないこと」として無批判的に受け流す傾向、——つまりは「現象主義」「事実主義」ともいうべき傾向である。他の一つは、「人の心を以て、物を思惟分別する故に、人を執することやみがたく」「人癖つき候て、我にあるものを推して、他を観候、なづみ、やみがたく候」(3)と指摘される如く、自己の主観から一方的に対象を解釈し、そこに恣意的な意味付与を施す傾向、——いわば「主観主義」とも称すべき傾向である。自然現象への擬人的解釈はその代表例である。

梅園は以上の理由から、世界のあらゆる事象に批判的な懐疑の眼を向け、「此天地をくるめて一大疑団」とすることを学問の不可欠の前提と見なし、その上で「条理達観」の秘訣を「反観合一、捨心之所執、依徴於正」という簡勁な標語に集約する。この標語の解釈は後述に譲るとして、ここでは差し当たり梅園の高調する懐疑が、結論に位置する懐疑、すなわち「懐疑論的懐疑」ではなく、飽くまで出発点に位置する懐疑、すなわちデカルト（R. Descartes）に因んで「方法的懐疑」と称し得る懐疑であることを確認しておこう。

同時にまた、デカルトの懐疑と梅園のそれとは、確実な真理に到達するための方法であるという点で共通性を有するとはいえ、次の点で大きく相違していることをも認識しておかなければならない。すなわちそれは、デカルトの懐疑が既成の知識、そこに含まれる虚偽や謬見への内省を主眼とし、それ故もはや疑いの余地なき一点、懐疑し思惟する「我」の存在の自己確証へと内向するのに対し、梅園の懐疑は現象の表面に留まる知識、そこに纏わる「泥み」や「習気」への批判を主眼とし、従って対象界の客観的な存在構造としての「条理」の透察へと外向する、という点である。その意味では、梅園の「方法的懐疑」はデカルトのそれよりも詩人ブレヒト（B. Brecht）の「異化効果（V–Effekt）」の手法、すなわち人々が「自然の掟」の如く無批判的に馴染んでいる――「泥み」となっている――現実を、批判的な吟味穿鑿の対象たらしめるべく、馴染みのない姿に「異化＝変形」して表示する芸術的手法に遥かな類縁を見出すかも知れない。

Ⅱ　存在の弁証法と思考の弁証法

方法的懐疑によって「泥み」や「習気」の除去された地平に展開されるのが、「条理学」と称される独自の哲学である。その特徴は端的に「弁証法的および唯物論的性格を濃厚に具えた世界観」として定式化され得るであろう。

ところで、梅園の弁証法と言えば、これを否定または貶価する見解が一部に存在することは確かである。しかしそれらの見解を逐一論駁することは本稿の課題ではなく、また紙幅の都合上その遑《いとま》もないので、ここではよく知られた、しかも論旨明瞭で解釈を争う余地のない文言の確認から考察を始めることにしよう。すなわち、梅園曰く、「天地の道は侌昜《いんよう》にして、侌昜の体は対して相反す。反するに因て、一に合す。天地のなる処なり。……此の故に、条理は、則《すなわち》一有二、二開一、二なるが故に粲立《さんりつ》して条理を示し、一なるが故に混成して罅縫《かほう》を越没《えつぼつ》す（4）」「何ゆへに、反して合一する処を観るとなれば、物一々となるかたち本来必相反《あいはん》す。本来よく反する故に、合すれば、一と成る」(5)。見られる通り文意は頗る明瞭であり、これを周敦頤《しゅうとんい》・程顥《ていこう》流の「対」の思想——反対概念の単なる相補的関係の定式化——と同一視した永田広志らの見解が粗忽な事実誤認に過ぎないことは、改めて蝶々の論議を要しないであろう。(6)要するに梅園の「天地の道」、すなわち存在論的（ontologisch）概念としての「条理」とは、陰と陽、動と静のような反対概念の単なる相補的関係ではなく、「一有二、二開一」または「一則一一」の語句が示すような、一者そのものの内的矛盾——一者における対立契機の内含——と、かかる内的矛盾を源泉とする多様な世界の展開を指しているのであり、いわば「弁証法の核心」を示した概念にほかならないのである。

＊　＊　＊

もとよりこれだけならば、張載の「一神両化」説や伊藤仁斎の「流行—対待」説に先蹤を求めることが出来るであろう。しかし他を凌駕する梅園の卓見は、存在論的概念としての「条理」に対応させる仕方で、認識論的（epistemologisch）概念としての「条理の訣」、すなわち「反観合一」の標語に凝縮される弁証法的な認識方法を提起した点にある。彼自身の言葉に従えば、「反して一なるもの有るによりて、我、これを反して観、合せて観て、其本然を求むるにて候。此故に、条理は、則一有二、二開一、……反観合一は則これを繹《たず》ぬるの術にして、反観合一すること能はざれば、会易の面目をみる事能《あた》はず」(7)。すなわち、あらゆる実在が「一有二、二開一」の構造を有する以上、これを認識するには、対象の一面のみを見、その規定性に固執する頑なな悟性的方法によるのではなく、一面を見れば必ず他の面にも眼を向け、対立する両面を「反して観、合せて観る」柔軟な弁証法的方法を駆使することが必要である、と言うのである。

右の如き梅園の論法によって示唆されるのは、実在の弁証法（条理）と認識方法の弁証法（条理の訣）との対応および区別という観点である。対象たる実在が「一有二、二開一」なる構造を有する故に、認識方法の側もまたそれに見合った「反観合一」なる方法を駆使しなければならないが、その際、実在対象と認識作用、つまりは「一有二、二開一」と「反観合一」とは決して同一ではなく、前者は物質系、後者は意識系という別個の系列に属し、それぞれ固有の内実と作用を有する。この点は「条理の訣」として、「反観合一」と併せ、「捨心之所執」「依徴於正」という、物質系には属さない二項目が挙げられていることからも了解されるであろう。

なおこの文脈において浮上した「反」という契機は、次項における唯物論の規定においても重要な役割を演ずる。蓋し一切を「同一性」の坩堝《るつぼ》に投じて満足する——往々権威を以て通用する——或る種の思惟傾向への痛切な警鐘として受け止められるであろう。

Ⅲ　「反」の展開としての唯物論の規定

梅園が宇宙全体を「気」の充実態として把握したこと、その意味において彼の哲学が伊藤仁斎の流れを汲む「気」一元論、つまりは一種の唯物論の哲学であることは、彼の文章を率直に受け取る限り、恐らく大方の承認するところであろう。これを多少細かく言えば、——存在の状態は「かたちある物」と「かたちなき物」とに分かれるが、後者もまた非可感的な気体状態の「気」によって充塞されており、そこには文字通りの「空虚」や、或いは「形而上の理」の如き観念的原理の入りこむ「繊毫《せんごう》の罅縫《かほう》」も存在しない。梅園はこうした物質的な「気」の全体を伊藤仁斎とひとしく「一元気」と呼ぶ。世界の万象はこうした「一元気」の内部における活発溌地・生々化々たる「聚散《しゅうさん》」によって説明される。――この種の存在論的一元論は唯物論の第一原則に属し、ここでは「イデア」や「形而上の理」の如き観念的原理を世界の根源として実在の位置に投影する客観的観念論の見地が拒斥されている。

ところで、「気」の世界に登場する特別の存在者、すなわち意識的存在たる人間を考慮に容れる場合、唯物論の定義には、人間またはその意識との関連において規定される今ひとつの原則――仮に唯物論の第二原則と呼んでおこう――が加わらなければならない。それは一般的には「意識から独立した客観的実在としての物質の承認」という命題に定式化され、それによって客観的観念論のみならず、外界の独立性を否認する主観的観念論との対立が明確化される。

それはその限りにおいて是認されよう。しかしこの命題には或る問題が潜んでいる。というのは、この命題そのものは意識との関係における物質規定、つまりは「意識ならぬもの」としての物質の措定にほかならないが、もしそうであるとすれば、それは同時に、言外の裏規定として、物質との関係における意識規定、すなわち「物質ならぬもの」としての意識の措定を含意している筈である。換言すれば、外的実在としての物質の承認は、その反面に内的自律系としての意識の自己確立を随伴している筈である。しかしこの裏規定は――ワロン（H.Wallon）等の発達心理学においてはすでに確認済みであるにも拘わらず——命題そのものに直接表現されていない故に、従来ほとんど顧慮されることなく、このことが唯物論をして物質への意識の従属を肯定する学説の如く誤認せしめる一因をなしてきたと思われる。

＊　＊　＊

叙上の意味において、自然と人間との関係についての、「反」の概念を駆使した梅園のアプローチは、唯物論の第二原則の有する含意の斟酌に大きく貢献するものと思われる。先ず次の一文において梅園の問題意識の要所を見よう。「噫《ああ》、窺窬《きゆ》の繇《よ》る処は、己を推して己に同じからざる者を窺うに刱《はじ》まる。それ天は、人に反する者なり。人を推して天を窺えば、天・人混す。……天・人の弁は学者の急務なり。……人、苟《いやし》くも事物を弁ずるに志有らば、須《すべか》らく先ず此より始むべきなり[8]」。ここで「窺窬」とは、人間が自己とは異なる対象（天＝自然）に対して自己の立場を投影した恣意的な解釈を施し、自然と人間との識別に混乱をもたらすような思考の仕方である。正当な学問の確立に当たっては、先ずはこのような迷妄から脱却すべく、自然と人間との相違を明確にすることが急務である。

では両者を区別する徴表は何か。——それこそまさに**意識の有無**にほかならない。「天・人、同じからずと雖も、しかもその気たるは則ち同じ。気たるは則ち同じと雖も、意の有無を反す。故に天は無為にして為し、作《な》すこと無くして成る。人は有意にして為し、作して成らず。……事を以て之を分かてば、無意にして成るは、天の事なり。有意にして作すは、人の事なり[9]」。すなわち、自然と人間とはひとしく「気」の世界に属してはいるものの、意識の有無という点において決定的に対極的な存在なのである。従ってこの点を明確に意識し自覚することは、自然に適切に対処するためにも、自己の活動を適切に制御するためにも、第一に弁えなければならぬ要件である。すなわち曰く、「我を挙げて以て天地に対すれば、挙ぐる所の我は則ち有意なり、対する所の天地は則ち無意なり。天人の間（相違）は意の有無のみ。意の有無を混ずれば、則ち識はみな窺窬に墜せん」[10]。――この一文からは、上来指摘してきた如き唯物論の第二原則の言外の含意が明瞭に浮かび上がる。

この観点を一層進んで裏付けるのは、自然と人為における「理（原理・法則）」と「気（材料・事物）」との先後関係に関する梅園の鋭い洞察、すなわち「人造は則ち理先んず、天造は則ち気先んず」[11]という観点である。例えば、水に浮かぶという舟の「理」、或いは軸の周りを回転するという車の「理」は、実在（＝気）としての舟や車の属性であるから、存在の順序としては舟や車の実在がそれらの「理」に先行していなければならないが、人為的な制作の場合にはこの関係は逆転し、予め把握された「理」に基づく望ましき舟や車の考案――思惟における認識と創意――がそれらの実現（制作）に先行しなければならないのである。――ここにもまた主体と客体、主観と客観との即自的・直接的な「同一性」の観点を拒斥する梅園の批判的旨意が窺われるであろう。

以上のことから気付かれるのは、この局面に活用される「反」の機能が、意識の系と物質の系との単なる「反定立（Antithesis）」に尽きるのではなく、対立の緊張という点では「反定立」の契機を含みつつも、より積極的には相互の「他異性（Andersheit）」の措定としての「異定立（Heterothesis）」の性格を帯びている、ということである（用語についてはリッケルト〔H.Rickert〕に従うが、趣旨は別）[12]。そしてそれ故にこそ、唯物論の第二規定の潜在的含意は人間論および価値論（含・倫理学）の展開に深く関連するのである。

Ⅳ　自然に対する人間の境位——倫理学の前提として——

梅園は人間を自然的・身体的側面（躯）と主体的・精神的側面（神）との総合として捉えるが、ここでは紙幅の都合上、次の論題と係わりの深い後者の側面のみを俎上に載せよう。

梅園によれば、人間の主体的・精神的側面は内的意識の系（〔広義の〕意）と外的実践の系（〔広義の〕為）の系との両面より成る。このうち内的な系は情意的な側面たる「性」と知性的な側面たる「心」とに区別され、さらに前者は「慾（＝欲悪）」と「情（＝愛憎）」とに、後者は「智（＝知弁＝認識）」と「〔狭義の〕意（＝思慮＝創意）」とに別たれる。梅園にあっては、情意面も知性面も人格の成立に不可欠の要素であるが、しかし同時に「情・慾」の発動に対する「意・智」の選択と制御の必要が強調されているから、特に主体性としての意義を発揮するのは「意智・思弁」の側面であろう。

他方、外的実践——外的とは言っても、もとより人間の主体性の領分の事柄であるから、前記の内的意識によって媒介されているが——もまた「〔狭義の〕為」と「技」とに区別され、さらに詳細な分析がなされるが、この文脈において注目に値するのはむしろ人間活動の本質契機としての労働と言語の意義を発見した点であろう。すなわち曰く、「能く声音を転じて、而して万（よろず）

の事物、挙げて之を言語に認《したた》む。能く手脚を役して、而して万の技巧、尽く之を営為に運す。已にして字を造り、而して言語を指頭に記し、画を製して、而して物象を目中に認む。我天地に有せられて、而して我も天地を有す」[13]。——蓋し『自然弁証法』におけるエンゲルス（F. Engels）の洞察を髣髴させる卓見ではないか。

＊　＊　＊

なおここで看過し得ないのは、梅園の思惟の特徴——「反」の操作——を鮮やかに示しながら、これまで顧みられることの少なかった一つの視点、すなわち「我」と「非我」との対置という視点である。ここで「我」とは「我の之を如何ともすべき者（我之可如之何者）」、すなわち「我」の意思の能動的に介入し得る領分（人為の領分）であり、「非我」とは「我の之を如何ともすべからざる者（我之不可如之何者）」、すなわち「我」の意思の介入し得ない領分（自然の領分）である。両者の対立関係は、梅園によれば、人間と自然との間においてのみならず、人間自身の内部においても成立する。すなわち曰く、「我の之を如何ともすべき者は、我より致せば、則ち我の人なり。我の之を如何ともすべき所に非ざる者は、彼より至れば、則ち我の天なり」[14]。前者は幾許とも自然の宿命的決定から解放され、その成否が人間自身の主体性に帰責されるべき人為的な形成要因、それ故にこそ「我の人（＝人格内部の人間的要因）」であり、後者は人間の内部に属しつつ、しかも人間自身の意思には依存しない自然的な決定要因、それ故にこそ「我の天（＝人格内部の自然的要因）」と呼ばれる要因である。——かくて梅園に従えば、自己の内外を問わず、「之を如何ともすべき」事柄について「之を如何ともせざる」無作為、また逆に「之を如何ともすべからざる」事柄について「将に之を如何ともせんとする」無理強いこそ、「有意」の存在としての人間の本質に最も相応しからぬ遣《や》り方なのである。

梅園のこの分析視点は、右の両要因を転倒した論議——例えば弱肉強食を自然の摂理と見なす「市場原理万能論」や、やむを得ぬ弱点への陰惨な帰責とも言うべき「自己責任論」の如き——を打破する上でも、有力な支援を与えるであろう。

V　道徳論の基礎——自然主義と自己中心主義からの脱却——

一般に唯物論と言えば、これを「自然主義」と結びつけて理解する傾向が少なからず見受けられるが、それが単なる事実誤認に過ぎないことは、『荀子』天論篇における天人分離論に徴しても明らかである。「天」の権威と支配から人間を解放し、その自立性を確保することは、歴代の唯物論に連々と引き継がれた重要課題であった。そしてこの観点を最も先鋭に表現したのは、中国唐代の思想家・劉禹錫《りゅううしゃく》の「天人交相勝」論、すなわち「天の能は、人固《もと》より能《あた》わざるなり。人の能は、天もまた能わざる所あり。故に余曰く、天と人とは交《こもご》も相勝つのみ、と」(15)という主張であった。——梅園が劉禹錫の「天論」に接した証拠はないが、彼が禹錫とほぼ同様の見解に至ったことは、唯物論の一般的性格という点から見ても頗る興味深い。梅園によれば、万有の生成（存在の根源性）という観点からすれば自然が人間に優越するが、その中に人間が発生した後には「（人間は）終に有意の神《しん》を以て、以て万物に勝ち、能く万物を使令す(16)」。すなわち人間が意識的存在者として固有の境地を開拓した暁には、人間がその智巧を以て主体者となり、逆に自然はその利用対象の位置に転ずるのである。

同様の関係は自己自身の内部における人間的要因（我の人）と自然的要因（我の天）との間にも成立する。特に梅園は、人間における生得的・非人為的な要因たる「性」を単なる「自然」と見なし、いわゆる「性善説」――「性」を形而上的に解釈し、そこに「仁義礼智」の如き道徳規範の根拠を求める学説（孟子―朱熹の説）――を退ける。「性は自然なる者、習は則ち自然を成す（＝後天的に成就する）なり。故に古人は之（＝善悪）を性において言わず、習において言う(17)」。善悪の如き価値や反価値は生得的な自然とは無縁であり、専ら人為的に習得される結果についてのみ問題となり得るのである。――梅園はさらに続けて指摘する、「若し隠《いん》（＝惻隠〔憐憫〕）は性に出で、忍《にん》（＝冷酷〔「不忍人之心」という場合の「忍」〕）は性に出でず、譲（＝辞譲）は性に出で、奪は性に出でずと曰えば、豈に理ならんや(18)」。生得的要因たる「性」が価値以前の自然に過ぎない以上、そこから惻隠や辞譲の如き「善」のみが発生し、冷酷や強奪の如き「悪」は発生しないと主張するのは如何にも不合理である。しかも惻隠や辞譲は、孟子の議論にあっては、未だ「仁」や「礼」のような道徳の完成態ではなく、その萌芽形態としての反射的な感情と見なされているが、そうであるとすれば、そこには善悪是非いずれへの可能性も未分化に含有されているはずであり、このような未だ選択作用の加わらない即自感情を「善」と評価するわけにはいかない。

では内部における――結局は意識における――人為的要因と自然的要因との関係は如何に把握さ

れればよいのか。――梅園にあっては、人間の意識は、既述の如く、「性（情慾）＝自然」と「心（意智）＝人為」との両面を具えており、この点では聖人も愚人も、君子も小人も異なるところはない。肝心なのはこの両面の優劣、もしくは関係の仕方である。「故に情慾勝てば、則ち小人なり。意智勝てば、則ち君子なり[19]」。かくて畢竟、高次の道徳的達成（仁智・礼儀）、その意味における人間性の実現を保障するのは、内部の人為的要因たる「意智（＝思慮・知弁）」の「択修（選択・洗練）」作用にほかならない。――ここには生得的要因による宿命的決定の観念を峻拒する主知的な人間観・道徳観の面目躍如たるものがある。

*　　*　　*

人間における「意智」の優越、――それは、梅園の文脈においては、知性における「反」の作用の自覚的強化に繋がっている。しかるに「反」の作用とは、己れの視点から一方的に相手を見るのではなく、相手の視点から己れの見方を吟味する働きであるから、客観世界との係わりにおいては己れの主観主義に対する自省と批判を、他の人間との係わりにおいては己れの自己中心主義に対する自省と批判を意味しよう。梅園が自己の道徳観を積極的に打ち出す前提として、先ずは世上跋扈《ばっこ》する自己中心主義を徹底的に排拒する所以である。

梅園の論法に従えば、自然は専ら「公」を以て働き、何れの物事に対しても愛憎の意識を有しないが、人間には「私」の契機が加わるから、愛憎の意識が顕著に働き、常々「己れを私するに塞がれ」ている。かくて、「我の好む所を潔とし、我の厭う所を穢とし、物（＝禽獣）の惨に怒り、人の惨に怨たり。己れの境よりして然るなり[20]」。猛獣の捕食に眼を覆いながら、戦闘や拷問の際の、猛獣を遥かに上回る人間の残虐さに寛大なのは、すべて「己れの境」たる自己中心的視座に固執しているからにほかならない。そこから各自がそれぞれの主観的な偏愛や臆見を「天下に焉《これ》より美なるは莫《な》し」(21)と独断し、「天下の己れに同じからんことを望み、各々其の道を主張し、外に向かう者を攻《せ》む。是《ここ》に於て百家競起して、是非は愈々多く、道は愈々小なり」(22)という事態に陥る。――故に真に公的な道徳の境位を開くには、先ずはかくの如き「私」に閉塞した偏狭の視座から脱中心化することが肝心である。

Ⅵ　個別性と普遍性、承認と寛容、可逆性と黄金律の問題

道徳的な脱中心化は、「同（＝普遍性）」と「不斉（＝個別性）」との双方に開かれるところから始まる。――梅園によれば、「同」と「不斉」とは、元来あらゆる物事に具わる二つの側面であり、或いはむしろ相互に犯すことの出来ない二つの理法である。「天地は、同じき者を同じくし、斉《ひと》しからざる者を斉しくせず。是《ここ》を以てか能く物を成す。譬えば金鉄は利鈍を斉しくせず、而して各々其の才を成し、其の成才に依って乃ち還《ま》た各々の用有るが如し」(23)。すなわち、天地の諸事物は、相互に同じである側面がその同一性を維持し、相互に異なる側面がその差異性を確保することによってのみ、それぞれの存在を成就し、それぞれの特色を発揮することが出来る。人間もまたその埒外に出ない。「蓋し同とは異の偶なり。横目堅鼻《おうもくけんび》は、同じからざる莫し。而して声音容貌《せいおんようぼう》は、異なら

ざる莫きなり。其の同じき者も亦人々之を有す。其の異なる者も亦人々之を有す」[24]。すなわち人間は誰しも万人に差別なき同一性（普遍性）を具えるとともに、相互に他を以て代えられない不譲渡の差異性（個別性）を有する。故に重要なことは、すべての人間に分有されている同一性を無理に差別化せず、各人の具える個別性を無理に同一化しない、ということである。

この点に関し、梅園は聊か意味深長な洞察を加える。――例えば、人間の才能には長短があり、長短それぞれの仕方で己れを成就する。また東隣の娘は太り気味で美しく、西隣の娘は痩せ形で魅力的である。しかるに強いてその長短を均しくし、肥瘦《ひそう》を同じくすれば、如何なる結果になるであろうか。梅園は語気を強めて言う、その場合は「人を戕賊《しょうぞく》し、物を残害す」[25]、と。すなわち、長短・肥瘦などの個別性を強引に除去すれば、確かに或る種の「同一性」に達しようが、そこに達せられる「同一性」は、人間のまさに人間たる所以の「普遍性（＝大同）」ではなく、人間共通の意味充実を奪われた単なる「画一性」に過ぎない。「画一化」は人間性そのものの「戕賊・残害」に繋がる。しかるに他方、「普遍性」を欠落した単なる「個別性」、大衆との共通基盤を失った「独」への耽溺もまた、人間としての頽落の源泉である。「同じく欲する者は善、独り欲する者は悪、同じく思う者は正、独り思う者は邪なり。故に衆の同じき所を修むるは、君子なり。己れの独りする所に荒《すさ》むは、小人なり」[26]。善・正を悪・邪から、君子を小人から区別する所以は、その「個別性」の内奥に「普遍性」を体現しているか否かに懸っている。

以上の論議は現在の我々に送られた遥かなメッセージとも受け取られるであろう。というのは、普遍性を没却した不同性としての差別性と、個別性を喪失した同一性としての画一性――今日の教育状況を見よ！――は、現在我々の抱えている深刻な人間疎外の特徴に繋がっているからである。

＊　＊　＊

右の議論が「相互承認（gegenseitige Anerkennung）」の論理を含んでいることは明らかである。というのは、「相互承認」の成立には、一方では人々に等しく分有される「人間としての普遍性」への、他方では相互に置換され得ない「個性としての個別性」への、いわば二重の了解と評価が要求されるからである。特に梅園は異質的な個性に対する排他的な扱いや平準化への強制を厳しく戒める。「長き者は長きを以て之を成し、短き者は短きを以て之を成す。安んぞ能く己れを執って彼を責めんや。……是の故に、人を陶冶の中に置く者は、之を成すを務めて、而して其の異を咎めず(27)」。

この種の「承認論」が「寛容（Toleranz）論」に深い繋がりをもつことは論理の必然であろう。ここにもまた梅園の倫理思想を彩る特色が遺憾なく発揮されており、本来ならこの点を詳論すべきところであるが、遺憾ながらすでに指定された紙幅も尽きかけているので、ここでは一転して、「承認論」や「寛容論」を支えている思惟操作の方式に眼を向けよう。先ずこの点を彼自身の言葉によって確認すれば、「蓋し天下の態は、彼我用を反す。我を逸（＝安楽）すれば則ち人（＝他者）を労す。我を利すれば則ち人を害す。此取れば則ち彼失す。此美なれば則ち彼醜し。我逸を欲す、故に苛刻興る。我害を悪む、故に利事萌す。此取るを欲す、故に他の失うを慮らず。此醜を羞ず、故に人の美を妬《ねた》む。若し之を思弁せずんば、則ち豈《あに》罔然として好む所に従わざらんや。此を思い彼を慮り、此を知り彼を弁ずれば、彼の好悪は猶お我の好悪のごとし。思弁して事の宜しきを措く。善悪是非の分かるる所以なり(28)」。この文言に示された論理が、遥か紀元前に孔子が「恕」の概念に与えた定義、すなわち「己れの欲せざる所を、人（＝他者）に施すこと勿れ（己之所不欲、勿施于人）」（『論語』

衛霊公）という命法——一種の「黄金律（Golden Rule）」——の梅園流の展開であることは一目瞭然である。

ところで、「黄金律」と言えば、「然れば凡て人に為られんと思ふことは、人にも亦その如くせよ」（『新約聖書』マタイ伝・第七章一二）というイエス・キリストの垂訓、またはそれの否定形の表現として、西欧精神史のなかにも確固とした座席を有しているが、しかし近代の大哲学者の間では概して余り評判はよくなかったようである。例えばカント（I. Kant）はこの命法を「月並みの標語（das triviale）」と貶して「原理（Prinzip）」の位置から退けている。[29] 恐らくは、この命法が「人に為られんこと」を願う自己の欲望を前提としている——カント流に言えば「実質的な」条件を伴っている——限り、無条件に妥当する普遍的な道徳原理の位置には到底上り得ないと考えられたのであろう。しかし現代では——特にピアジェ（J. Piaget）以降——、道徳的な「脱中心化」と係わる「可逆的な（reversible）操作」としての「黄金律」の意義が再認識されていると言ってよい。例えばコールバーグ（L.Kohlberg）の道徳心理学研究では、道徳性の最高段階にある被験者が、道徳的判断の妥当性のテストに当たって、「黄金律」による可逆操作、すなわち「黄金律—役割取得（Golden Rule role taking）」の手法を用い、しかもその際に「人格における人間性（Menschheit）」を「目的自体（Zweck an sich selbst）」として扱うことへのカントの要請、つまりはカント的な「人格の尊厳」則をまさしく「原理」として援用することが確認されている。つまり「黄金律」は実はカントの定言命法とさえ接点を有していたのである。[30]

こうして見れば、梅園の上記の発言が「可逆操作」としての「黄金律」の精度を高めた卓見であることは自ずから明らかであろう。すなわち梅園によれば、――自己の利害と他者の利害とは往々にして対立関係にあり、その際にそれぞれ自己の利害に固執してそれを通そうするところから「苛刻・利事」の暴威が発生する。こうした事態を制御するには、相互に立場を交換し、不利な立場にあるものの要求を考慮した公正な判断を導くことが必要である。とは言っても、自ら自己利害的な主体であるところの自己にこの操作の役割が委ねられるわけではない。この役割に任ずる資格を有するのは、人間（自己）の中の或る側面、――自己をも他者をも等しく対象の位置に置き、双方の立場の交換を操作する自己内部の機能、すなわち「思弁（思慮・知弁）」の機能でなければならない。「思弁」は「我の好悪」と「他の好悪」との客観的な認定に立脚して事柄の適切さ（adequacy）を決定しなければならないから、それ自身は「己れの欲する所」に対する一定の超越を要求されるが、まさにかかる超越によってこそ、梅園流の「反」の作用としての「可逆操作」はその自在性を確保するのである。――「黄金律」のこの展相、そこで露わとなった主知的傾向の道徳観のうちに、「反観合一」の理法に則った新たな倫理学の眺望が開かれることは殆ど疑いを容れないであろう。

【注】

（1）西田幾多郎『善の研究』、一九一一、『西田幾多郎全集』（岩波書店）第一巻、四〇頁。
（2）三浦梅園「多賀墨卿君に答ふるの書」、尾形・島田編『三浦梅園自然哲学論集』、岩波文庫、一二三頁。
（3）以上、同右。
（4）同右、三〇頁。
（5）同右、三三頁。
（6）永田広志『日本哲学思想史』、一九三八、法政大学出版局再版（一九六八）、一七八頁。

（7）三浦梅園、前掲書、三〇頁。
（8）「噫、窺窬之所繇、剏于推己窺不同于己者。夫天者、反人者也。推人窺天、天人混焉。……天人之弁、学者之急務也。……人苟有志于弁事物、須先自此始也」。『玄語』、『梅園全集』（名著刊行会）上巻、七頁。
（9）「天人、雖弗同、而其為気則同。雖為気則同、反意之有無。故天者、無意而為、無作而成。人者、有意而為、作而不成。……以事分之、無意而成、天之事也、有意而作、人之事也」。同右、一九一頁。
（10）「挙我以対天地、所挙之我者、有意也、所対之天地者、無意也。天人之間、意之有無而已。混意之有無、則識皆墜窺窬」。同右、一一頁。
（11）「人造則理先、天造則気先。譬如造舟車。先舟而照舟之理、以之造此、果為載泛之用。先車而照車之理、以之造此、果為転持之用。軽虚、理当載而泛。然為載而泛者、気也。直円、理当転而持。然為転而持者、気也。是所以人造之先理、天造之先気也」。同右、五三頁。
（12）H.Rickert, System der Philosophie I, 1921, Tübingen, S.57. u. S.101 ~ 113.
（13）「能転声音、而万之事物、挙認之於言語、能役手脚、而万之技巧、尽運之於営為、已而造字、而記言語於指頭、製画、而認物象於目中、我有於天地、而我亦有天地」。『玄語』、前掲書、二七七頁。
（14）「我之可如之何者、自我致、則我之天也。非我之所可如之何者、自彼至、則我之天也」。同右、一九一頁。
（15）「天之能、人固不能也。人之能、天亦有所不能也。故余曰、天与人交相勝耳」。劉禹錫「天論」上、瞿蛻園『劉禹錫箋證』上、上海戸籍出版社、一三九頁。
（16）「終以有意之神、以勝万物、能使令万物」。『玄語』、前掲書、五九頁。
（17）「性者自然者、習者成自然。故古人不言之於性、而言於習」。『贅語』、前掲書、五九〇頁。
（18）「若曰隠出于性、忍不出于性、譲出于性、奪不出于性、豈理哉」。同右。
（19）「故情慾勝、則小人也。意智勝、則君子也」。同右。
（20）「潔我所好、穢我所厭、怒于物之惨、恕于人之惨。自己之境而然也」。『玄語』、同右、二二四頁。
（21）「天下莫美焉」。『贅語』、同右、五九二頁。
（22）「望天下之同于己、各主張其道、攻向于外者。於是百家競起、是非愈多、道愈小矣」。同右。
（23）「故天地者、同同者、不斉不斉者。以是乎能成物、譬如金鉄不斉利鈍、而各能成其才、依其成才、乃還有各各之用」。『玄語』、前掲書、二一四頁。

(24)「蓋同者、異之偶也。横目竪鼻、莫不同焉、而声音容貌、莫不異也。其同者、亦人人有之、其異者、亦人人有之」。同右、二一五頁。

(25)同右、二一四頁。

(26)「同欲者善、独欲者、悪、同思者正、独思者邪。故修衆之所同、君子也。荒己之所独、小人也」。同右、２１１頁。

(27)「長者、以長成之、短者、以短成之、安能執己責彼。……是故置人於陶冶中者、務成之、而不咎其異」。同右、２１４頁。

(28)「蓋天下之態、彼我反用。逸我則労人。利我則害人。此取則彼失。此美則彼醜。我欲逸、故苛刻興。我悪害、故利事萌。此欲取、故不慮他之失。此羞醜、故妒人之美。若弗之思弁、則豈不罔然従所好哉。思此慮彼、知此弁彼、他之好悪、猶我之好悪。思弁措于事之宜、善悪是非之所以分也」。『贅語』、前掲書、五八五頁。

(29) I. Kant, Grundlegung zur Metaphysik der Sitten, 1785. A.430.

(30) L. Kohlberg, Essays on Moral Development, Vol. Ⅰ., 1981, New York, pp.160 ~ 163. a. p.198.

江戸期における近・現代唯物論哲学への序奏

前言

日本科学者会議・文化思想委員会では日本の「近代化」の問題をテーマとして研究が進められてきたが、遅れて同会の活動に参加した筆者が主題的に取り組んだのは、歴史学の対象としての「近代化」一般の問題ではなく、そのなかの精神史に係わる部分、特に明治以後の近・現代哲学を準備した「近世（江戸期）」の哲学思想への、「近代化」という視座からの再吟味という課題であった。本稿はその一端の報告である。

但し本稿では、江戸期における哲学思想――朱子学派・陽明学派・古学派・独立学派・国学派・洋学派などの学説を含む哲学思想――の豊富多彩な展開のうち、特に唯物論系列の哲学思想、すなわち明治期における日本近代化の「良心」ともいうべき中江《なかえ》兆民《ちょうみん》（一八四七〜一九〇一）のいわゆる「ナカエニズム」に何らかの意味において「血の繋がり」（永田広志）を有する哲学思想に主題を限定した。主要には単なる紙幅の都合によるものであるが、同時に「ブルジョア唯物論」や「スターリン主義唯物論」などの「粗野な一元論」からの唯物論そのものの脱却、日本や中国の哲学遺産との媒介による唯物論そのものの醇化と再生という筆者年来の哲学的課題に制約された結果でもある。

I　哲学における「近世」と「近代」の断絶と連続

「わが日本において哲学なし、と云った中江兆民の言葉は有名であるが、日本の過去において哲学思想の展開が一般的に侏儒的なものであったことは疑われない(1)」とは、日本における真実に学問的な日本哲学史研究の嚆矢ともいうべき永田広志《ながたひろし》の『日本哲学思想史』の劈頭の一句である。「侏儒的なもの」という衝撃的な評価語を別とすれば、全体としてそれほど奇異な文言ではないが、文中の「中江兆民の言葉」には聊か怪訝の念を抱く者も少なくないであろう。というのは、兆民は、永田の引用した箇所のほかは、一般に「フィロゾフィー」の訳語として「理学」の語を充てているからである。これは、西周《にしあまね》（一八二九～一八九七）の創案した「哲学」の訳語が一般に通用しつつあったその時分には、むしろ例外的な趣向であったと言えよう。試みに明治期の代表的な哲学書、すなわち例えば、西周『生性発蘊』（一八七三）、『百一新論』（一八七七）、井上哲次郎他『哲学字彙』（一八八一）、中江兆民『理学鉤玄』（一八八六）、『続一年有半』（一九〇一）、井上円了『哲学要領』（一八八七）、三宅雪嶺『哲学涓滴』（一八八九）、桑木厳翼《ごんよく》『哲学概論』（一九〇一）、等々のなかで、「理学」の名称を使用しているのはひとり中江兆民のみである。――これは一見頑迷な固執を窺わせるが、しかし私見によれば決してそうではなく、ここには近代の黎明に臨む兆民の知的境位の性格――過去からの「断絶」と「連続」との二重性――が示唆されていると思われる。

兆民の課題意識の象面に立つのが「哲学なき」封建的過去との断絶、新たな時代に相応しい哲学の創出であることは言うまでもない。「哲学」の名称を使用した彼自身の文言によれば、「我日本古より今に至る迄哲学無し。……抑《そもそ》も国に哲学無き、恰も床の間に懸物無きが如く、其国の品位を劣《れっ》にするは免る可からず、……哲学無き人民は、何事を為すも深遠の意無くして、浅薄を免れず[2]」。ここでは「其国の品位」の獲得としての哲学の未来はそれまでの知的状況との決別の彼岸にのみ眺望されている。

では何故一般の趨勢に抗して「理学」の名に拘泥し続けたのか。兆民曰く、「『フィロゾフィー』ハ希臘《ギリシア》言ニシテ世或ハ訳シテ哲学ト為ス、固ヨリ不可ナルナシ、余ハ則チ易経《えききょう》窮理ノ語ニ拠リ更ニ訳シテ理学ト為スモ意ハ則チ相同ジ[3]」と。――兆民自ら証言する通り、『易経』における「窮理」の語に依拠して「理学」の訳語を定めたという事実は、やはりここに典拠を求めつつ、文字通り「理学」の名のもとに、宗教その他の思惟形象から独立した、理論的なカテゴリー組織としての学問――まさしく今日的語義における「哲学」――を開始した宋学（朱子学）、さらには朱子学に対しては反旗を翻したものの、カテゴリー組織に基づく思惟の仕方そのものはそこから継承した古学派その他の学説の展開を、何らかの程度において意識し評価していたことを意味するに違いない。つまり近代の新しい知性を展望し、「哲学なき」過去との「断絶」を決断した意識の底には、むしろ固陋な保守主義者以上に近世的思惟の良質の部分との「連続」が命脈を維持していたと思われる。そしてそのことが兆民の「唯物論」に、「功利主義」と連携した福沢諭吉《ふくざわゆきち》の「自生的唯物論」（永田広志の評語[4]）や、「一元論」「自然主義」「因果律的必然論」「功利主義」「競争主義」、果ては「国家主義」と結託した加藤弘之《かとうゆきひろ》の粗笨な「唯物論」[5]とはまったく別途の、遥かに将来哲学を翹望《きょうぼう》する清新な性格を添えた一因にほかならぬと推測される。

Ⅱ　発見術的な（heuristisch）視点としての「自然」と「作為」

では兆民を端緒とする近代唯物論を準備した近世唯物論とは、いかなる性格の学説であったのか。それは本当に永田広志の指摘するような「侏儒的なもの」に過ぎなかったのか。

この問いに応える吟味の際に依然として有効であると思われるのは、かつて丸山真男《まるやままさお》の提起した「自然」の論理と「作為」の論理という対抗軸、──それとの関係づけによって対象の諸特性を索出し得るような、いわば「発見術的な（heuristisch）」視点としての「理念型（Idealtypus）」の設定である。ここで「自然」の論理とは、「自然」と「規範」との「連続性」というオプティミズムに立脚して人間や社会の事象を解釈する「思惟様式」を指し、「作為」の論理とは、このような「連続性」の解体──オプティミズムの崩壊──を前提とし、人間や社会の事象を専ら人間──これがいかなる「人間」であるかがまさしく問題なのだが──の「作為」の結果として解釈する「思惟様式」を指す[6]。──丸山がかくして、江戸の初期から中期に至る思想史の流れを「自然」の論理の典型たる「朱子学的思惟様式」から「作為」の論理の典型たる「徂徠学的思惟様式」への推移として把握したことは周知の通りである。

　このような丸山の見解が多方面からの注目を集めたことは言うまでもないが、しかし一部に強い反発を招いていることも確かである。例えば、田原嗣郎《たはらつぐお》は、江戸初期における「朱子学的思惟様式」なるものの実在という丸山学説の前提そのものに疑問を呈し、(7)また子安宣邦《こやすのぶくに》は、丸山のいわゆる「作為の論理」が「自然権を有する個人が社会契約にもとづいて社会秩序を作為する論理」ではなく、「絶対君主のごとき支配者の作為の論理」にほかならぬと指摘する。(8)田原の成就した「古学派」の類型学、子安の描いた魅力的な荻生徂徠像に鑑みれば、彼らの丸山批判にはそれなりの理由があると思われるが、今回はこれらの点に深入りする遑はない。ただ一言私見を付したいのは、田原や子安の論議にいかなる正当性があろうとも、それは丸山の立てた「自然」の論理と「作為」の論理との対置いう索出視点そのものの意義を葬り去る理由とはなり得ない、ということである。

　丸山の見解に問題があるとすれば、それはむしろ彼がこうした理念型を、それらの根底に予想される「哲学的世界観」の性格から切り離し、専ら「思惟様式」の特性として定立した点にあるといえよう。つまりここでは「自然」とか「作為」とかいった「思惟様式」の問題が、その根底に控えているはずの「主体」と「客体」との関係という一層普遍的な「世界観的」問題の捨象の上に措定されており、それ故に「自然」の論理として析出された朱子学の特徴——道学的合理主義・リゴリズムを内包せる自然主義・連続的思惟・静的＝観照的傾向(9)——の如きも、「理気二元論」に基づく「客観的観念論」の徴表としては把握されず、そこからまた、「自然」の論理の対極に立つ「作為」の論理に関しても、一般的な「主体―客体」の視点――「作為主体」の性格を問う視点――とは無関係に、専ら「自然」の論理の払拭、そこからの純化という視点からのみ処理され、かくて「聖人（＝先王）」を「絶対的作為者」とする徂徠学を「作為」の論理の頂点に据える如き、ある意味では著しく的外れの結論を導いたのである。

かくて、「自然」から「作為」へ、というのが、近世儒学の変遷を把握する丸山の図式であることは前述の通りであるが、かかる図式のもとでは、徂徠学よりも遥かに深い根底を有し、かつ哲学的には一層重要な意義をもつと思われる伊藤仁斎の学説の如きも、単に朱子学の崩壊から徂徠学の成立に至る推移の一齣、しかも「古学派」としては先駆する山鹿素行の学説にさえ優位を譲る一齣に貶しめられる。このままでは或る種の「政治思想史」は描けたとしても、正当な意味における「哲学史」を成立させることは不可能であろう。私見によれば、丸山の立てた「自然」と「作為」との対置は頗る秀逸な着想には違いないが、それが真に「発見術的な（heuristisch）」効力を発揮し得るのは、単なる「思惟様式」に自己を限定せず、それの一層の根底たる「主体―客体」関係としての「世界観」の論理と結びつく限りにおいてである。

Ⅲ 「自然―作為」の視点から索出された近世唯物論の性格

朱子学の根本性格を「自然」の論理（一種の「自然主義」）に見出したことは、「自然－作為」範式が有効性を発揮した最初の一歩であった。ところで、朱子学と言えば、万有を「形而上の理（事物の意味・秩序を決定する観念的・イデア的原理）」と「形而下の気（事物の形象の材料となる物質的・質料的原理）」との、前者の優位のもとにおける結合として把握する学説であるから、哲学上の分類で言えば「客観的観念論」の系列に属することは言うまでもなかろう。ということは、「自然－作為」範式の視点からすれば、「客観的観念論」なる哲学には一般に「自然」の論理（自然主義）なる特徴が帰されるということを意味する。とすれば、他方の論理、すなわち「作為」の論理（人為主義）を支担するのは、「客観的観念論」とは別系列の哲学、つまりは「主体―客体」関係の論理を正当に踏まえた哲学――恐らくは本稿の主題である「唯物論」の哲学もここに位置づけられるであろう――ということになる。これは諸哲学の性格づけに関する旧来の観点の転換を意味するに違いない。――そしてまさしくこの点に「自然－作為」範式の本質的な有効性が認められるのである。

以下、伊藤仁斎（一六二七～一七〇五）、二宮尊徳（一七八七～一八五六）の二人の見解に即して「作為」の論理の顕れ方を見ていこう。

【伊藤仁斎】　朱子学における「理」の形而上学を、経験的な証拠もない「虚見」の開示、つまりは「空言を以て空理を説く」虚偽の学問として退けた仁斎、――その仁斎に残されたのは、宇宙に充溢し、その自己原因的な運動によって万物を生成する質料としての「気」のみであった。すなわち曰く、「蓋し天地の間は一元気のみ」[10]。ここでは人間もまた、自然存在としては、かかる「天道」のなかの一存在、すなわち「一大活物」たる自然界のなかの「一活物」に過ぎない。――これは日本における「哲学的唯物論」の最初の宣言であった。

しかし仁斎の「唯物論」の特徴は――多数の論者の誤認とは異なり――こうした「一元気」説、すなわち客観的実在の承認にのみ尽きるのではない。仁斎にあっては、物質的な「自然」としての「天道」の措定は、直ちに「自然」の権威から解放された人間界固有の道理としての「人道」の措定に連絡する。「其の陰陽を以て人の道と為《な》す可からざること、猶《な》お仁義を以て天の道と為す可からざるがごときなり。倘《も》し此の道の字を以て来歴根原と為すときは、則ち是れ陰陽を以て人の道と為《す》るなり。凡そ聖人の所謂道とは、皆な人道を以て之を言う」(11)。仁義の如き道徳観念を以て自然を解釈してはならぬと同様、仁義を主題とする人間界の営為を自然（物質的自然）に還元してはならない。ここに没価値的な「客体」としての自然と価値充実的な「主体」としての人間との相関定立という仁斎学の趣旨は明瞭であり、まさしくこの「異定立（Heterothesis）」の提唱にこそ仁斎の「唯物論」の眼目があったのである。この文脈において、「作為」は「客体」たる自然に対して自立しつつ関係を結ぶ存在（＝主体）としての人間の「作為」として――超人間的な「絶対君主」たる「聖人」の作為としてではなく――正常に把握される。

【二宮尊徳】伊藤仁斎はよく知られているように、家系に高級文化人を擁する京都の「町衆」を背景とした思想家であるが、「仕法」と称される農村復興と農民救済の実践家として著名な二宮尊徳もまた、社会的背景は異なるにせよ、「主体―客体」の観点から見た「作為」――「天道」と区別された「人道」――の思想を掲げた点において、遥か仁斎の系列に繋がる思想家と言えよう。もとよりその「報徳論」をそのまま唯物論的と評するには異論もあろうが、しかし彼が宇宙の根源を「一元」と解し、「人道」から独立した「客体」、つまりは無意図的に「循環輪転」する自然の確固たる実在性を承認している限り[12]、そこに唯物論の第一条件の充足を認定するにはさしたる障壁は存しないであろう。

尊徳によれば[13]、――発生的順序という点でも、自然は人間に優先する。「万国共開闢《かいびゃく》の初に、人類ある事無し、幾千歳の後初て人あり」。しかるにひとたびこの世界に成立した人類は、自然界の理法たる「天道」とは異なる人間界独自の理法、すなわち「人道」に従って生活を営む。換言すれば、人間は、「欲する物を見れば、直に取りて喰《くら》ふ、取れる丈《だけ》の物をば憚らず取《とり》て、譲ると云う事を知らざる」禽獣や草木、つまりは欲望の対象と直接的に関係し、いわばそれ自身が「天道」の支配下にある禽獣や草木とは異なり、「米を欲すれば田を作りて取り、豆腐を欲すれば銭を遣りて取る、禽獣の直に取るとは異なる」生活活動の仕方、つまりは「天道」の支配を脱し、自らの主体的な「作為」を介して間接的に対象と関係を結ぶ新たな理法、すなわちまさしくここに「人道」として揚挙される生活活動の仕方を獲得する。「人道は自然にあらず、作為の物なる故に、人倫用弁する所の物品は、作りたる物にあらざるなし、故に、人道は作る事を勤《つとむ》るを善とし、破るを悪とす、百事自然に任《まか》すれば皆廃《すた》る、是を廃れぬ様に勤るを人道とす」。「天道は自然なり、人道は天道に随ふといへ共《ども》、又人為なり、人道を尽して天道に任すべし、人為を怱《ゆるが》せにして、天道を恨る事勿れ」。――これらの言表において、尊徳もまた、「天道」と「人道」、「自然」と「作為」との、伊藤仁斎のそれと軌を一にする「異定立（Heterothesis）」の見地に到達していることは明らかである。そしてここに定立された「作為」概念が、丸山真男によって荻生徂徠の学説に認定されたそれとは截然別途の概念であることは、改めて贅言を俟つまでもなかろう。――同時にまた、我々はここにおいて、近世唯物論を貫流する基調が「粗野な一元論」に立脚した旧来の唯物論解釈に対する痛切な異議申し立てとなっていることを確認し得るに違いない。

〔附言〕 哲学的世界観と結合した「自然－作為」論理の江戸期における展開については、なお「意の有無」によって「天人の間」に切り込んだ三浦梅園や、仁斎・梅園・尊徳とは逆に「作為（＝法世）」の欺瞞を摘発しつつ「自然（＝自然世）」への回帰を謳った安藤昌益の学説の吟味が不可欠であるが、紙幅の都合上この論稿に組み入れることは出来なかった。この二人の大哲については、本書所収の別稿「三浦梅園再考」および「安藤昌益の平和思想」を参照して頂きたい。

Ⅳ　中江兆民における自由論の推移

では、近世唯物論における上記のような基調が、中江兆民の哲学に代表される近代的思惟に如何なる形で伝承されたのか。――すでに余白も乏しくなったので、ここでは彼の「自由論」に限ってこの点を吟味しよう。

兆民がその初期において「心思の自由（リベルテーモラル）」の鮮明な旗幟を掲げながら、後期において――唯物論的観点の確立とともに――「意思の自由」を軽視する見解に至ったことは汎く知られている。これは表面的に見れば、「形而上学的、観念論的な観念」（永田広志）としての「心思の自由」から機械唯物論的な「決定論」への転換と受け取られるかも知れない。しかし決してそうでないことは、ここで退けられているのが、恣意的な「自由」でこそあれ、「心思の自由（リベルテーモラル）」の概念に含意される民主的な趣向そのものではないこと、また恣意の自由に対置される「決定」の意味が、「ブリダンの驢馬」（スピノザ）の状況を支配するような機械的因果性ないしは「存在の必然性」ではないこと、などによっても証されるであろう。

この点について、『理学鉤玄』では、行為の決定はすべて「欲ス可キ」を知り、その趣旨に牽引されてのみ行われるとした上で、「決断トハ智慧ノ指導ニ資リテ一趣旨ニ従フト云フ爾《のみ》、心ノ自由トハ一趣旨ニ従フニ於テ身外ノ妨害ヲ受クルコト無シト云フ爾[14]」と説明され、また『続一年有半』では、行為には必ずその「理由即ち目的物」があり、通常の決断はそれに制約される限りにおいてのみ行われるから、複数の選択肢に臨んでも「自由自在に其一を択びて、少しも之が制を受けない」とする「意思の自由」論は頗る根拠薄弱の見解であると断定される。また道徳に係わる善悪二つの目的に直面して、或る者は善を、他の者は悪を選択決定するのも、それは平生の「良習慣」または「悪習慣」によって形成された性格のなせる業で、もしここに「果《はた》して意思の自由有りとすれば、其は何事を為すにも自由なりと言ふのでは無く、平生習ひ来たつたものに決するの自由が有ると云ふに過ぎないので有る[15]」。

兆民におけるこれらの自由意思否定論について留意すべきは、第一に、行為を決定する「理由」とは言っても、それは通常の「決定論」において意味されるような、因果関係における「原因」としての「理由」ではなく、飽くまで「目的」としての「理由」、すなわち主体における目的意識的な「作為」を前提にしなければ意味をなさない「理由」であること、また第二に、「善き目的」への選好が選好者の予め具備せる「善き性格」に依存する限り、そこに因果的必然性が成立していることは間違いないとしても、原因となる「善き性格」そのものは生得的でも先験的でもなく、「善に非ざれば為さんと欲するも為すに忍びざる迄に、良習慣を作り来つて居る」ところの、平生の修養の結果、すなわち主体的な「作為」による後天的な形成の結果に過ぎないということである。つまり兆民において「意思の自由」に対置されているのは、宿命論の性格を帯びた「存在必然性」ではなく、客観的妥当性としての——その意味で「恣意的な自由」を排除した——「価値必然性」にほかならないのである。

以上によって確認されるのは、兆民が客観方面において唯物論を徹底することにより、かえって主体方面において「異定立的に（heterothetisch）」価値論的な地平を開いたこと、むしろこの「異定立性」そのものが彼の唯物論の性格であること、そしてこの点においてそれがまさしく江戸期唯物論における「天道－人道」分離論に気脈を通じているということである。——ここから導かれる結論は、近世－近代の「断絶」の底に「連続」を探り当て、全体としての思惟の「系統発生」を把握しつつ、それを以て哲学の今日的創造を媒介することこそ、この時代に関する哲学史的研究の使命にほかならぬ、ということである。

【補足】

以上の本文は、初出掲載誌の紙幅制限のため、論理展開が甚だ寸詰まりであっただけでなく、同一分野の先行研究を吟味しつつ考察をすすめるという尋常の手続きを踏む遑がなかった。故に、こここにそれらの先行研究者への非礼を詫びるとともに、別の機会に執筆した二冊の重要著作への論評、すなわち近世に関しては岩崎允胤著『近世日本思想史序説』、近代に関しては吉田傑俊著『福沢諭吉と中江兆民――〈近代化〉と〈民主化〉の思想』への論評の再録を以て本稿の欠点への補足に代えたいと思う。

〔補足①〕

岩崎允胤著『近世日本思想史序説』への論評[16]

評者の担当[17]である岩崎允胤《いわさきちかつぐ》『近世日本思想史序説』について語る前に、先ず『序説』の名のもとに刊行された、古代から明治前期に至る岩崎氏の日本思想史研究全体についての感想を述べたい。第一に強調したいのは、それが久しく待望された壮大な思想通史であるという点である。

一般に思想史研究には次の三つの領分があると思われる。すなわち、――

①個別的研究。――古典として重要な個々の思想についての、テキスト・クリティーク、字義・文意の考証、個体発生的な成立事情の闡明、思想内容の意味解釈、他の思想との比較考察など、それの正確な把握に従事する研究。

②断代史的研究。――劉知幾の『史通』に倣って仮にこう呼んでおくが、ここでは勿論王朝には係わりなく、一般に時間的範囲を限定し、それ特有の時代的背景のもとに、そこに成立した諸思想の特色、それら相互の連携と抗争、歴史に果たした意義と役割、後世への積極的または消極的影響などを解明する研究。

③ **通史的研究。**――揺籃期から一定の成熟期に至る思想の系統発生を、歴史性と論理性、つまり各段階の各々の思想の複雑な曲折と全体としての人間的思惟の合法則的な発展という視点から追跡し、過去の足跡を現代の創造に媒介する研究。

日本における日本思想史学の現況においては、①および②の領分は多くの蓄積を有するが、③の領分での業績は極めて乏しく、寡聞の及ぶ限り、纏まった著作としては、津田左右吉の『文学に現はれたる我が国民思想の研究』と和辻哲郎の『日本倫理思想史』を数えるのみである。但し津田の著作は、文学に関する卓抜な洞察は見られるものの、「シナ思想」への蔑視という偏見と哲学的知見の貧弱さに災いされて、思想史上特に重要な近世の「知識生活」の部分、わけても漢文で記された思想書については殆ど内容的考察を行っていないし、また和辻の著作は、彼自身の特異な倫理観や風土観に呪縛されて、各思想の解釈や評価に無視できない歪曲が見られるだけでなく、安藤昌益、三浦梅園、山片蟠桃などの重要思想家を故意に除外し、また伊藤仁斎についても、古典学者としての業績を称賛するのみで、井上哲次郎でさえ着目せざるを得なかったその唯物論的側面にはまったく触れていない。つまり両大著とも今日の思想創造を媒介するに足る思想通史としての役割を期待するには極めて不充分と言わなければならない。――通史的研究の以上のような不振は、やはり**通史意識**の欠乏に由来すると推測される。

一般に思想や哲学は、現代的課題に応じた創造と過去の遺産への歴史的研究との密接な連携のもとでのみ営まれる。その際、現代的創造を媒介するものとして特に重要なのは、何と言っても通史的な知見でなければならないであろう。というのは、ヘーゲル（G.W.F.Hegel）も指摘するように、意識が自己の主張の真理を如何に確信していようと、そこに至る歴史的道程（思惟の遍歴）を忘却していたのでは、その主張は単なる意見の断言に過ぎず、概念的に把握された思想とはなり得ないからである（『精神現象学』理性の確信と真理）。同時に思想史研究の側もまた、思惟系列の先端にある現代的諸課題についての自覚を欠落する限り、狭隘な専門主義や好事的な骨董趣味、乃至はヘーゲルの所謂「阿呆の画廊」（『哲学史』序論）に堕しかねず、思想の現代的創造に対して発言し、その概念的把握を媒介する資格を担い得ないであろう。

岩崎氏のこの度の思想史は、『序論』という謙譲な題名が付せられているにも拘わらず、このような思想史的営為の喫緊の要求に応ずる画期的な貢献と考えられる。

＊　　＊　　＊

岩崎氏の『序説』を貫通する特色は、史的唯物論の基本的観点を踏まえ、全体としては思想史の合法則的発展を鳥瞰しつつ、個々の思想に関しては、決して公式的に裁断せず――その意味では禁欲的態度を堅持し――、それぞれの個性的な特徴と複雑な曲折を丁寧に追跡し、その客観的な歴史的意味と今日的な継承価値とを探ろうとする点にある。

話題を近世思想史に限定すれば、この分野のいわば断代史的研究としては、永田広志『日本哲学思想史』（一九三八）、丸山真男『日本政治思想史研究』（一九五二）を始め、少なからぬ業績があることは周知の通りである。そのなかで昨今際立つのは、「自然から作為への推移」を基軸とした丸山思想史学を何らかの仕方で超克しようとする傾向であるが、本報告ではそれらについて閲説する遑はない。史的唯物論という観点から岩崎氏の研究と対質する興味を唆かすのは、なお依然として永田広志の業績である。

永田の『日本哲学思想史』は、当時における「日本精神主義」の虚妄に抗しつつ、冷静かつ客観的に叙述された最初の日本近世思想史研究としてすでに古典的位置を占めているが、しかし研究に当たって彼自身の立てた前提、すなわち日本の思想史・哲学史を殊更に「俳儒的」と見なし、それについての研究を「過去の遺産の摂取」という見地からは「価値少なきもの」と見なす前提、更には生産力や自然認識の発展水準が人間としての思想の質をストレートに規定するかのような、一種の「生産力史観」とも言うべき彼自身の観点に制約され、書物全体が「歴史書」としての確かな構成を有する反面、そこに登場する諸思想は、例えば、伊藤仁斎の学説を「(全体としては)道徳的形而上学」と断定したり、三浦梅園の弁証法を「前科学的・直感的弁証法」として片づけたりする例に見られる如く、それらの具える内実よりも遥かに貧弱に、それこそ「俳儒的に」解釈されている。つまりは各思想をわざわざ継承価値の乏しいものに仕立て直した上で俎上に乗せていると言われても致し方ないであろう。

これに対して、岩崎氏は、幕藩体制を「構成体」の見地から把握し、そこに登場する諸思想を、その時代における階級関係に制約された人々の生活実践の多様に屈折した反映として、それぞれの客観的性格を見定めつつ——その限りでは永田と同様の志向を有しつつ——、同時に思想史という文脈の相対的自立性を考慮し、それぞれの思想の得失を一層内在的に追究する立場を採用していると思われる。しかるにもしそうであるとすれば、各思想の重要な要素と瑣末的な要素、考察に値する要素と然らざる要素とを、それとの関係づけによって甄別し得るような、何らかの「発見術的精神とヒューマニズムという二本の柱である。

科学』)。岩崎氏の場合、かかる視点として確固として据えられているのは、私見によれば、科学的の所謂「価値視点」の如き主観的・恣意的なものであってはならないであろう(『文化科学と自然区別については、戸坂潤『科学論』参照)。もとよりかかる発見術的視点は、リッケルト(H.Rickert)(heuristisch)」な視点の設定が研究操作上不可欠となる(なお、研究上の「方法」と「操作」との

このうち、科学的精神と言えば、先入観や偏見を退ける方法的懐疑(例えば三浦梅園の場合)、飽くまで事実に即して探究する実証精神、非合理の迷妄に対抗して自然・人事への理性的対処を追求する合理精神、などの指標が挙げられるであろう。またヒューマニズムと言えば、岩崎氏が年来掲げてきた「人間とその生の尊厳」という標語が何よりの指標とならなければならない。この標語には「大切にしなければならないのは、たんに生きることではなく、よく生きることである」(岩崎允胤著『ギリシア・ポリス社会の哲学』参照)という趣旨が託されているから、ヒューマニズムとは言っても、単に「人道主義的な(humanitarianistisch)」側面のみならず、同時に「人文主義な(humanistisch)」側面が含蓄されているのは極めて当然である。『序説』全体に亙って美学的・芸術論的・文芸論的主題が豊富に扱われているのは、この指標と無関係ではないと思われる。

＊　　＊　　＊

以下、岩崎氏の論述を基に、日本近世思想の大まかな見取図を把握しておこう。この書物では、江戸初期におけるキリスト教をめぐる思想動向に始まり、朱子学、古学、前期水戸学、前期国学、元禄の文芸、古文辞学、盛期国学、唯物論思想、蘭学、後期水戸学、幕末の洋学に至るまでの主要

な学派および思潮が、ほぼその成立の順序に従って配列されており、なお補論として近世絵画および円空仏に論究されているが、ここでは便宜上、先述した科学的精神およびヒューマニズムの指標からそれらを再構成し、各々の思想の特質――それぞれの積極面と消極面――に吟味を加えていくことにしたい。

先ず科学的精神という指標に照らした場合、その対極に展開されるのは、中国宋学の萎縮した再生産とも言うべき林羅山《はやしらざん》の「理」の形而上学、実証主義の反面として顕在化した荻生徂徠《おぎゅうそらい》の不可知論および神秘主義、後期国学の古道論における荒唐無稽な神学的コスモロジー、後期水戸学における「八紘一宇」の狂信的な国体論など、顕著な観念論的・非合理主義的性格を伴った学説である。そしてこれらの学説は、羅山における自然法的な「上下の差別」観、徂徠における「聖人の作為」としての「礼楽刑政」観などの封建体制擁護論と直結しており、さらに古道論や国体論に至っては明治以後の右翼的潮流にまで悪しき影響を及ぼしている。

幕藩体制のイデオロギーとしての地歩を固めた林羅山流の朱子学的観念論に対して、哲学的唯物論への接近という方向線において最初の反旗を翻したのは、貝原益軒《かいばらえきけん》および伊藤仁斎《いとうじんさい》であった。益軒はもと木下順庵《きのしたじゅんあん》と交流の深い朱子学者であったが、本草学や地誌学など実証的な学問に従事した経験から次第に朱子学そのもの、特にその「無極・太極」論、「理・気」二元論などの形而上学説に疑問を抱くようになり、遂には「理・気」不可分論、結局は唯物論的な「気」一元論に到達する。岩崎氏は「無（無極＝太極）」からの万有の発生を主張する朱子学説を批判した益軒の発言に注目し、ここに「何も無からは発生しない」という唯物論哲学の基本命題の一つの成立を確認している。

唯物論という見地では、「蓋し天地の間は一元気のみ」と喝破した古学派の闘将・伊藤仁斎の立場は一層徹底していたと言ってよい。彼はこうした唯物論的一元論の立場から、同時に開闢論的世界観を否定して宇宙の時間的・空間的無限性を主張、また朱子学的な静態的世界解釈を退け、世界を「一元気」の不断の運動状態において動態的に把握する「一大活物」説を提唱、さらに事物の運動と生成の原動力として「一と両」「流行と対待」の弁証法を打ち出した。なお仁斎の唯物論が一般的世界観としてのみならず、彼独自の倫理学の前提として掲げられたことも重視されなければならない。――仁斎は従来直観型・情意型の思想家と見なされがちであったが、岩崎氏は逆に「事柄の本質を直観的に洞察する思想家というよりか、重厚篤実に探求の道を歩む思想家ではなかろうか」と評している。蓋し妥当な判定と言うべきであろう。

仁斎の後を承けた唯物論および弁証法の一層発展した形態、すなわち安藤昌益、三浦梅園、山片蟠桃の学説については、第三章において、一括して、詳細に論究されている。ともに「気」一元論に立脚していることは言うまでもないが、昌益における「二別」思考（＝二価値論理）の打破と「互性活真」の理法の提唱、梅園における方法的懐疑（「泥み」を排した「何故」への探究）、「一有二、二開一」の存在論と「反観合一」の認識論（もしくは方法論）の展開などは、仁斎に萌芽した弁証法的思惟を概念化の方向に大きく前進させたものであるし、また蟠桃における「格物窮理」の科学的解釈、「実試・実測」の尊重、地動説を始めとする天文・地理説、「無鬼論」に見られるあらゆる迷信の打破、等々の見解の如きは、当時におれる合理的精神の最大の発揮と見られるであろう。これらの思想についての、折々にヨーロッパ思想との比較を交えた岩崎氏の叙述は、本書全体のなかでも特に圧巻と思われる。

科学的世界観という点では、洋学の果たした役割を無視することは出来ない。特に杉田玄白や司馬江漢らは、西欧の科学技術の受容という観点からだけでなく、日本の近世思想の一局面を代表するという点からも重要である。ここでは洋画の導入者としても有名な司馬江漢の思想を一瞥しよう。江漢は神秘的・形而上学的な「空」の観念を否定、これを「気」の充満態として捉え、その「無始無終」「常住不滅（＝物質の恒存性）」を主張する。江漢の物質観は火と水を造物者とする素朴な表象を脱してはいないが、しかしその無限観のもとに無数の恒星系の存在を認める壮大な宇宙像を提示した。岩崎氏はここにジョルダノ・ブルーノ（Giordano Bruno）の自然観との血縁を認め、哲学的世界観にとってのそれの意義を強調している。

＊　＊　＊

次にヒューマニズムの指標から、岩崎氏の視線に沿いつつ、近世の諸思想を吟味しよう。――科学的精神とヒューマニズムとは、特に実証主義の見地からは、屢々無関係なものとして取り扱われる。確かに両者は常に直接無媒介に結合したもの、即自的に不離一体のものとして現れるわけではない。その自然観の上で、当時としては最大の合理精神を発揮した山片蟠桃《やまがたばんとう》が、社会観・倫理観の上では封建的な差別観を露呈し、また残忍殺伐な重刑思想を唱えた如きは、その顕著な一例であろう。しかし大局的に見れば、しかも「人間としての思想」を資格づける思想の真実性という観点からすれば、両者が相互に深く呼応し媒介し合っていることは疑いを容れない。ヒューマニズムを帰結しない真実の科学的精神はあり得ないし、科学的精神の裏づけを欠如した真実のヒューマニズムも成立し得ない。

例えば、その懐疑精神を介して唯物論に接近した貝原益軒は、「仁」に関して「天地の中に万物あり、万物の内、人ばかりたふとき物なし」として人間の尊厳を謳った上で、「人と生まるゝは、きはめてかたき事なれば、わくらはに得がたき人の身を得たる事を楽しみて、忘るべからず」という深邃な言葉を語り、「人と生まれたるかひ」の実現を訴えている。――因みに言えば、一個の思想家のあまたの発言のなかから、益軒のこの句に見られるような珠玉の思考を探り当て、そこに集中的な照明を当てるところに、具眼者としての岩崎氏の手腕がある。具眼は一つの方法である。そしてその先には、「人間とその生の尊厳」という岩崎氏自身のイデーが控えている。

当該の主題に関して、他の例を見よう。宇宙論において唯物論の立場を鮮明にした伊藤仁斎は、その道徳観において、「仁」を「愛の理」――人情の発露としての「愛」そのものではなく、「愛」の在りようを「然る所以の理（存在根拠）」および「当《まさ》に然るべき所の則（当為規範）」として先験的に規定する理法――と定義する朱子学派のリゴリスティックな規範主義を拒斥し、これを「寛裕温柔の気象」を体現した「心」の「実徳」としての「愛」そのものと解した。仁斎によれば、「仁」とは「慈愛の心、内より外に及び、至らずといふ所無く、達せずといふ所無うして、一毫残忍刻薄の心無き、まさにこれを仁と謂ふ」と定義している。聊か私見を差し挟めば、ここで「一毫残忍刻薄の心無し」とネガティヴに規定されているのは、「仁」の準則が、「区々死定」された、徒らに煩瑣な、その意味でポジティヴな「死道理」の束縛を排除し、「活物」たる「心」に大幅の自由裁量の余地を残しつつ、ここに措定される個々の規範や格率に対して絶えずその妥当性をテストする批判的な判定原理であるからにほかならない。――岩崎氏は、仁斎における「仁」の思想について、それが儒教の徳目と結びついて展開されたところに存する限界を認めつつも、そうした限界を通してそこに屈折的に現れたヒューマニズムとしての普遍的性格の故に、それが多大の今日的な継承価値を有する所以を重々力説している。

安藤昌益における一切の階級支配の撤廃と先駆的なエコロジズムの唱道は、封建統治下の当時にあっては聊か特異な例に属するが、やはり彼独特の唯物論および「互性活真」の弁証法と不可分である。洋学の場合、幕末の佐久間象山《さくましょうざん》のように、「西洋芸術（＝技術）」と「東洋道徳」とを分断し、前者に関しては開明的な態度を採りながら、後者に関しては封建的な規範を維持しようとする潮流も見られたが、実地に人体の内部構造を解明した杉田玄白や、西洋窮理の学の紹介に努めた司馬江《しばこう》漢《かん》からは、人間の階級差別を相対化し、さらに進んでこれを否定する見解も生まれた。広大な宇宙との対比において人間の貴賤上下を否認する司馬江漢の見解には、岩崎氏の主張通り、基本的な平等思想の成立を認めてよいであろう。なお「蛮社の獄」に見られる渡辺《わたなべ》崋山《かざん》や高野《たかの》長英《ちょうえい》の壮絶な闘いは、彼らの高潔な人格と相俟って、日本の近代化に向けての輝かしい烽火であった。近世思想全体のなかで、特にこの辺りの展開に大幅に紙幅を費やし、かつその意義を際立たせる岩崎氏の叙述は、例えば永田広志の『日本哲学思想史』と比較した場合、日本思想の「継承価値」の評価に一層重点を置き、かつそこに問題意識を抱く追跡の仕方として注目に値しよう。

「人間とその生の尊厳」というヒューマニズムの指標の操作上の有効性は、本書が類書ではあまり取り上げられない平和思想に照明を当てている点にも示される。生命尊重の立場から一切の殺戮を否認し、「武」に対する「文」の優位という観点から武力と威嚇の政策を非難し、「強暴侵陵の心《きょうぼうしんりょう》」を排した善隣外交を主張した伊藤仁斎、階級的抑圧（「治」＝構造的暴力）と侵略戦争（「乱」＝直接的暴力）との不可分の関係を指摘し、それに加担する一切の軍備と軍事研究の撤廃を訴えた安藤《あんどう》昌益《しょうえき》、恐喝や強根による威圧的な外交を非難しつつ、自ら朝鮮語を学んで誠実な対朝鮮外交に従事した雨森芳州《あまもりほうしゅう》、殺戮によって権力を獲得した武士階級を非難した賀茂真淵《かものまぶち》などの所説は、まさに今日の状況なればこそ、これまで以上に顧みられなければなるまい。なおその合理精神によって視野を広く海外に開いた新井白石の思想は、直接には平和思想ではないにしても、やはりこうした潮流との関連において理解する必要があるであろう。

＊　　＊　　＊

人文主義はヒューマニズム理念の一つの重要な側面、否、イエェーガーに従えば、その一層本来的・根源的な側面である（W.Jaeger, Paideia —— die Formung des griechischen Menschen.）。その中で文学や芸術、わけてもそうした形態で開示される思想が重要な位置を占めることは言うまでもない。岩崎氏はこの点を重視し、各巻とも、美学や文学、文芸思想などの題材を多く扱っている。近世の巻では、国学における文芸論、西鶴・芭蕉・近松の文学およびそこに表現された思想、狩野派・琳派・文人画・浮世絵などの絵画および絵画論、さらには円空仏と山岳信仰にまで論議が及んでいる。

国学の頂点に位置する本居宣長《もとおりのりなが》は、一方では『直毘霊《なおびのみたま》』に見られるような、平田篤胤の古道論にも直結する荒唐無稽の説を立てたが、しかし『紫文要領』や『石上私淑言《いそのかみのさざめごと》』において典型的な、「からごころ」を排して「あはれ」「風雅」に定位した文芸論は、今日的な文学論議のなかで充分顧慮するに耐え得るものと思われる。岩崎氏は、文学を政治や道徳による他律・拘束から解放し、人間の感情・心情の自律性を謳ったところに宣長の主張の意義を認めつつ、そこに存する反主知的な情緒主義の孕む問題性を指摘する。これは現代文学の問題を考える場合にもそのまま延長され得る論点であろう。

西鶴・芭蕉・近松については、それぞれの代表的作品の具体的分析を通して詳細に論じられているが、残念ながら今回はそれにふれる余裕はすでに尽きている。一言感想を言えば、岩崎氏がこれらの論述において一貫して俎上に乗せようとしているのは、リアリズムの根本的な在り方に関する問題であると思われる。この点に関して特に興味を惹くのは近松門左衛門の「虚実皮膜論」である。近松はここで、実物のありのままの模倣を好しとする見解を批判して、「この論尤ものやうなれども、芸といふものの真実のいきかたをしらぬ説也。芸といふものは虚と実との皮膜の間にあるもの也」と語っている。岩崎氏はこの説を肯定的に評価しつつ、リアリズムと「写実主義」とを混同した見解に反省を促し、現実の本質を真実に映し出すためには、却って人間の創造的な働きによって一つの「世界」――芸術としての「世界」――を作り出す必要があると主張する。蓋しブレヒト（B. Brecht）の芸術論にも繋がる論議と言えよう。

＊　＊　＊

以上、科学的精神とヒューマニズムとの根本的な呼応・相関関係を諸思想の滔々たる流れを通して浮き彫りにしたところに、現代の思想的創造の在り方に示唆を与える本書の真価があると思われる。それはまた、「歴史」の姿で描かれた哲学者・岩崎氏自身の哲学的発言に違いなかろう。

〔補足②〕

吉田傑俊著『福沢諭吉と中江兆民――〈近代化〉と〈民主化〉の思想』[18]への論評[19]

著者・吉田《よしだ》傑俊《まさとし》氏がこれまで「近代日本思想史」と「市民社会論」との二領域を軸として旺盛な研究活動を続けてきたことは周知の通りである。もとより二領域と言っても、それらは相互に無関係な主題ではなく、むしろ両者の交差点に著者自身の思想的境位が成立していると見なされるべきであろう。このうち「市民社会論」に関しては、すでに二〇〇五年に、それまでの研究の集大成とも言うべき大著『市民社会論――その理論と歴史――』が刊行されたが、今回は著者の研究の今一つの軸をなす「近代日本思想史」について、満を持した三部作が企画され、その第一作が上梓された。すなわちここで取り上げる本書である。

この第一作において、明治初期の並みいる思想家群像のなかから特に福沢諭吉と中江兆民の二人が選ばれ、検討の俎上に乗せられたのは、決して理由のないことではない。というのは、著者によれば、日本の近代化は当初から「近代化」と「民主化」という相互に衝突する路線を内包しており、福沢と中江はそれぞれこの二つの路線の一方をその発端において代表した思想家であったからである。

このうち福沢諭吉は、開明的な啓蒙思想家としての側面や「脱亜入欧」「国権皇張」「強兵富国」を高唱した国家主義者としての側面、或いは前者から後者への推移の性格やその時期、等々の事柄を巡って大きく評価が分かれ、依然として毀誉褒貶の賑やかな思想家である。こうした様々の諭吉観のうち、著者が特に注目するのは、丸山真男の観点、——すなわち、福沢諭吉の思想に一貫して流れている「思惟方法や価値意識」、その意味における諭吉の「普遍的・原理的」な「理論的立場」を、時代と呼応しつつ推移し変容していった彼の具体的な「思想や立場」、つまりは「状況的・現象的」な規定を受けた「現実的認識」から区別・純化し、主として前者の立場から近代的思惟の先駆としての諭吉思想の積極的意義を評価する観点である。丸山の解釈方法は一見した限り頗る巧妙であるが、しかし実際には「思惟方法」と「思想内容」、「原理論」と「時事論」とはそれほど好都合には分離されないこと、むしろこのような処理が諭吉流「近代化」論の内容と特質を見誤らせる強引な諭吉擁護論に繋がりかねないことは、まさしく著者の指摘する通りであろう。

著者は丸山説への批判的吟味を反射鏡としつつ、丸山が「原理論」の位置に置く初期の著作『学問のすすめ』『文明論之概略』から後年の『時事小言』その他の「時事論」に至るまで、巨細に亙って照明を当てていく。ここにその詳細を紹介する遑はないが、その手法は鮮やかであり、概ね正鵠を射ていると言えよう。——こうした論議に接して改めて痛感されるのは、福沢諭吉に淵源する「近代化」路線の「負」の遺産、それ故にまた我々の克服すべき歴史的課題の深刻さである。

著者によって福沢諭吉の対極に位置づけられたのが中江兆民である。——兆民思想への著者の接近の特色は、「リベルティー・モラル（心思の自由・道徳的自由）」概念を鍵概念として、政治論から哲学説に及ぶその全体像の把握を企てた点である。こうした接近方法は、福沢諭吉流「近代化」論との対質という観点からしても、大いに理由のあることと言わなければならない。というのは、福沢諭吉の場合には、「一身独立」「国民の文明」が単なる手段に貶められ、結局は「一国独立」「国権の皇張」なる目的のもとに収束されていったのに対し、中江兆民の場合には、社会的な自由と民権、そしてその担い手としての自立的人間の確立は、飽くまで目的の位置を占めていたからである。

自由民権運動の旗手としての兆民の論題は極めて多彩であるが、「リベルティー・モラル」という観点から見ると、そこには少なくとも二つの峰、我々の今日的課題に接点を有する二つの峰が屹立している。一つは言うまでもなく現実の「民主化」の指針に係わる立言である。その点に関して、著者は、先ずは『民約訳解』に示された兆民の見解、すなわち「天命の自由」（自然状態での〈受動的〉自然的自由）と「人義の自由」（社会契約による〈主体的〉社会的自由）との明弁に立脚し、前者から後者への飛躍に国家成立の条件を認めつつ、社会契約と関連する「道徳的自由」（Rousseau）を「心の自由」として敷衍し展開した兆民の見解のうちに、「ルソー以上に『心の自由』すなわち人間的自立と『政治的自由』を」結節させた新たな思想的境地を発見する。著者はまた、兆民の最も魅力的な著作『三酔人経綸問答』の分析を通して、自由・平等・軍備全廃の理念を完備した「民主制」の実現を直ちに要求する「ラディカルな民主主義」を、結果責任を考慮しない没状況性・没主体性の故に批判しつつも、「思想の原理」としては容認する兆民の重層的な思考を描握する。ここに「民主化」の理想と現実を担って苦闘する兆民のヒューマンな姿勢が浮かび上がる。

第二の峰は、しばしば「決定論」と対置される「自由意志論」の処理、兆民の文脈では真実の「道徳的自由（リベルティー・モラル）」＝「心思の自由」の扱いである。ここで先ず俎上に乗るのは『理学鉤玄』に登場する「心思の自由」の確立の問題である。この概念を「形而上学的・観念論的な観念」

として一蹴した永田広志の見解は夙に有名であるが、著者はこのような武断的評価に納得せず、一層兆民自身の文脈に即した把握を試みる。そこから浮上するのは、この問題に関する兆民思想の次のような特徴である。すなわち、一般には「虚霊説（観念論）」に帰属すると解される「心思の自由」なる概念は、概念自体としては兆民に一層親近的な「実質説（唯物論）」においても決して排除されないばかりか、次のような新たな意味において一層重視されている。すなわち、主体による決断は決して「無差別の自由」においてではなく、先ずは要求の対象との関係において成立する。従って決断とは、かかる対象の認識と、それが欲せられる所以の「趣旨」の理解に立脚し、「智恵」の指導によってその趣旨に従うことであり、その際に機能する「心の自由」とは、かかる「趣旨」の追究において外物の妨害を受けない、ということにほかならない。つまり兆民は自らの親近する唯物論において、著者の表現に従えば、「虚霊説の主観的・抽象的自由論に対しする主客交差の具体的自由論」として「心の自由」を復活させたと言えよう。なお兆民の絶筆とも言うべき『続一年有半』においては、「行為の理由」を無視した「意思の自由」説は否定されているが、しかしここに所謂「行為の理由」とは勝義においては「行為の目的」を指しており、従ってこの行為の被決定性はスピノザの「ブリダンの驢馬」のような機械的な被決定性を意味するのではないこと、またこの局面において兆民が新たに「自省の能」なる概念を登場させ、人間における良心の自律に道を開いていることは注目に値しよう。この点に関しても永田広志や中村雄二郎の説に対峙した著者の見解は妥当と思われる。蓋し、私見によれば、兆民の唯物論解釈には永田や中村のそれ以上に深い意味が含蓄されているからである。

【注】

(1) 永田広志『日本哲学思想史』、一九三八、法政大学出版局再版、一頁
(2) 中江兆民『一年有半』、一九〇一、『中江兆民全集』(岩波書店)一〇、一五五頁。
(3) 中江兆民『理学鉤玄』、一八八六、『全集』七、一三頁。
(4) 永田広志『日本唯物論史』、一九三六、法政大学出版局再版、九六頁。
(5) 加藤弘之『人権新説』、一八八二、『強者の権利の闘争』、一八九三、参照。
(6) 丸山真男『日本政治思想史研究』(東京大学出版会)、一九五二、第二章、参照。
(7) 田原嗣郎『徳川思想史研究』、一九六七、未来社、一四頁。
(8) 子安宣邦『「事件」としての徂徠学』、一九九〇、青土社、四六頁。
(9) 丸山真男、前掲書、二九頁。
(10) 伊藤仁斎『語孟字義』巻之上、天道。
(11) 同右、道。
(12) 二宮尊徳「三才報徳金毛録」、『日本思想史体系』(岩波書店)五二、二六頁。
(13) 以下、二宮尊徳『二宮翁夜話』巻之四、同右、一〇七～二一〇頁。
(14) 中江兆民、『理学鉤玄』、前掲書、二七一頁。
(15) 中江兆民『続一年有半』、前掲書、二八六～二八七頁。
(16) 『唯物論と現代』(関西唯物論研究会)三七、二〇〇六、掲載。
(17) 二〇〇五年一一月に開催された関西唯物論研究会の例会における報告担当。この例会は、その年に完成した、全七巻に及ぶ岩崎允胤の日本思想史研究の検討を主題とし、村瀬はその近世の部分を担当した。
(18) 吉田傑俊『福沢諭吉と中江兆民――〈近代化〉と〈民主化〉の思想』、二〇〇八、大月書店。
(19) 『唯物論と現代』(関西唯物論研究会)四三、二〇〇九、掲載。

第三部
主体者としての教師の問題

教科書問題と教師の立場

――professionalとしての教育者の主体性の確立のために――

第十条　教育は、不当な支配に服することなく、国民全体に対し直接に責任を負って行われるべきものである。

二　教育行政は、この自覚のもとに、教育の目的を遂行するに必要な諸条件の整備確立を目標として行われなければならない。

「一九四七年教育基本法」

前言

先の扶桑社版（「当たらしい歴史教科書をつくる会」編集）を引き継いで刊行された育鵬社版および自由社版の中学歴史・公民教科書（「日本教育再生機構・教科書改善の会」編集）が、その内容によってのみならず、その採用方法によってもまた、日本各地で由々しい教育問題を惹き起していることは周知の通りである。そこには、学問的常識も教育的良心も欠如し、専ら自分たちの政治目的のために子供たちの未来を犠牲に供して憚らない一部勢力の圧力が作用していることは歴然としている。残念ながら、本県（本稿執筆当時、筆者の居住した県――村瀬）においても、部分的にではあるが、そうした不条理の圧力に白旗を挙げる局面が発生した。

教科書問題が教育的な問題連関全体のなかでも極めて重要な一環であることは言うまでもない。それ故、世界の各地でこの問題に関する真剣な取り組みがなされてきたし、今でも進められつつある。なかでもかつての戦争の加害国と被害国、例えばドイツとポーランド、ドイツとフランスとの間で共通の教科書が作成され、またそうしたなかで、これまで一方的に被害国とされてきたフランスも、実はヴィシー政権のもとでユダヤ人虐殺の片棒を担いでいたことが判明、それへの深刻な反省が教科書に反映されるなどの成果を生み出している。教科書を巡るこうした世界的な流れ、いわば人類の良識に方向づけられた流れからすれば、日本の教育界を騒動に捲き込んでいる昨今の「歴史・公民」教科書問題は、まさしく人類の良識に逆行する知性の劣化と良心の衰弱を示しており、こうした低質な争いに否応なく付き合わされるのは情けない極みである。――しかし我々としても、売られた喧嘩に尻込みするわけにはいかず、生起した問題状況には正当に対処しなければならない。我々は、何よりも子供たちの未来のために、そしてまた世界に向かって日本人の良識と品位の証しを立てるために、こうした破廉恥な策動に対しては毅然とした態度を以て臨まなければならないのである。

そのためには二重の戦略が要求される。一つは言うまでもなく、先ず以てこの種の教科書を採択させないことである。ここに全市民的な運動の焦点があることは言うまでもない。今一つは、万が一それが採択された場合への対応に万全の構えを確立しておくことである。というのは、ひとたび採用された特定の教科書には、その教科書が異様であればあるほど、「教科書通りに教える」ことを教師に強要する外圧（研修・指導・脅迫・処分等々）が執拗に付き纏うであろうからである。ＩＬＯユネスコの勧告（後述）が示すように、教師は如何なる場合においても決して教科書の奴隷であってはならないのである。

Ⅰ　戦後における教科書問題

教科書問題の現況を把握するために、先ず戦後における当該問題の推移を簡単に振り返っておこう。周知のように、日本では、一九四九年以降、いわゆる「検定教科書」が使用されている。「検定教科書制度」と言えば、言葉の上ではどこか権力的な響きがあり、また実際にも、特に一九五七年以降、権力的干渉への傾斜を強めたが、しかし少なくとも当初の趣旨としては、教育の国家統制の一環であった戦前戦中の「国定教科書制度」に代わる民主的な教科書制度としての意義を担っていた（「国定教科書制度」に対する民主的教科書制度としては、「国家検定制度」、「国家認定制度」、「地方認定制度」、「自由教科書制度〔学校または教員による自由選択〕」などの形態があり、ドイツやスウェーデンは日本と同じく「国家検定制度」を採用している）。そこには教育行政の逸脱に対する二重の歯止めが機能し、教科書内容に対する権力的干渉からの自由を確保する役割を果たしていた。その一つは教科書を創る側、すなわち著者や編者の側における良識と自律であり、今一つは教科書を選択する側、すなわち学校や教師の側における良識と自律である。前者においては特に学問的真理と子供の理解の順次性が重視され、後者においては特に「教育愛」（木村素衞の用語）の精神のもとに子供たちの具体的な発達目的・発達状況・発達条件が考慮される。

ところが、一九五七年に至って、検定制度は様相を一変し、教科書内容そのものへの露骨な干渉が暴威を揮いはじめる。その背後には、単独講和以降におけるアメリカおよび日本財界など支配層の意向が強く働いていたことは言うまでもない――すでに日経連は「当面する教育制度改善に関する意見書」（一九五四）などの教育提言によって、財界による教育への圧力の端緒を開いている――が、こうした変貌の直接の機縁となったのは、日本民主党（後に「自由党」と合併して「自由民主党」となる当時の保守政党）の「教科書問題特別委員会」が刊行したパンフレット『うれうべき教科書の問題』一～三集（一九五五）であろう。同パンフレットは、宮原誠一編『一般社会』（高校）、長田新編『模範中学社会』（中学）、周郷博編『あかるい社会』（小学六年）などの社会科教科書に対して、「日教組の政治運動を推進するタイプ」「急進的な労働運動をあおるタイプ」「ソ連・中共を礼賛するタイプ」などという見当違いのレッテルを貼って難癖をつけたもので、無知と粗笨とを随所に露呈したその暴論は、マスコミを含む当時の言論界から非難の集中砲火を浴びたのであるが、文教政策の側はこの奇態なパンフレットに呼応する形で展開されていった。

＊　＊　＊

一九五七年までは、最初の精査に当たる複数の調査官による教科書原稿の合否判定は、最後の審議会においてほぼそのまま承認される慣わしであったが、この年には、社会科教科書に限って、調査官の審査で合格と認められながら、審議会段階で不合格と判定された原稿が多数現れた。理由はすべて「偏向」ということであった。その際、審議会の意向を左右したのが、例年通りの調査官（A～E の番号で記載される）の他にこの年臨時増加されたFなる人物の強硬意見であった。それ故、この検定審議会における強権的な合否判定はF項パージと呼ばれる。

Fとは何者か。――出版労働組合による調査の結果、それが後期京都学派の哲学者・高山岩男氏であることが判明した。高山氏は戦時中、高坂正顕・西谷啓治・鈴木成高の諸氏とともに「世界史の哲学」派を結成、日本の戦争行為を「アングロ・サクソン的な世界秩序」に対する「モラリッシェ・エネルギー」の発露として賛美し、「大東亜共栄圏」と「総力戦」の哲学を掲げて侵略戦争に協力、戦後はF項パージと前後して、「教育勅語」への礼賛と「教育基本法（一九四七）」への漫罵、科学的・民主的な歴史教育・社会科教育への非難、「一般倫理」の排拒と「職域倫理」の強調、日教組の「教師の倫理綱領」への批判、「軍人精神」と「軍人倫理」の揚挙、等々、文教政策反動化のための一連の論陣を張ったことで知られる曰くつきの学者である(1)。戦後しばらくは戦時中の言動によって公職追放されていたこの人物が、何時の間にか教育界の中枢に不気味な返り咲きを果たしていたことは、その後の文教政策の推移を閲する上で無視できない事柄である。

＊　＊　＊

それ以降、強権的で理不尽な教科書検定と、これに対する国内外の抗議との攻防が続いてきたことは周知の通りである。検定強化に対する闘いのなかで象徴的な役割を演じたのは、家永三郎氏によって提起された三次に亙る教科書裁判――所謂「家永訴訟」――であった。第一次訴訟は全面敗訴となったが、第二次訴訟は、第一審において、「教科書は教育の場において主たる教材として使用されるものであるから、教科書の内容は学問的成果に基づいた真理を包含するものであることが要請される」との観点から検定処分を違憲とする有名な「杉本判決」が打ち出され、第二審判決では家永側の全面勝訴、これに対する文部大臣の上告は差戻審において退けられた。第三次訴訟は、「第二次教科書攻撃」と称されるキャンペーン――当時の自民党および一部の財界筋による「教科書偏向」キャンペーン――の猖獗する逆風のなかで提訴され、「侵略・進出」「南京大虐殺」「朝鮮人民の反日抵抗」「婦人に対する日本軍の残虐行為」「七三一部隊」「沖縄戦での日本軍の住民虐殺」など、軍国主義の非人間的実態を記述した項目について争われた。最終的には家永側の部分勝訴となり、これを以て全部の裁判が終結、――部分的には問題を残したものの、大局的には家永側の良識が勝利を制したと評価されてよいであろう。これによって教科書記述の障碍が相当に排除されたことは確かである。

ところがこのたび問題となっている教科書は、検定の劣化を逆手に取った新たな路線、すなわち「新自由主義」路線ともいうべき一種の「規制緩和」路線に則って出現したと言ってよい。つまり検定機関はそのタガを緩め、学問的真理にも教育的良心にも遠慮せず「自由に」製造された粗悪品を無責任に合格させ、文教行政はこの業者に不埒千万の「自由」を、すなわち地方議会や右派グループや、或いは首長に牛耳られた教育員会などの圧力に支援された「粗悪品販売の自由」を与えたのである。その売り込み方は卑怯卑劣、横暴を極めているが、この類の勢力に市民社会の常識的な礼儀礼節を期待することはもとより望むべくもないであろうから、我々の側もまた然るべき態勢を構えてこれに対処していかなければならないであろう。言うまでもなくこの種の粗悪品の採択を阻止する運動を強めることが先決である。しかし同時に、すでに採択された、または今後に採択されるかも知れぬ事態に対しても、決してたじろがずに応対し得るだけの主体性を培っておく必要がある。——そのための不可欠の前提として、我々はここで教師と教科書との関係についての教育史的知見を再確認しておかなければならない。

Ⅱ　教育活動における教科書の位置

教師は教科を「教科書通り」に教えればよいのか。教師にとって教科書は絶対であり、その内容を子供たちに鵜呑みにさせることが教師の役割なのであろうか。——こんなことを言い出せば、或いは怪訝に思う向きもあるかも知れない。というのは、現在の日本では、教科書内容そのものに批判的吟味を加える機会が、教育の主体者たる教師から殆ど奪われる恰好になっているからである。第一に、「検定制度」の本来の趣旨からすれば、教科書選択の際に教育現場の意向が強く反映されるべきはずであったが、ブロック一括採用の方式が大勢を占めている現在の義務教育段階では、選択に当たって教師の判断や見解が考慮される機会は皆無に等しい。第二に、教員管理の強化策のなかで、指導計画や指導案の策定に対する管理者（校長・教頭）の干与が喧しくなり、教材の扱いにおける教師自身の自由裁量の余地が極めて窮屈になっている（教師の目に余る多忙化がこの傾向に拍車をかけている）。——こうした事情からすれば、教科書の内容そのものを吟味の俎上に乗せる習慣が日本の教育現場から蒸発してしまうのは、或る意味で自然の成り行きかも知れない。

しかしながら、教科書は果たして絶対であろうか。——決してそうでないことは、戦前の国定教科書はもとより、度々政治の圧力に左右され、学界の常識や学問的真理に撞着してきた戦後の教科書検定の経緯に照らしても、難なく了解されるであろう。況して育鵬社・自由社刊のそれの如き奇態な教科書が刊行され、一部で採用される事態に臨んでは、教科書や指導書の記述に懐疑的な距離を置くことは、子供たちの真理認識や人格発達に「直接に」責任を負う教師にとつて避けられない課題となっていると言わなければならない。

＊　＊　＊

教育全体のなかでの教材の位置と意義、それに対する教師の係わり方について、ここで改めて想起されなければならないのは、かつて戦時下の苛烈な教育状況のもとで、それに対抗するかのように提出された**木村素衞**（京都学派の哲学者、一八九五～一九四六）の見解である。

木村によれば、——学校教育の如き「具案性」の高い領域としての教育（パイダゴゥギケー）は、次の四契機、すなわち、**①児童（パイース）**、**②導く者（パイダゴゥゴス）**、**③目的（テロス）**、**④技術（テクネー＝教材＋教授法）**の四契機から成立し、これらの契機連関から、「パイダゴゥゴスがパイースをテロスとテクネーに従って具案的に導くこと」[2]、より噛み砕いて言えば、「何らかの価値目標に向かって、その生命の実現力がそこまで到達していない未熟者を、これに比し一層そこへ熟得しめること[3]」と定義される。

ここで児童（パイース＝生徒）は、教師の教育対象としては「可塑性（Plastizität）」を本質とする存在であるが、ここに所謂「可塑性」とは、彫塑の素材となる粘土のそれのような「単なる可塑性」ではなく、本来的に**「価値（イデー）」の実現に向けての自己形成に関して要求的であるような「自覚的な可塑性」**である。木村がこのように、国家主義的・軍国主義的風潮の支配する教育状況の最中にありながら、児童を国家目的のための単なる手段としてではなく、**それ自身の形成が目的であるような尊厳**において把握していたことは注目に値しよう。

生徒（＝児童）がこのような存在であるとすれば、教師が生徒自身の自己形成に対する助成者・助力者として位置づけられるのは当然であるが、しかし教師は飽くまで「導く者」としての権威を具えていなければならない。ここで「権威」とは、生徒の側の自発性を損ね、教育的には有害無益な奴隷的服従を強いる「権力」や「暴力」とは異なり、飽くまで生徒の心に「アガペ的敬」としての尊敬を醸成するような、「愛育」の精神に包まれた威厳にほかならない。しかるに「権威」にはまさに権威たるに相応しい**「教養」**が要求される。そしてその「教養」を特徴づけるのは次の条件である。すなわち、——

①**伝統の深き体得者**であり、**現在の状勢のよき認識者**であること。

②それに止まらず、**伝統や現状を超えて行く創造的精神のよき理解者**であること。

③右の如き性格の故に、常に**現在に対する正しき批判者**であって、決して**現在に対する単なる**

追随者であってはならないこと。

ここに「導く者」としての教師の「権威」を彩る「教養」の本質が、現在（伝統・現状）を深く理解し認識しつつしかもそれを否定的に超える者としての、つまりは時代の自覚的尖端を行く者としての「批判的精神」にあることが明示される。

生徒および教師の性格が以上の如くであるとすれば、両者の関係のなかで使用される教材――そこには教科書以外の教具も含まれるが、ここでは主として教科書を念頭に置くことにしよう――の性格も自ずから定まってくるであろう。すなわちそれは、「自覚的可塑態」たる生徒の発達要求に応じ、生徒を教育的に向上させるべく提供される「客観的媒介」にほかならない。それは公共的に存在する知識や文化を「素材」とするが、しかしなまの「素材」が直接無媒介に「教材」となり得るわけではない。「素材」は教育理念に立脚した「意図と批判」による「選択と構成」を介して初めて「教材」に転化することができる。ここで「選択と構成」に関与するのは、教育主体における「教育的精神」、或いはかかる精神に基づく教育上の「歴史的価値批判」にほかならない。――ところで、与えられた教材、特に教科書は、すでに教材制作者（教科書の著者）のかかる歴史的価値批判を介して選択され構成されたものであるが、生徒の具体的生命を直接相手にする教育現場においては、こうした「すでに作られたもの」としての教材は、無批判的に絶対視され、生徒に対して一方的に外面注入されるべきものではなく、飽くまで生徒自身の人間的発達のための「媒介物」として、まさにイデア的未来を射程とした「作ることとそのことの相」において営まれる全体的教育活動に従属しつつ使用されるべきものであり、それ故制作者からバトン・タッチされた次の「教育的精神」、すなわち生徒の人間形成の直接的助成者としての教育主体（＝教師）の「教育的精神」による、次の位相における「歴史的価値批判」を介して、「媒介物」に相応しく吟味・検討され、再選択・再構成されなければならないのである。

以上の趣旨を木村素衞の意を汲んで端的に要約すれば、教師は所与としての教材への無批判的な隷属者ではなく、教師特有の「教育的精神」、すなわち未来に伸び行く生徒の生命と直結した「教育愛」に基づく教材選択・教材構成の積極的主体でなければならないのである。

＊　＊　＊

では、戦後の教育において、教科書はどのように位置づけられ、どのように扱われてきたのであろうか。――一般に教育は、よほど慎重な配慮のもとに置かれない限り、内面開発主義と外面注入主義との何れかに偏る傾向を有し、それによって教科書の位置づけや扱われ方にも少なからぬ相違が生ずる。戦後の教育も例外ではない。戦後における前者の極端は、アメリカ流プラグマティズム譲りの、「這いずり回る經驗主義」と評された生活陶冶至上主義の教育であり、ここでは教科書軽視、従って一般に系統学習軽視の傾向は免れない。他方の極端は、「競争原理」に立った「知育偏重」の教育――実は日本の文教政策のなかで、恐らく旧制高校におけるエリート教育を別とすれば、真の意味で「知育」が尊重された験しはないのだが――のもとでの「詰め込み」教育であり、ここでは教科書または教科書風の教材は、その内容についての是非・適否について無反省のまま、やみくもに絶対視される。

こうした両極の偏向を止揚すべく提案されたのが、教科は「**教科書を**教えるのではなく、**教科書**

でも教えるのでもなく、**教科書で**教えるべきものだ」（ゴシックは村瀬）という**小川太郎**の見解である。[4] すなわち小川によれば、――「人類の文化遺産を正しく伝えることを通して子供の人間的な諸能力を全面的に発達させ、歴史の進歩に寄与する」という教育本来の任務からして、教科書（＝教科内容の組織体系）の重要性についての自覚が要求されるのであるが、しかし実際の教科書が屡々権力によって歪められ、文化遺産の正しい伝達という役目を担い得ないところから、これに対する反発が極端化すれば「教育課程を自主的に編成し、それに従って教科書を自主的に編纂する」という要求にまで行きつくのは当然であろう。それも一つの選択肢として認められはするが、しかし現存する教師の条件や力量からすれば、これを一般的な方針として掲げるのは如何にも非現実的である。そこで提案されるのが「**現行の教科書で**教える」という方針である。ここでの「で」の意味は、教科内容としては現行の教科書を一応の拠りどころとしながらも、それをそのまま無批判的に教えるのではなく、それに対して是正・補完・批判を加えつつ教えていく、ということにほかならない。

そこで問題となるのは、教科書の批判的な取り扱いの観点である。その点についての小川の精細な提案も今日顧みるに値しよう。すなわち、――

批判の観点の**第一**は、**内容の真実性**に関するものであり、これについては教科書の**虚偽の是正**が要求される。**教科書の虚偽**としては、

① 事実の明白な歪曲

② 事実の隠蔽（重要な事実に意図的に触れない）

③事実の比重の歪曲（例えばアジア・アフリカの軽視）

などが挙げられる。

批判の観点の**第二**は、**順次性の保持**に関するものである。そこには次の二つの側面がある。すなわち、――

①**論理的な順次性**についての誤り（例えば「力」の概念を省いたまま「浮力」「圧力」について教える）

②**心理的（発達的）な順次性**についての誤り（例えば科学的な概念化が可能な時期にわざわざ擬人化した幼稚な説明を与える）

などがこれに相当する。なお小川は触れていないが、②については、ヴィゴツキー（Л. С. Выготский）の「発達の最近接領域」の理論をも考慮に容れるべきであろう。

批判の観点の**第三**は、**生活との結合の適切性**に関するものである。特に子供の実際の生活環境や生活感覚との間に溝渠があったり矛盾があったりすれば、教科書の内容が身に着かないばかりか、その反動としてやみくもな詰め込み主義に陥る危険を孕んでいる。この点に関しては、子供たち自身にこの矛盾に気づかせ、生活の観点からの教科書批判を子供たち自身に行わせることが特に重要である。

＊　　　＊　　　＊

ほぼ以上の如き小川太郎の見解は現在でもそのまま通用すると思われるが、しかし我々が当面対決を迫られている育鵬社・自由社などの教科書は、恐らく小川が夢想さえしなかったであろうほど、人類的なヒューマニズムの良識を遥かに逸脱して、露骨な国家主義の観点――ドイツを始めヨーロッパ諸国ではは公的にはすでに市民権を奪われている観点――に立って系統的に誤謬・虚偽・歪曲を羅列した代物であるから、我々の側としても小川の観点の上にさらに新たな観点を設定してこれに臨む必要がある。すなわち小川は教科書における誤謬や歪曲を主として**「認識論的（epistemologisch）」な観点**から問題にしたが、我々はさらにその上に**「価値論的（axiologisch）」な観点**を重ねつつ吟味を加えていく必要がある。その観点を即刻思いつくままに挙げれば、――

①**それへの洞察と反省から将来の指針が導かれるような重要事項が適切に選択されているか否か。**
②**取り上げられた歴史的事実が、歴史的に結晶された良識としての「人類のイデー」の観点から、或いはその意味における「妥当性」の観点から、正当に評価されているか否か。**
③**ナショナリズムや「国益」志向に偏執した自己中心的視点が、世界的・人類的な視点から、「黄金律（Golden Rule）」を駆使した「可逆操作（reversible operation）」によって充分克服されているか否か。**
④**戦争や貧困その他の「直接的暴力」および「構造的暴力」の実態が、その犠牲者の立場から批判的に把握され、またこれらの犠牲者に共感するセンシビリティが豊富に発揮されているか否か。**

こうした「価値論的」視点からの教科書批判は、日頃子供たちを慈しみ、その人間的成長を願って「愛育（＝木村素衞の用語）」に勤しんでいる現場の教師にこそ、むしろ大いに期待されるところでなければならないであろう。

Ⅲ「専門職（professional）」としての教職の性格

教科書の最終的な取り扱いが教師や学校など、現場の担当者の責任に委ねられているということは、「専門職（professional）」としての――他の一般的な職業（job or occupation）」からは「専門性」という種差を以て区別されるところの――教職の性格、または教職を奉ずる教師（teacher）の社会的に尊重されるべき地位（status）に由来している。

日本においても、教職を「専門職」と規定することに異議を唱える者は少ないであろう。しかしそのことの意味が本当に理解されているか否かという点になると、昨今教員を駆り立てている異常な「多忙化」、指導案に対する画一的なチェック、恣意的な教員評価や教員のランクづけ、職員会議の形骸化や教師における集団形成の骨抜きなどの事態に徴しても、頗る怪しいものと言わざるを得ない。そこで、日本政府も批准しているはずの『ＩＬＯユネスコ・教員の地位に関する勧告』（一九六六、ユネスコにおける特別政府間会議）に従って、「専門職」としての教職の意義と役割を再確認しておこう。

『勧告』はその「三　指導的諸原則」の項において、先ず教育の目的を次の如く提示する（以下、ゴシックは村瀬）。

「三　教育は、その最初の学年から、**人権**および**基本的自由**に対する深い尊敬をうえつけることを目的とすると同時に、**人間個性の全面的発達**および**共同社会の精神的、道徳的、社会的ならびに経済的な発展**を目的とするものでなければならない。これらの諸価値のなかで最も重要なものは、教育が**平和**のために貢献すること、およびすべての国民の間の、そして人種的、宗教的集団相互の間の**理解と寛容と友情**に対して貢献することである」。

次に上の前提に立って、教員の地位および仕事の性格を次の如く規定する。

「五　教員の地位は、教育の目的、目標に照らして決められてくる教育の必要性にみあったものでなければならない。教育の目的、目標を完全に実現するうえで、**教員の正当な地位および教育職に対する正当な社会的尊敬**が、大きな重要性をもっているということが認識されなければならない。

六　教育の仕事は**専門職**とみなされるべきである。この仕事は**厳しい、継続的な研究**を経て獲得され、維持される**専門的知識**および**特別な技術**を教員に要求する公共的業務の一種である。また、責任をもたされた生徒の教育および福祉に対して、個人的および公共の責任感を要求するものである」。

さらに「八　**教員の権利と責任**」の項目において、専門職としての職務を遂行する上での条件を次の如く謳っている。

「六十一　教育職は**専門職としての職務の遂行**にあたって**学問上の自由**を享受すべきである。教員は**生徒に最も適した材料および方法を判断するための特別の資格を認められたもの**であるから、承認された教育課程基準の範囲で、教育当局の援助を受けて**教材の選択と採用、教科書**

の選択、教育方法の採用などについて不可欠な役割を与えられるべきである」。

以上、趣旨は贅言を俟つまでもなく明瞭であるが、念のためポイントを挙げれば、専門職としての教職に課せられた、究極的にして普遍的な制約条件――逸脱を許さぬ絶対の制約条件――は、人間個性の全面発達、共同社会の諸価値の発展、平和と諸集団の相互理解の実現、等々のために貢献すること、そしてそこに発揮すべき専門性の維持発展のために不断の研鑽を重ねることである。しかるにこの制約条件の故にこそ、却って教員には時々の権力の干渉と支配を拒斥する大幅の自由と自律が確保されなければならない。ここで注目を要するのは、この文脈において特に「学問の自由」が強調されていることである。『日本国憲法』第二十三条には、全国民に保障される権利としての「学問の自由」が謳われているが、学問や教育に専念する分野では、このような国民的権利について一層自覚的でなければならないであろう。『一九四七年教育基本法』では、「学問の自由」を尊重することがあらゆる教育目的を達成するための根本条件として掲げられている。その同じ原則が『勧告』では、まさに「生徒に最も適した教材および方法を判断するための特別の資格」を認定された専門職（＝教職）の不可欠の要件として強調されているのである。――日本政府も承認したこの『勧告』の趣旨に従うならば、飽くまで「学問の自由」の原則に立脚しつつ、それ故に学問的真理を歪曲する動向には峻厳に対峙しつつ、「教材の選択と採用、教科書の選択、教育方法の採用など」について積極的な役割を演ずることは、教職に帰せられた固有の権限でなければならない。

小括

最後に所謂「専門職（professional）」の一般的性格について確認しておこう。ここで顧慮されなければならないのは、専門職およびその制度についてのホワイトヘッド（A.N.Whitehead――イギリスの哲学者）の見解である。(5) すなわち彼によれば、専門職は「職業のうちでその活動が理論的分析に従い、そういう分析によって引き出される理論的な帰結によつて変容されうるような職業である」と定義され、こうした専門職を組織する制度の広汎な配置と整序の上に近代社会は成立している。そしてこのような理論的分析も、またそれに基づく変容も、専門的な識見なしには不可能であるから、専門職制度は飽くまで「自治」を原則とし、その成員の専門的な能力と、専門的な実践の標準を自ら監視しなければならない。かつまた、専門職の範囲にある問題に関しては、如何なる権力もこれに介入する権限をもたない。例えば、専門的な医療行為に対しては、如何なる政治家も行政官も指揮・命令を下すわけにはいかない。逆に専門家同士は主権国家の枠を越えて交流し連帯することが出来る。例えば医療関係者は国際的な学会に参集して叡智を交流し、また「国境を越えた医師団」を結成して世界的に活躍することが出来る。ホワイトヘッドは、このような国際的専門職制度の発展のうちに新たな世界文明への展望を見出したのである。

これを教職について見れば次の如くである。教師は専門的な教育実践に関する限り、そうした自分たちの活動を自ら理論的に分析・考察し、そこから導かれた結論に基づいて教育内容や教育方法に変更を加えていかなければならない。かつまた、そうしたなかで自分たち自身および学校全体の教育力を自ら監視し管理していかなければならない。それらの実践の全体が「自治」を原則とした営みであることは言うまでもなかろう。さらに教育の営みが、「人類のイデー」を眺望しつつ、「目的自体（Zweck an sich selbst）」としての子供たちの人格の育成に従事する限り、ともすれば子供たちの将来に「単なる役立ち＝手段」としての価値のみを求めがちな社会勢力の「不当な支配」には決して屈せぬ、それ故にまた国権や行政の枠組みに時間的・空間的に局限されぬ、人類共通の基盤に立っていかなければならないし、また恐らくはそうした教職者の国際的な交流と連帯が国家の枠組みを打破して拡がっていくであろう。――そこに堅持されるべき志操こそが、「専門職」に内在する「知的徳（intellectual virtue）」としての「専門家意識（professionalism）[6]」であることは見やすい道理である。

【注】

（1）高山岩男『教育と倫理』、一九六八、創文社、参考。

（2）木村素衞『国家に於ける文化と教育』、一九四六、岩波書店、四五頁。

（3）木村素衞「文化の本質と教育の本質」、一九三六、村瀬裕也編『美の形成』、こぶし書房、二四二頁。

（4）小川太郎『教育と陶冶の理論』、一九六三、『小川太郎教育学著作集』第一巻、青木書店、二〇五頁。

（5）ホワイトヘッド『観念の冒険』、『ホワイトヘッド著作集』（松籟社）第十二巻、七七頁（原著 A.N.Whitehead, Adventures of Ideas, 1932.）。

（6）専門職の「高邁な理想」もしくはその「イデオロギー」としての「プロフェショナリズム」に関する研究としては、

次の書物（残念ながら未邦訳）が推奨に値する。J. Kultgen, Ethics and Professionalism, University of Pennsylvania Press. Philadelphia. 1988. なおこの書物への言及としては、村瀬裕也著『教養とヒューマニズム』所収の論文「高等教育における教養理念の確立のために」（一九九一）、参照。

教師の「多忙化」問題

前言

世界の主要国では類を見ない我国の長時間労働に対しては、夙に国内・国外の良識による非難の声が高まっている。だが最近（一九八八年時点——村瀬）の教育現場では、このような世論の高まりと恰も逆行する形で、教師の異常な「多忙化」が進行しており、様々の要因の複合する我国の教育的問題状況のなかでも、特に教師の人権と教育の「質」に係わる局面において、決して看過するわけにはいかない重要問題となっている。それが如何に眼に余る様相を呈するに至ったかは、これまでこうした状況を放置し、むしろ助長・促進さえしてきた本県（本稿執筆当時、筆者の居住した県——村瀬）教育委員会でさえ、本年度（一九八八年度）から教職員の行事参加数を一〇～二〇％削減することを決定したことによっても証されるであろう。しかし実態の根幹に触れることを回避したこのような弥縫策が焼石に水に過ぎないことは誰の眼にも明らかである。そればかりか他方では、これまで以上に教師の「多忙化」を促進する動きが強い潮流をなしているのである。

香川県国民教育研究所（香川民研）ではこの問題について、生活科、初任者研修、「いじめ」・不登校、高校中退などの諸問題と併せて追究を続けてきたが、何分ここまで重症となった事態に係わる問題だけに、発表を予告した現在までに充分な成果を結ぶには至らなかった。しかし何時までも放置しておくわけにもいかないので、いささか見切り発車の憾みはあるが、取り敢えず問題点の概括（村瀬論文——本稿）、小学校および中学校に関する実態分析（小早川[1]・八村論文[2]）の三篇を以て第一段階の報告に代えることにした。約束不履行を謝罪するとともに、今後の継続的研究への大方の協力を懇願する次第である。

Ⅰ　日本の長時間労働

教師の「多忙化」を問題にする場合、そこに含まれる二つの側面を明確に抑える必要がある。一つは、教師に限らず、我国の労働者全体に背負わされている「時間問題」一般との係わりという側面である。教師における勤務の繁雑化・過密化・長時間化は、我国の労働者全体の過密・長時間労働と共通の人権問題である。そしてかかる状況の打破による「労働生活の人間化[3]」、乃至は労働を含む「生活」一般の人間化が今日の重要問題である限り、教師もまたすべての労働者と課題を共有していることになろう。

今ひとつは、教師という職業上の特性、すなわちその「使命職」乃至「聖職」——この言葉には抵抗があるかも知れないが——といってよい特性と係わる側面である。この側面に関しては、「多忙化」問題は、①勤務時間内における「多忙化」の問題、②教師の生活全体に影響を及ぼす長時間労働の問題、という二つの視点からの接近が要求される。①は直接の教育活動に関連する問題であり、②は教育の実践主体たる教師の**教養状態**——従って直接の教育活動の前提条件——に関連する問題である。かくて「多忙化」に由来する教師の人権問題はやがて教育を受ける児童・生徒たちの人権問題でもある。

さて、本稿は主として第二の側面を主題とするものであるが、しかしそれは第一の側面と不可分の関係にあるから、まず初めに、我国の長時間労働についての最小限の確認を行っておこう（以下の記述内容は本稿執筆当時〔一九八八年〕のものであるが、基本的な傾向または問題状況そのものは現時点〔二〇一九年〕にも継続されており、また本稿の原型を再現する必要もあるので、数値等はそのままにしておく——村瀬）。なおこの問題は多くの研究論文で扱われているが、ここでは便宜上、基礎経済科学研究所の明らかにしたデータ(4)に依拠することとする。

（1）日本の労働者に強いられている長時間労働の状況は、年間「実働時間」（所定労働時間＋残業時間－欠勤時間）の国際比較を見れば一目瞭然——とは言っても、これは公けにされた数字であって、実態とはなお遥かに懸隔があるが——である。すなわち一九八〇年のそれによると、西側一九ケ国の被用者年間実働時間の中央値は一六六五時間、これに対して日本のそれは二〇九〇時間であるから、国際比較より四二五時間（一労働日八時間とすれば五〇日以上）も長いことになる（因みに被用者計で二〇〇〇時間を超えているのは日本だけ、肉体労働に限って言えば、日本、ギリシア、アメリカだけである)。これをスウェーデン、ベルギーなどと較べると、日本人は実に年間五五〇時間(後述の如く実態はそれ以上)も多く働いているのである。

(2) 日本の所定労働時間(週)は平均四四時間(一九八六年)で、先進工業国の平均より四時間以上も長い。その上、残業時間が週四時間前後と極めて長く、殆どの国の週一時間前後、アメリカおよびイギリスの週二時間台を大幅に上回っている(このような状態が放任される一因は、我国の労働基準法の杜撰さ、すなわちその第三六条に基づく労使の協定によって残業時間を無制限に延長できる仕掛けにある)。だが所定労働時間に残業時間を加えてみても、経営によっては一日の平均労働時間一六時間などという悲鳴に近い声さえ聞かれる実態に遥かに及ばないのは、統計数字に現れない——従って残業手当も貰えい——所謂「サーヴィス残業」なる野蛮な慣習が横行しているからである。

(3) 我国労働者の「時間問題」に関して殊に重視しなければならないのは、年次有給休暇の貧弱さであろう。ヨーロッパ諸国においては、最低の年次有給休暇は、立法で三〜五週間、しかし実際の協定ではこれを一〜二週間上回り、四〜六週間が通例となっている。立法で僅か一〇日とされているイタリアでも、協定では四〜六週間の休暇が保障されている(アメリカはこの点で極めて遅れており、立法上の規制はなく、協定による付与日数は一〜二週間に過ぎない)。つまりアメリカなどの例外を除けば、年次有給休暇の延長は国際的な趨勢であり、しかも多くの国において完全消化の義務づけと、小間切れ取得の禁止が行われ、労働者は数週間に渉る連続休暇を享受しているのである（ヴァカンスの盛況を見よ！）。これに対して我国では、立法では六日、平均付与日数一五日前後、しかも消化率は五〇〜六〇％（八〜九日）、加えてその殆どが小間切れ取得であるから、労働者は年中企業に拘束されており、人間としての充電時間が殆ど奪われた状態にあると言ってよい。

そのほか通勤時間や余暇管理など取り上げるべき問題は多いが、以下の論述との係わりにおいては、以上の点が指摘されれば充分であろう。このような長時間労働が特に人間の実現という観点から見て如何なる問題を孕んでいるかについては、Ⅲの項目において改めて詳述することにしたい。ここで再度強調しなければなにないのは、教師の「多忙化」が、上述の如き、国際的な常識を遥かに逸脱した「日本型企業の論理」に追随する形で進行してきたということである。教員研修の講師として企業の社長や企業関係者を招くなど、「企業の論理」を教育界に浸透させ、企業労働者の状態に教師を巻き込もうとする意図的な動きが露骨に見られる昨今、我々としては、まさに我国の「企業型モデル」こそ、人類が獲得しつつある良識に違反する怪異な代物であること、教師を企業労働者の状態に合わせるのではなく、逆に企業労働者をその状態から解放し、国際的な常識に合わせていくことこそ現下焦眉の課題であることを重々意識しつつ問題に対処していく必要があるであろう。

Ⅱ　教師における「多忙化」の特性

教師の「多忙化」の原因としては、学校事務・校内分掌による事務の繁忙化、必ずしも教育の内実に繋がらない「週案」の作成、押しつけの官製研修、文部省（当時――村瀬）・県・郡市など各段階の指定研究およびそのための事前研究、学力テストおよび校内・校外模擬試験に係わる業務、各種の部会、クラブ・部活動の過熱化と時間延長、非行対策、問題生徒に対する家庭訪問、「モンスター・ペアレント」への応対、等々、そしてそれらの累積、というよりもむしろ相乗作用、といった事態が挙げられよう。小学校および中学校におけるそれらの実態の詳しい分析は本誌掲載の小早川・八村論文に譲ることとし、ここではこうした実態を把握する「視点」に限って論を進めることにしたい。

先ず勤務時間内の「多忙化」の問題、すなわち直接の教育活動乃至はその「質」に対する「多忙化」の影響の問題について見よう。香川県教職員組合婦人部の「生活実態調査」によると、「多忙化」の弊害として、教師のうち三八％が「教材研究・授業準備ができない」を、三一％が「児童・生徒に接する時間が少ない」を、二五％が「日頃子供のノート類をゆっくり見ることができない」を、九％が「職員間の交流が充分できない」を挙げている。また放課後子供と触れ合う時間（部活動を除く）について、「ほとんどない」「あまりない」と回答した教師が実に八一％に及んでおり、「充分ある」と答えた教師は僅か一％に過ぎない。なおこれらの数値にはなお裏を読んでおく必要がある。というのは、最初から教材研究や子供との触れ合いや教師間の交流に熱意のない教師は、抑々現状に問題があるとは思わないであろうからである。それ故、実際にはアンケートの結果よりも一層酷い状態にあると想定しておかなければならない。――以上に示された数値は、最近子供たちが抱いている「教師像」と驚くほど一致している。

このことは何を物語っているのか。――それは、「多忙化」によって教師に強いられている犠牲的献身が、それに見合う教育の質的向上、教育内容の豊富化、子供たちへの発達保障の充実化に繋がっているどころか、まったく逆に、教材研究・授業準備、子供たちとの接触時間、教員集団の形成など、教育の根幹乃至原点に係わる部分の疎略化を伴うことによって、教育の質的低下、教育内容の貧弱化、従ってまた子供たちの発達権の侵害という由々しい結果として現れる、ということ以外の何ものをも意味しない。こうした状況は、「多忙化」の原因となっている諸要素のうち、不必要な雑務の除去、それ自体は不必要ではなくても現状では必ずしも教育の内実に繋がっていない要素の簡略化、教育の根幹をなす局面への重点的な時間配分と労力集中、つまりは勤務内容の簡素化と充実化――それによる教育そのものの**「意味回復」**――という課題を提起している。

次に教師の生活全体に対する「多忙化」の影響の問題について見よう。「多忙化」のため勤務時間内に基本的な教育活動を行う余裕が狭められているという状況に対しては、教師の側でも何らかの仕方で対応しなければならない。一つの可能な対応の仕方は基本的な教育活動そのものの省エネルギー化――例えば教材研究や授業準備の疎略化やサボタージュ――である（もっともこの種のアンチ・モラリッシュな対応も現状ではもはや限界に達していると言えよう）。だがこうした怠業を潔《いさぎよ》しとしない多くの真面目な教師は、勤務時間の延長――学校に残るにせよ、仕事を家に持ち帰るにせよ――という仕方でこれに対応するほかないであろう。なお部活の過熱化や非行対策など、特殊今日的な問題状況が、教育活動の長時間化に環をかけている実情も無視できない。さらに問題なのは、家庭や地域における教育力の低下の代償をすべて学校に押しつけ、教師からできるだけ多くのサーヴィスを収奪しようとする風潮があり、最近における勤務の繁雑化や長時間化（例えば部活時間の延長）が多分にそうした圧力の影響を被っているということ、或いはこれを裏から言えば、こうした風潮があるのをよいことに、教師の犠牲的「超過勤務」を当然視する管理主義が横行しているということである。

かかる状況は、第一に、他の労働者と共通する教育労働者の人権に係わる問題として捉えられなければならないであろう。確かに教育労働には、他の賃金労働と異なり、その性格上一労働日の時間量を機械的に規制できない側面がある。しかしだからと言って、教師の犠牲的「超勤」を常態化している――常時「超勤」に頼らなければ教育活動が成り立たない――状況は明らかに異常と言うほかはない。教育労働が本来正規の授業、教材研究、授業準備、子供たちの提出物の点検、生活指導、課外活動、等々を含むものである以上、学校経営はそれらが基本的には所定の勤務時間内に処理できるように計画されていなければならない筈である。勤務に拘束された時間以外には殆ど家事的・生理的生活時間しか残されていないような生活の常態化は、まさに「自由時間」――この概念については後述――の拡大によって「労働生活の人間化」を計ろうという国際的な趨勢に逆行しているのである。

しかし教育活動の長時間化は、単に労働者一般と共通の人権問題であるだけでなく、教師の資格要件に、従ってまた教育の質に係わる側面に繋がっている。それは次の意味においてである。例えば国語教科書のなかの文学的教材を研究する場合、教師は単に無前提にではなく、かかる研究に従事し得る「力能」を具えた主体としてこの教材に臨むのでなければならない（つまり教材研究一つ取っても、それは当該の教材に限られた知識と一定の教授スキルを身に着けていれば済まされる事柄ではない)。この「力能」のうちには、日本文学・世界文学についての――大人としての、或いは「教養人」としての――高度の文学的素養、子供の発達についての科学的知識、さらには子供の発達段階・発達課題に適合する仕方でこの教材を今一度ヒューマナイズする見識、等々が含まれているであろう。しかるにこの「力能」の達成そのものは直接の勤務とは別の生活課題、すなわち「自由時間」においてのみ遂行される生活課題に属している。また例えば、教師が子供たちの社会的・文化的自己達成を助長する使命を担う以上、彼自身もまた、単に教師という一職業人としてだけでなく、民主主義社会を構成する一般の社会人として、それ故教育現場を離れた他の活動領域についてもまた、社会的・文化的に自己達成を遂げた主体、つまり社会的・文化的な「力能」を具えた主体である必要がある。しかるに後者は一般の社会人と共通の社会的・科学的・芸術的諸活動への参加を通してのみ獲得され得るものであることは言うまでもない。すなわち、「自由時間」の確保によってのみ保障される一般的・人間的な「力能」、**つまりは人間としての高度の教養状態**が、**正常な教育活動の前提条件**であり、教師という「使命職」の資格要件となるのである。従って教師から「自由時間」を剥奪するとは、まさに教師からその基本的な資格要件を剥奪することにならざるを得ない。

なおこのことと関連して特別に問題視されなければならないのは、最近の教師にとって夏季休暇の時間が極度に短縮されていることである（こんなことは世界中でも殆ど例がない）。もとよりこの夏季休暇は、前項で述べた労働者一般の権利としての所謂「連続休暇」ではなく、子供たちの「夏休み」に付随して慣行上与えられていた「自主研究時間」――その意味での勤務時間――であったのであろうが、しかし少なくともそれはその処理が教師の自由裁量に委ねられた時間として、自らの教養状態を向上充実する上で極めて貴重な機会であった。かつて筆者の少年時代には、夏休みが終われば、その間に豊かに「充電」された先生に接することが出来た。それによって子供たちは採点によって数値に還元される「学力」などよりは遥かに意義深い文化的富、人間的成長の糧を与えられた。最近の子供たちは、夏季休暇の時間を短縮・管理され、それ故この間に自分たちと同類の經驗しか積んでいない教師としか接することが出来ないのである。従って教師におけるこのような状態はやがて子供たちからその発達の糧そのものを収奪することに繋がると言わなければならない。

Ⅲ　時間使用と人間の実現

さてここで、「時間使用」と人間の実現との関連について幾らか法則的に把握しておく必要があるであろう。この点に関して参考になるのは、現代フランスの哲学者リュシアン・セーブ（Lucien Sève）によって提起された卓抜な「仮説」、すなわち人格の土台（下部構造）をその活動の内的論理たる「時間構造」において、また特に「発達した」人格の現実的土台をその「時間使用」において把握する見解である。(5)

説明を簡略にするために、先ずセーヴの理論に登場する諸概念を、簡単なコメントを挟みつつ列挙しておこう。

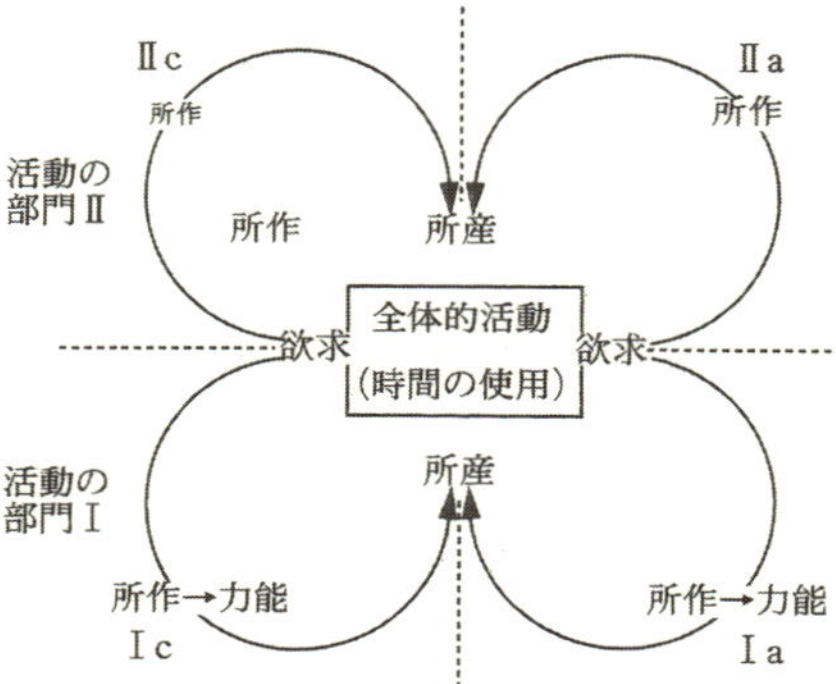

〔図1〕

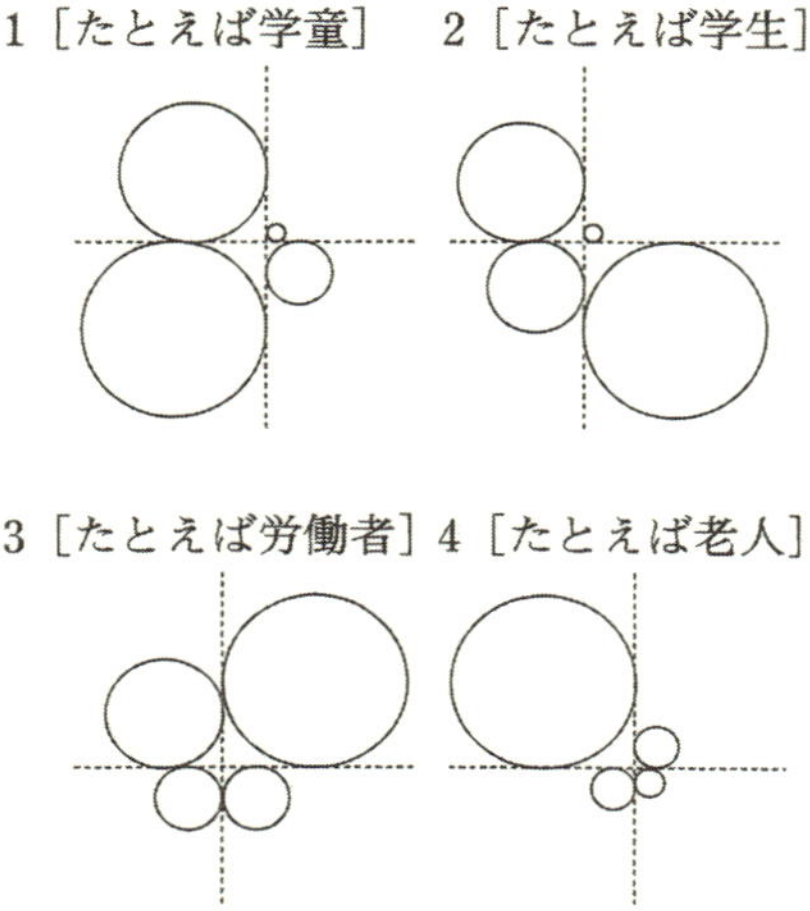

〔図2〕

(1)二つの基本概念、すなわち**「所作」**および**「力能」**。——「所作」は或る一つの生活記録に結びついた振舞であり、その系は生活記録の内容である。「力能」は或る「所作」を何らかの次元において可能にするような「現在の潜勢力」である。

(2)第三の基本概念としての**「所産(Produiut)」対「欲求(Besoin)」の比率(P/B)**。——この比率こそが活動(所作)を促す動機づけの要素であり、かかるものとして人格をその深部において特徴づける指数である。

(3)「抽象的活動(a)」並びに**「具体的活動(c)」**。——資本主義的生産条件のもとで分離する人格活動の二側面であり、前者は**資本主義的な意味**において**社会的に生産的な**人格活動を、後者は**直接個人自身に関係する**一切の人格活動を意味する。

さて、以上のうち（1）および（3）の諸概念を以て人間の諸活動を分類し、これを図示すれば、**〔図1〕**の如くになる。

ここで人間の諸活動は大きく二つの部門、すなわち自己の諸能力そのものを産出・発展・種別化する「所作」の総体（**部門Ⅰ**〔横点線の下部〕）と、すでに習得した諸能力の発揮によって一定の結果（生産物・作品など）を生産する「所作」の総体（**部門Ⅱ**〔横点線の上部〕）とに分かれる。これに**「抽象的活動（a）」**および**「具体的活動（c）」**の概念を組み合わせると、四種目の活動部門が成立する。すなわち、

①**Ⅰa**――客観的な社会的活動および社会的諸関係によって要求される**「力能」**を形成し発達させるような「所作（学習）」の総体。

②**Ⅰc**――具体的活動において発揮される**「力能」**を形成し発達させるような「所作（学習）」の総体。

③**Ⅱa**――社会的労働を直接成立させるような**「所作」**の総体。

④**Ⅱc**――個人にとつて直接意義のある**「力能」発揮（＝「所作」）**の総体。

かくて現実的な**「時間使用」のトポロジー**はこれら四つの活動の複雑な結合として把握される。**〔図2〕**は仮定的な四つの**「時間使用」**の事例を示したものである。なお〔図2〕における四つの基本円は、セーヴ自身断っているように、全体的な時間使用のパーセンテージの純粋に量的な側面の提示によって、現実的な人格構造の多様性を極く単純化した形で示唆するに過ぎない。また各「所作」の内実――内奥の意味――およびその動態、または或る時間使用から他の時間使用への推移を捉えるためには、各象限に深く作用している「P／B」を分析する必要があろう。さらに時間使用の各

〔式１〕

$$\text{時間使用の有機的構成} = \frac{\text{部門Ⅰに属する時間使用部分（所作→力能の生産）}}{\text{部門Ⅱに属する時間使用部分（所作→生産物の生産）}}$$

局面には、それぞれ「中間的形態」――例えば〔Ⅱａ〕に属する教育労働（この点については後述する）――があることも忘れてはならない。だがこれらの事柄について詳述する遑はないので、ここでは差し当たって上記の単純化された図示を以て満足しなければならない。

さて〔図１〕の基本型を二つの側面から見ることにしよう。一つは縦軸に沿った〔部門Ⅰ〕と〔部門Ⅱ〕との関係であり、ここで問われているのは「人格的成長の内的ダイナミズムおよびその特殊性の必須問題」である。そしてこの問題は、先ずは**〔式１〕**の公式で表されるところの**「時間使用の有機的構成」**の問題である。

ここで、有機的構成の比率の高さは、時間使用に含まれる学習活動（自己の力能そのものの産出・成長に携わる所作）の割合の高さを示している。従って高比率の有機的構成を恒常的に維持し得るか否かは、人格の発達に根本的に係わっているのである。では、この比率が低く抑えられる場合、それはどのような筋道を辿って人格に影響を及ぼすのであろうか。先ずは〔部門Ⅰ〕の割合が貧弱になるのであるから、当然それに伴ってこの部門における〔Ｐ（心理学的所産、ここでは学習という所作が人格に齎す可能的な結果）〕が萎縮し、従って動機づけ要素たる〔Ｐ／Ｂ〕は低下する。換言すれば、時間使用の有機的構成の低下に応じて、それだけ発達の見込みが乏しくなり、つまりは「心理学的所産」の価値が下落し、従って向上への動機づけが希薄化する。かくて、あらゆる「心理学的進歩」（力能に対して及ぼされる所作の積極的結果＝力能獲得または力能より成る固定資産の増大）の停滞が招来されるのである。それはつまり人格の発達開化の抑圧、従って人格の内実そのものの萎縮と骨化を意味するであろう。

今一つは、横軸に沿った**「抽象的活動」**と**「具体的活動」**との関係の問題、或いはそれに応じた**「抽象的人格」**と**「具体的人格」**への**「人格の二分割」**の問題である。先ず活動の面から見よう。ここに所謂「抽象的活動」と「具体的活動」との区別は、言うまでもなく資本主義的商品生産における労働の二重性、すなわち「価値」を産み出すものとしての「抽象的人間労働」と「使用価値」を産み出すものとしての「具体的有用労働」への労働の二重化の理論から発想されたものである。さて、資本主義的諸関係のもとでは、両者のうち「抽象的活動」のみが社会的に生産的な労働である。しかしこれは活動そのものとしては労働者個人にとって**内容上の関心事**とはなり得ない、換言すれば彼にとって**自己確証としての性質**を有しない――それ故にこそまさしく**「抽象的な」**――、従って単に生計の糧を獲得する手段に過ぎないような活動である。他方、「具体的活動」は、もとよりその名の如くその活動が**個人にとって直接有意味な**、つまりその**規定性**が個人にとって**関心事**となり得る活動であるが、この方は逆に社会的に生産的な活動から排除される。以上のような活動の分裂は、人格の在り方に次の如き影響を及ぼす。すなわち、先ず〔部門Ⅱａ〕における「抽象的活動」の疎外された形態は、この部門における力能獲得（Ⅰａ）の魅力を喪失させ、また特に我国における長時間労働のもとでは力能獲得の機会をさえ狭めるから、それは必然的に「抽象的活動」部門（ａ部門）における「時間使用の有機的構成」の比率を低下させる。その当然の結果として、「抽象的活動」における「心理学的所産」の価値は下落し、それに伴って進歩率の衰退と進歩の逓減が招来され、かくて「抽象的人格」全体の硬直化が齎される。では「具体的活動」部門においては如何であろうか。〔部門Ⅱc〕の活動は、社会的に生産的な、従って社会的に重要な活動としての性格を奪われている限り、狭隘な私事、俗悪な趣味（Kitsch）への耽溺、または代償行為の類でしかあり得ない（特に「長時間労働」のもとでは、「具体的活動」の余地全体が縮小されるから、ここで重要な、人間的・社会的・文化的に価値の高い活動を行うことは益々困難になる）。それ故ここでもまた、〔部門Ⅱc〕の魅力喪失→「具体的活動」部門における「時間使用の有機的構成」の低下→〔部門Ⅰc〕における「心理学的所産（P）」の価値下落（＝〔P／B〕の低下）→「具体的人格」の骨化、という一連の結果が生ずる。

ところで、セーヴによって提示された以上のような「仮説」は、教師の「多忙化」問題を扱う場合にも——それの賃金労働一般との共通性のみならず、特殊性を明確にするためにも——有効な発見術的（heuristisch）意義を具えていると思われる。ここでは紙幅の都合上、早速その特殊性から着手しよう。先ずその特殊性が顕著に現れるのは、教師の「社会的に生産的な活動」、つまり部門Ⅱaに該当する活動においてである。ここでの活動（教育労働）は、活動内容の絶対的無関心性を以て特徴づけられる「抽象的活動」一般とは元来異なった性格を刻印されている。教師が携わるのは児童・生徒の心身の陶冶であり、それはその特殊な規定性において活動主体にとっての重大な関心事である筈である。かつまたかかる活動の成果、すなわち子供たちの成長と発達は、同時に教師自身の自己確証でもある。これはセーヴの所謂「抽象的な社会的労働の具体的側面」を、今日の状況下において最大限に確保した活動の種目と言ってよいであろう。そしてその活動条件が充分に保障されている限り、教師の人格における〔P／B〕は極めて高率である筈である。しかし教師の「多忙化」現象のもとで、子供たちとの触れ合いや教材研究など児童・生徒の心身の陶冶に直接係わる部分が縮小され、つまりその活動から教育活動としての基本的性格が失われるに従い、それは限りなく「抽象的労働」一般の性格に接近していくであろう。かくてそのための「力能」獲得は魅力を失い、先に「抽象的活動」の箇所で描いたと同じ経過が辿られる。そしてその結果は再び〔部門Ⅱa〕の活動に反映し、必然的に教育の質的低下と形骸化を齎さずには済まないであろう。

次に「多忙化」現象の「具体的活動」部門への影響を見よう。教育活動からの「具体的側面」（〔Ⅱa〕のなかの具体的側面）の希薄化と労働時間の延長による「具体的活動」時間（部門Ⅰ）の全般的縮小とは、〔部門Ⅱc〕を「社会的に生産的な活動（部門Ⅱa）」から乖離させ、〔部門Ⅱc〕そのものの内実を低級な私的享楽への逃避の場と化すに違いない。〔部門Ⅱc〕のかかる状態は、当然〔部門Ⅰc〕の状態に影響し、ここでもまた前述の論理に従って「具体的活動」に関与する「力能」そのものの低下を齎し、それが再び〔部門Ⅱc〕の内容・水準に反映される。以上の如く、「具体的活動」部門がもはや有益な社会的・科学的・芸術的な諸活動への参加もしくはそのための「力能」獲得の場ではあり得なくなったとすれば、それのもとで「具体的人格」は全般的に萎縮・硬化し、その教養状態は顕著な低質化を免れないであろう。しかるに教育主体にあっては、前述した通り、その教養状態の充実は〔部門Ⅰa〕および〔Ⅱa〕における諸活動の前提条件であった。つまりここでは、「具体的人格」の状態が部門〔Ⅰa〕および〔Ⅱa〕の双方に対して一層根源的な「力能」としての意義を担っているのである。従って教育労働の「長時間化」による「具体的人格」の野放図な侵害は、やがて現実の教育活動そのものの無残な荒廃に繋がらざるを得ないであろう。

以上の如く見てくるならば、「時間使用」の問題が教師にとって如何に重要な問題であり、またそれを巡る闘いが如何に焦眉の課題であるかは自ずと明らかであろう。

Ⅳ　所謂「自由時間」の問題

先に「自由時間」なる用語を極く無造作に使用しておいたが、しかしこの概念の内包・外延は論者の間で必ずしも一致しているわけではない。ここでは三つの用例——但しそのうち一例は「自由時間」なる名称を意図的に避けている——を挙げておこう。

【1】アメリカ社会学における定義。[6]——ここでは「自由時間」は「余暇時間」との対置において規定される。すなわち、

① **自由時間（free time）**——必要な仕事や他の生活上の義務が成し遂げられた後に、個人にとって利用可能な、個人によって任意に消費し得る時間。

② **余暇時間（lesure time）**——**余暇価値**の追求に充てられる自由時間の一部分。

つまり「自由時間」は「余暇時間」を含め、すべての非拘束時間を表わす量的概念であり、「余暇時間」はそのうち特に自己充足・自己実現の「価値」に係わる質的概念である。

【2】「経済学的見地」により、特に「自由時間」「余暇時間」なる名称を避けた生活時間の分類。[7]

これを図示すれば次の如くになる。

- 生活時間
  - 収入生活時間
  - 消費生活時間
    - (a) 生理的生活時間(休息・睡眠等)
    - (b) 家事的生活時間
    - (c) 社会的・文化的生活時間

ここでは(c)がアメリカ社会学における「余暇時間」にほぼ対応している。にも拘わらず「余暇」なる名称が避けられたのは、それが与える「ひま」「何もしていない消極的時間」という印象を払拭するためである。また「自由時間」なる表現が避けられたのは、そこに含まれる生活基本時間や家事労働時間が一般には「自由選択」の余地あるものとは見なされていないこと、また今日では労働者がこれらの「自由時間」を必ずしも「自由に」駆使できる状況にはないこと、などが顧慮されたためである。

【3】「自由時間」に積極的内容を含意させた生活時間の分類[8](森岡孝二)。先ずこれを図示しよう。

- 生活時間
  - 拘束労働時間(通勤時間を含む)
  - **自由時間**
    - 能動的生活時間
    - 休息・睡眠時間

ここでは「自由時間」は、消極的には「能動的生活時間マイナス拘束労働時間」と規定される量的概念であるが、積極的には「人間的教養のための、精神的発達のための、社会的役割を遂行するための、肉体的および精神的生命力の自由な活動のための時間」[9](K.マルクス)と規定される質的概念にほかならない。なお森岡は、家事的労働時間を、単に量的意味においてだけでなく、同時に質的意味においても、「自由時間」の概念に含ませている。というのは、彼によれば、家事労働は、もし労働時間短縮によって「自由時間」が拡大され、男女を問わず家族全員がそれに参加できるようになれば、毎日同じ人間（女性）に押しつけられる「うとましい労働」としての性質から解放されるであろうからである。

＊　＊　＊

以上の諸見解のうち、先ず【1】について見ると、これは人間の時間使用のなかで特に自己充足・自己実現の「価値」を意識化させる点において、大いに傾聴に値する見解ではある。しかし「自由時間」が専ら量的概念に過ぎないとすれば、そこから「余暇時間」および「休息・睡眠時間」を差し引いた残余は一体何を意味するのであろうか。もしそれが自己充足の「価値」に係わりがないとすれば、それはむしろ無価値的な、或いは劣価値的な、時には反価値的な時間部分として、やはり価値論的な――その意味で質的な――問題性を帯びてくる筈である。筆者は「余暇時間」よりも外延の広い「自由時間」の全体が量的・質的の両面から問題にされなければならないと考えている。

では「自由時間」「余暇時間」なる表現を避け、「経済学的見地」を貫こうとする【2】の見解は如何であろうか。これもまた「社会的・文化的生活時間」の意義を浮上させた点で充分注目されよう。また「余暇（レジャー）」の語を避けるということも、我国におけるこの語の浮薄な、幾分かはふざけた慣用状況からして納得のいくところである。しかし「自由」の語についてはどうであろうか。むしろ「社会的・文化的生活時間」をまさにこの名に値する質において充実し得るか否かを決定する「自由裁量」の質こそが――従って人間としての「自由」の在り方こそが――「時間使用」に係わる重要問題ではなかろうか。さらにこの分類の一層根源的な問題性は、それ自体社会的・文化的な貢献価値を有する筈の「社会的・文化的生活時間」を、専ら「経済的な」観点から、「消費的生活時間」として把握し評価している点に存する。社会的意義という点から見て生産的か消費的かということは、収入を齎すか否かという経済的観点のみによっては類別し得ない問題である。またここで「家事的生活時間」が故意に「社会的・文化的生活時間」から分離されていることも、この分類の孕む重大な問題点であると思われる。というのは、こうした分離は、家事労働を「自由選択」の余地のない「うとましい労働」とする既成観念を固定化することになりかねないからである。むしろ家事労働を「自由裁量」に基づく文化的生活設計の一事として位置づけ得るか否かということが、特に最近の子供たちの成育状況の問題性からして、今日極めて重要な生活課題であると言わなければならない。

以上の観点からして、筆者は、質的概念としての「自由時間」の正当な位置づけを含む【3】の森岡孝二の分類が、生活時間の問題、乃至は「時間使用」の問題を取り扱う上で最も妥当な見解であると考える。しかしここにも幾らか気がかりな点がないわけではない。例えば、多くの労働分野においては基本的に「抽象的活動」時間に属する「拘束労働時間」を「自由時間」とともに「能動的生活時間」として特徴づけてよいのか――というのは、「能動的」という形容は、通常「主体的」「自主的」「自己決定的」という意味合いを含むから――、或いはまた、各々の「活動内容」という観点からして、「拘束労働時間」と「自由時間」との間にある程度の相互浸透の関係が想定されな

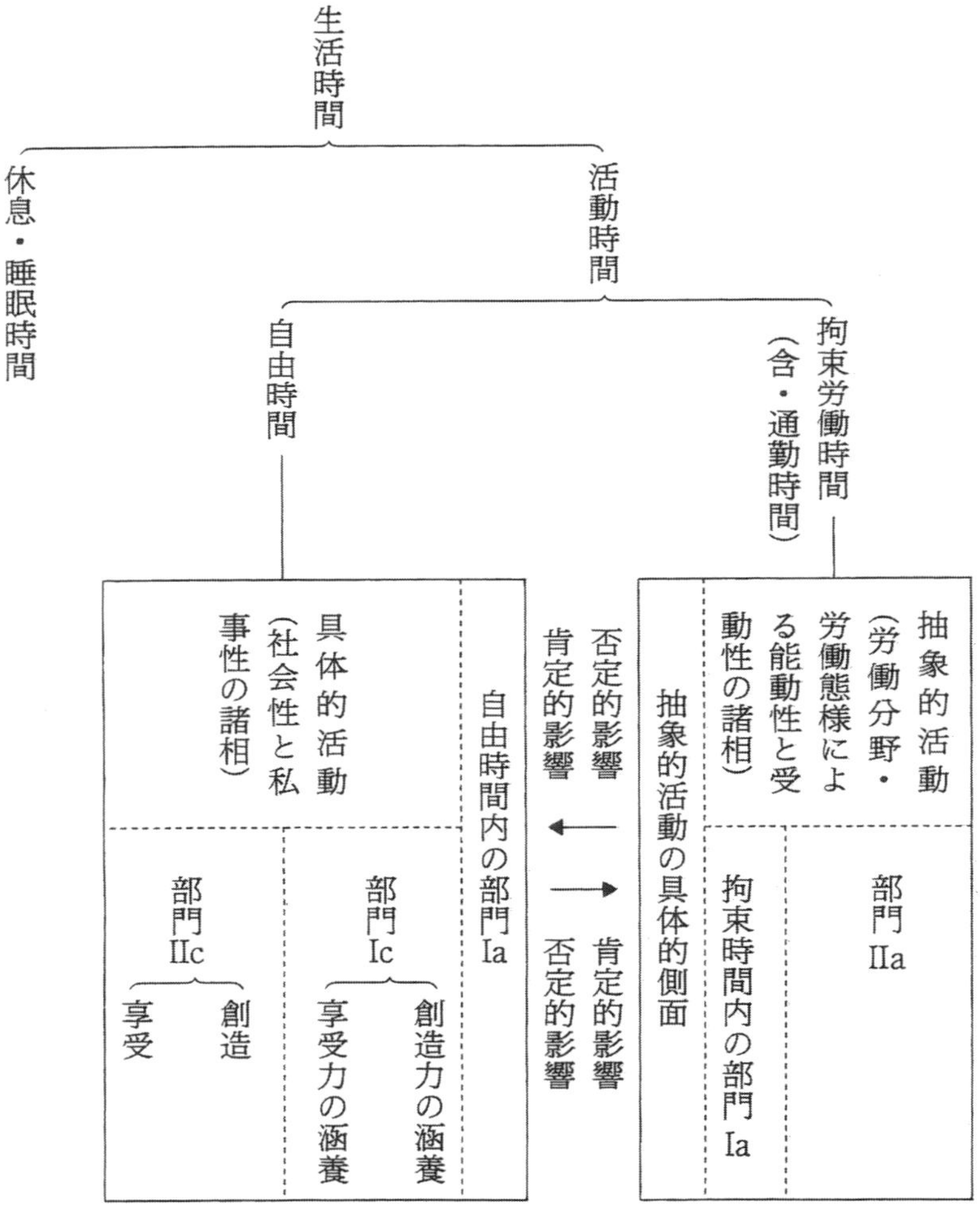
生活時間
休息・睡眠時間
活動時間
自由時間
拘束労働時間（含・通勤時間）
自由時間内の部門Ia
具体的活動（社会性と私事性の諸相）
部門Ic
創造力の涵養
享受力の涵養
部門IIc
創造
享受
否定的影響
肯定的影響
肯定的影響
否定的影響
抽象的活動（労働分野・労働態様による能動性と受動性の諸相）
抽象的活動の具体的側面
部門IIa
拘束時間内の部門Ia

〔図3〕

くてもよいのか、等々。――故にここには、基本的に森岡の見解を継承しつつ、これに前項で関説したリュシアン・セーヴの「仮説」を加味して再構成した【図3】のような分類図式を提案したい。

この図において、「拘束労働時間」のなかにも、完全に管理主義に支配された受動的な局面と、それなりに自主性や自己決定性の認められた能動的な局面のあること、またその時間の大部分を占める〔Ⅱa〕のほかに、幾許か研修その他の〔部門Ⅰa〕が組み込まれていること、さらに本稿の主題である教育労働に典型が見出されるような、もし健全に営まれるならば自己確証としての性格を濃厚に具えた「具体的側面」が含まれていること、などが示される。次に「自由時間」のなかにも、自由裁量によって〔部門Ⅰa〕の活動――例えば、通常の授業の遂行にとっては必ずしも義務的ではないが、しかしより良き授業を実現するためには身に着けるほうが望ましいような「力能」の獲得――が組み込まれ得ること、〔部門Ⅱc〕および〔部門Ⅰc〕の活動にも社会性に開かれた局面と私事性に閉塞した局面とがあること、また〔部門Ⅱc〕においては創造のみならず享受――例えば芸術の鑑賞――にも重要な意義が帰され、〔部門Ⅰc〕においてもそれに対応した活動――例えば芸術鑑賞力の陶冶――が要求されること、などが明らかにされる。さらに「拘束労働時間」における活動と「自由時間」における活動との相互浸透・相互媒介、より具体的に言えば両者の間の肯定的並びに否定的な相互影響が考慮に容れられている。

さて、ここで特に注釈を要するのは所謂「自由時間」の概念についてであろう。筆者が森岡孝二とともにかかる「自由時間」概念を採用したのは、すでにこれまでの叙述によって示唆したように、それが自由裁量によって駆使し得る時間、つまりマルクスの所謂「自由に処分し得る時間」として、その使用に携わる人間の在り方を――アメリカ社会学における「余暇」概念の如き主観的經驗の観点からだけでなく、同時に現実的・社会的実践の観点からも――主題化し得る概念だからである。マルクスは「自由時間」を「余暇時間であるとともにより高度な活動にとっての時間[10]」と規定した上で、「一般に社会の必要労働のある最低限への縮減」には「すべての諸個人のために遊離された時間と創造された手段とによる諸個人の**芸術的・科学的等の教養**が対応する」[11]（ゴシック―村瀬）と指摘する。彼がここで敢えて「芸術的・科学的」と明記しているのは決して単なる筆の滑りではないであろう。すでに前項においてリュシアン・セーヴに依拠しつつ指摘したように、人間の社会性の大部分が「抽象的活動」としての拘束労働に吸収されるならば、その「自由時間」は社会的に無意義な――文化的に低質な――享楽、くだらぬ私事への閉塞の場に堕するであろう。マルクスが自由な「時間使用」を「芸術的・科学的」活動を以て代表させたのは、非生産的な「私事時間」への「自由時間」の頽落に対する警告の意が込められていたと思われる。このことを了解した上でさらに次のマルクスの言葉を見よう。「労働時間の節約は自由時間の、つまり個人の完全な発達のための時間の増大とひとしく、またこの時間はそれ自身ふたたび最大の生産力として、労働の生産力に反作用を及ぼす」。「自由時間」は「いうまでもなくそういう時間をもっている者をある別の主体に転化するのであって、そのばあい彼はこうした別の主体として直接的生産過程にもはいっていく[12]」。ここには社会的に生産的な労働が、もし「疎外された労働」でないならば、或いはそれが「抽象的な社会的労働の具体的側面」であってさえ、増大された「自由時間」のもとで獲得される**教養状態**に大幅に依存していることが極めて彫琢的に描かれていると言えよう。

小括

以上の観点から教育労働の特質に眼を向けるならば、――教育労働は、それ本来の性格からして、決して全面的に「抽象的活動」でも、また全面的に「疎外された労働」でもない。そこで営まれるのは子供たちの心身の陶冶であり、教育作用に呼応するのは子供たちの人間的成長である。教師は、充分な「自由時間」のもとでの、決して私事的ならぬ――社会的・文化的意義を具えた――活動、つまりは「芸術的・科学的」活動、学校外の場における一市民としての社会的交流・社会的役割遂行などを通して「別の主体に転化した」――自らの教養状態を充実した――姿で、子供たちの待ち受けている教育現場に登場する権利を有し、かつその義務を負っている。

しかるに、従来のアンケート調査の結果を見ると、「多忙化」によって「子供たちとの触れ合い」や「教材研究」のための時間不足を嘆く声は強いが、「自由時間」の剥奪による**自らの教養状態の衰弱の危機**を訴える声はあまり聞かれない。もし完成された職業人を以て任じ、或いは自己自身の教養状態を不問に付し、ただ教材研究に必要な範囲の知識や教授スキルなどの職業的「力能」のみを利器として子供たちに接することを教育的「良心」と心得る風潮が蔓延しているのでなければ幸いである。或いはまた、労働収奪を合理化する風潮のなかで、教師としての正当な権利を主張することに幾らか尻込みをしている嫌いがないとは言えない。しかし今日の教育的問題状況の相当部分は教師における「自由時間」の量的・質的貧困化と不可分なのである。この局面において自己の正当な権利要求を引き下げることは、未来を産むものとしての自己の歴史的義務を後退させることでしかない。教師における「時短」闘争はやがて子供たちの発達権を守る闘いでもある。

【注】

（1）小早川裕「指定研と多忙化」、『香川民研研究報告』第2号、一九八八、一二

（2）八村瑞恵「職場の多忙化――中学校における実態」、同右誌。

（3）この点については、野沢浩『労働時間と法』、一九八七、日本評論社、三〇七頁、参照。

（4）基礎科学研究所編『労働時間の経済学』（一九八七、青木書店）所収の藤本武・森本孝二論文、参照。

（5）以下の叙述は、リュシアン・セーヴ『マルクス主義と人格の理論』（大津真作 訳）、法政大学出版、第四章に拠る（原書 Lucien Sève, Marxisme et Théorie de la Personnalité, 1969.）。

（6）野沢浩、前掲書、一八頁。

（7）同右。

（8）基礎科学研究所、前掲書（森岡孝二論文）、六五頁。

（9）マルクス『資本論』（岡崎次郎訳）、Ⅰa.『マルクス・エンゲルス全集』（大月書店）、23a. 三四六頁（原書 K.Marx, Das Kapital, Kritik der politischen Ökonomie, erster Band, 1867. Dietz. S. 280.）。

（10）マルクス『経済学批判要綱』（高橋幸二郎訳）Ⅲ、六六一頁（原書 K.Marx, Grundrisse der Kritik der politischen Ökonomie, 1857 ~ 1858, Dietz Verlag Berlin, 1953. S.599.）。

（11）同右、六五四頁。

（12）同右、六六一頁。

第四部
教養としての平和思想

ニコライ著『戦争の生物学』における「愛国心」の問題

——訳者・山本宣治の顕彰を兼ねて——

憲（原憲）、恥を問う。子曰く、邦に道有れば穀（食禄）す。邦に道無くして穀するは恥なり。

『論語』憲問

蓋し聖人（孔子）の心は、即ち天地の心、遍覆包涵、容れざる所無し。其の善を善しとして其の悪を悪む。何ぞ華・夷の弁有らん。後の『春秋』を説く者、甚だ華・夷の弁を厳にす。大いに聖人の旨を失す。

伊藤仁斎『論語古儀』巻之二

前言

本日この講演にお招き頂いたのは、恐らく昨年上梓した拙著『東洋の平和思想』に因んでのことと思われます。そこでこの書物と関連のある論題を色々考えたのですが、すでにそこで触れたテーマを再説するのは屋上屋を架する徒労と思われますので、本日はこの書物で扱おうとしながら、分量の関係で割愛せざるを得なかった一つの貴重な平和論、すなわち山本宣治（一八八五〜一九二九）の翻訳したゲオルグ・エフ・ニコライ（Georg F. Nikolai）著『戦争の生物学』を取り上げることに致します。

と申しましても、この著作は『山本宣治全集』（ロゴス書院）の最初の二巻を占め、全部で千頁に垂《なん》んとする大著であり、限られた時間内にその全容に論究することはとても出来ませんから、本日は「愛国心」の問題に絞って報告することに致します。なおこの問題を論点に据えたのは、それが現在憲法・教育基本法（一九四七年基本法——村瀬）改悪を策している勢力の最重視している事柄であり、そしてこの問題に関するニコライの見解が、憲法・教育基本法（同右）擁護のための我々の運動に少なからぬ示唆と支援を与えると思われるからにほかなりません。

〔注〕山本宣治の全集は、彼の死後間もなく刊行されたロゴス書院版と、一九七四年に刊行された汐文社版の二種類あるが、報告者は残念ながら後者を入手する機会を失したので、ここで

は現在手許にあるロゴス書院版に依拠する。

I　『戦争の生物学』翻訳の事情

山本宣治は治安維持法改悪反対や三・一五事件の犠牲者救済の闘いとともに、「二七年テーゼ」において「帝国主義戦争の危機に対する闘争」を掲げた日本共産党と呼応しつつ、「対支非干渉同盟」の代表者として奔走したのですから、日本における反戦平和活動の優れた先達の一人に違いありませんが、残念ながらこの問題に関する彼自身の思想を纏まった形で発表してはおりません（少なくとも私の所持する全集には収められておりません）。その代り彼は、ニコライの大著『戦争の生物学』の翻訳に心血を注ぎ、そこに反戦平和への思いを託したのです。――ここではこの翻訳の背後に進行した学者・思想家としての彼の歩みを簡単に辿りたいと思います。

山本宣治が生物学者として出発したことは周知の通りですが、所謂「純正科学」としての研究論文、つまり学会発表形式の論文は、「イモリ研究」の一篇しか残されていません。彼はその後も京都大学において染色体に関する研究を続行していましたが、恐らくその成果が実る前に、一層社会的な意義の高い啓蒙的な仕事に精力的に取り組むようになります。すなわち生物学者としての彼の努力は、同志社大学や京都大学や大阪労働学校における生物学や性問題に関する講義、青年の性生活に関する調査研究、所謂「性学（性科学）」の確立、「産児調節（制限）論」の展開などに注がれます。

これらの仕事には山本一流の見識が発揮されています。例えば専門外の学生や聴衆を相手とした生物学講義（全集第七巻、『無産者生物学』）の基調を、彼は「人生生物学」の名称で特徴づけています。その意味するところは、「純正科学」が森羅万象をそれの「目的」に係わりなく純客観的に考察するのに対し、一般向けの講義や著述はそうした研究の結果を無意味に羅列して提供するのではなく、「人生を豊富ならしめる」ために「適切と認められる重要な材料」を選択し、これを新たな「連絡統一ある形式順序」に再編して提供するのでなければならない、という点にありました（同右、二八九頁）。こうした山本の見解には、今日の所謂「教養教育」に提供されるべき学問の性格、私の年来の用語に従えば、「科学のヒューマニゼイション」としての学問の性格への先駆的な洞察が見出されます。

同様の先見の明はその産児制限論にも窺われます。ご承知のように、当時の政府は徴兵要員と産業予備軍の確保のため「産めよ増やせよ」の政策を採り、そのことが「貧乏人の子沢山」と言われるような無産者の生活苦の一因をなし、それ故にまた無産者の子女から中等教育・高等教育に浴する機会を奪っていたのですが、山本は生物学者の識見を以てまさにこの深刻な問題に切り込んだのです。彼は「現在の社会的害毒の全部又は殆ど全部が人口と食料との間の不均衡より来る」とする新旧のマルサス主義には賛成せず、これを「小ブルジョア的」と規定して非難しましたが、しかし問題の緊急性の故に、マルサス主義的傾向をもつサンガー（M.Sanger）夫人らの運動とも呼応しつつ無産者への産児制限の普及に努めたのでした。

さて、山本がニコライの『戦争の生物学』の前半（上巻）を翻訳・出版したのは、一九二二年、折から来日していたサンガー夫人と意見交換し、産児制限運動を開始しようとしていた頃、つまり彼が全面的に無産者運動に参加する時期より二年ほど前の頃でした。ところが、後半の翻訳は、恐らくは課題山積する社会的・政治的活動に忙殺されたせいでしょう、その時から大幅に遅れ、ようやく着手されたのは、一九二八年、彼が議会内外の苛烈な活動のなかで坐骨神経痛を病み、一時信州上林温泉に静養していた時です。彼は病気療養中であったにも拘わらず、日本帝国主義による中国侵略の危機が迫っていたことにも触発されたのでしょう、レーニンの胸像に「戦争撲滅の為奮闘せよ！」の標語を掲げて自らを叱咤し、孜々《しし》としてこの訳業に打ち込んだのでした。

日本語版『戦争の生物学』は、たとえ翻訳とはいえ、そこに戦争撲滅への山本の痛切な意思が託されており、また彼のような先駆者が心血を注いだ業績であって見れば、これを単なる舶来品としてではなく、日本思想史上の一遺産として、その文脈上に位置づけて把握することは、充分に意義のあることと思われます。

Ⅱ　平和思想の古典への評価の視点

今回の報告は『東洋の平和思想』の延長線上にありますから、先ずこの拙論の方法的視点について簡単に触れておきたいと思います。

過去の思想遺産の考察に際しては、その時代背景を念頭に置き、その内容を客観的に分析・把握することが重要であることは言うまでもありませんが、私は同時に、「思惟操作の方式」、つまり言わば結論を導き、或いはその結論を正当化するに当たっての「操作の方式」に注目することにしています。

その第一は、それぞれの思想の有する「脱中心化（decentralization）」の度合い、つまり「自己中心性」からの脱皮の度合いです。そしてこの度合いは、そこに働いている操作の「可逆性（reversibility）」によって制約されます。この点を児童の道徳的判断の発達に即して解明したのは、言うまでもなくスイスの心理学者ピアジェ（J.Piaget）ですが、アメリカの道徳心理学者コールバーグ（L.Kohlberg）は、一種の「可逆操作」である「理想的役割取得（ideal role-taking）」という思考実験の方法を取り入れて、それぞれの道徳的判断を精緻に分析し、そこに「三水準・六段階」の序列を見出しました（Essays on Moral Development, Vol.I.,1981.）。――この方法を利用して検証してみると、中国古代の思想家・墨子の平和論などは、一見素朴な内容にも拘わらず、相当高度な操作水準に達していることが分かりますし、他方、現在世間を騒がせている「新自由史観」の論客たちの言論が極めて低い操作水準に停滞していることが隈なく判明します。

第二は「個・種・類」或いは「個別・特殊・普遍」の関連において、どれほど「種」や「特殊」の呪縛を脱し、一方では「類（＝人類）」に開かれるとともに、他方では「個」或いは「個別」に対するセンシティヴィティを発揮しているか、ということです。ここでは、一方では「類」や「普遍」に開かれた視野から「種」や「特殊」を批判的に吟味すること、他方では功利主義的な「総計的功利性（aggregate utility）」の見地を打破し、個々人を各々「一者（the one）」として扱うことが基本となります。これに対して、今日「愛国心」を強調する論者の見解を見ると、一方では狭隘な国家主義の心情が無反省に謳歌されるとともに、他方では、論議のなかに突拍子もなく「国益」の語が飛び出すことからも窺われるように、「種的功利主義」或いは「国家的功利主義」の妄惑（それのもとでの「個」の否定）が無遠慮に罷り通っております。——ここからすれば、「類」と「個」の視点に確かな足場を据えた江戸期の伊藤仁斎や明治期の幸徳秋水・木下尚江らの平和思想、そしてこれから取り上げるニコライの「愛国心」批判などは、疑いもなくその思考の高度な水準を示しているのに対し、和辻哲郎における「精神共同体」としての「民族」観や田辺元における「種の論理」における「国家」観などは、たとえ豊富な学識を駆使しているとしても、決して高度な思考水準を達成しているとは言えません。

第三は、これを「思惟操作の方式」と呼ぶのは多少的外れかも知れませんが、ややそれを広義に解するとして、平和を展望する際に「直接的暴力（direkte Gewalt）」のみならず「構造的暴力（struktuelle Gewalt）」がどれほど考慮されているか、ということです。「構造的暴力」とは、言うまでもなくノルウェーの平和学者ガルトゥング（J.Galtung）によって提案された概念であり、今日の「平和学」の中心概念として認められている言葉です。すなわち彼は、たとえ戦争のような「直接的暴力」に曝されていなくても、例えば植民地的・半植民地的支配や政治的・経済的抑圧のような、人間の自己実現を妨害する「社会的不正」に支配されている限り、決して平和状態とは言えない、と考え、後者を「構造的暴力」と命名したのでした。畢竟、ガルトゥングによれば、平和とは、「直接的暴力」たると「構造的暴力」たるとを問わず、一切の「暴力の不在（Abwesenheit von Gewalt)」として把握されなければなりません（Strukturelle Gewalt-Beiträge zur Frieden und Konfriktforschung, 1975.）。――この点を念頭に置いて見れば、江戸期の安藤昌益における「治」（私的所有のもとでの階級支配）と「乱」（階級支配と結託した戦争状態）の考察はまさに「構造的暴力」および「直接的暴力」の鮮やかな闡明に違いありませんし、ニコライの「人道」の概念もまた遥かここに接点をもつことは疑いありません。

もちろんこうした視点の設定によって過去の遺産への採点主義的な評隲《ひょうしつ》に陥ることは厳しく避けられなければならないでしょう。我々はむしろこの種の視点から考察対象に照明を当てることによって、そこからその優れた特質を浮上させ、それを我々自身の今日的な思惟のなかに摂取し、そのことによって自己自身を強化し豊富化していくように務めなければならないでしょう。思想史研究にとって不可欠な「解釈」とは、そのような営為を指すものと思われます。

Ⅲ 『戦争の生物学』執筆の動機と生物学者としての視点

【九三名の知識人の宣言】 ゲオルゲ・エフ・ニコライが『戦争の生物学』を執筆したのは、ヨーロッパ中を惨憺たる悲劇の泥沼に陥れた第一次世界大戦と対決するためであったことは言うまでもありませんが、そこには同時に自国の戦争に加担して民衆の悲劇を顧みない知識人の在り方への痛切な批判が込められておりました。と申しますのは、戦争の勃発と同時に、ドイツの著名な学者・

文学者・芸術家九三名が「文明世界に対する宣言」なる文書を発表し、国家主義の立場からドイツの戦争政策の擁護を世界に向かって宣言したからです。この九三名のなかには、ドイツ象徴主義を代表する画家クリンガー（Max Klinger）やホフマン（Ludwig Hoffmann）、物理化学の開拓者オストヴァルト（Wilhelm Ostwald）、量子力学の先駆者プランク（Max Planck）、『織匠』によってプロレタリア文学・演劇の興隆に先鞭をつけたハウプトマン（Gerhart Hauptmann）、新カント学派哲学の泰斗ヴィンデルバント（Wilhelm Windelband）など錚々たる名前が連ねられておりますから、日本における一部知識人の戦時中における動向と思い合わせて、暗澹たる気持ちを惹起するに充分です。――ニコライはこの「宣言」の「好もしくない」結果が、彼をして反戦平和についての思索に赴かしめた直接の「外的動機」となったと告白しています。

ところで、この書物の特色は、まさに表題の示す通り、生物学の観点からの戦争批判という点にあります。勿論ニコライは単に生物学の材料だけでなく、文学や思想や人文科学の厖大な材料を駆使して――社会科学、特に経済学の方面にはいささか弱点があったようで、訳者の山本宣治もこの点を指摘しています――戦争の非を唱えているのですが、議論の基軸となっているのはやはり生物学の観点にほかなりません。それはニコライ自身が生理学、殊に心臓生理学の大家であったことにもよりますが、彼がここに重点を置いたのは、通俗に解釈された進化論や遺伝学が戦争肯定・戦争賛美の根拠づけに大動員されていたという当時の事情によるところも少なくなかったと思われます。

【好戦本能】　生物学を利用した戦争肯定論の一つに、人間本来の「好戦欲」「好戦本能」に戦争の根拠を求める議論があります。私ならば、そんな本能の仮定は何の証拠もない独断的な「臆見」に過ぎない、と言ってこれを一蹴したいところですが、しかしニコライは必ずしもそうは断定せず、一応はこれを認めてかかります。彼は、後述するように、人間に関する自然主義的・生物学主義的解釈に固執しているわけでは決してありませんが、ここでは生物学の立場から一応は自然主義的な思考法に従って論を進めているのです。ところで、ニコライは、仮に「好戦本能」があるにしても、そのことによってこれを「正しい本能」と評価し、戦争賛美の理由にすることは出来ない、と考えます。というのは、一般に生物の具える多数の本能は「合目的性（Zweckmässigkeit）」――山本はこれを「合宜性」と訳しています――を有し、その限りでは無謬であり「正しい」と言えますが、しかしすべての本能に「合目的性」があるわけではありません。例えば、特定の環境には適合し、合目的的に機能する本能であっても、これを別の、変化した環境に移した場合、この新たな環境に対しては合目的性を失い、「誤った」本能に堕落します。従って「好戦本能」や「攻撃本能」は、それが本能であるというだけで、今日の時代環境に対して合目的性を有する「正しい本能」と断定するわけには参りません。

そこでニコライは、人間の本性に内在する別の本能にも眼を向けます。すなわち「群民的本能」と呼ばれるものです。人間は解剖学的見地からしても殺人や掠奪に適する構造を具えてはおりませんが、それ以上に、もともと「独棲動物」ではなく「群棲動物」であり、そこから直立二足歩行、歩行の役割からの「手」の解放、道具の製作と操作、言語コミュニケーションの獲得などを通して、お互いの攻撃や競争よりも一層「相互扶助」に適した「社会的生物」に発展しました。とすれば、その生得的・本能的側面に関しても、「好戦本能」よりも「社会的本能」が、「憎悪の本能」よりも「愛情の本能」が一層優越すると推定する理由は充分にあるはずです。――なおニコライは、人間以外の動物にあっても、同種動物間の共食いは極めて稀な例に属するので、動物にまで遡って戦争の正当性を論証するのは不合理も甚だしいと指摘します。

では戦争は何故に発生したのか。それには「好戦本能」や「攻撃本能」のような「自然主義的」観点以外の理由が見出されなければなりません。ニコライは、ここで生物学の立場を離れ、戦争を自然的所与ではなく、「人間の一発明」と断定します（上－四六頁）。すなわち、同種間の共食いが例外的な自然現象に過ぎないとすれば、一般に戦争が考えられるのは、掠奪に値する物件の「所有」が前提とならなければなりません。つまり文明が財産蓄積の行われる段階に達し、それについての「所有権」が感得されるようになったとき、初めて「戦争の目的」が成立するのです。ところで「財産」とは、すでに人間の労働の加えられた、或いは人間の将来の労働がもたらすであろう富の占有にほかなりませんから、結局は戦争とは勝利者の手に陥る「奴隷」――「労働」の担い手――としての人間そのものの問題なのです。そこでニコライは言います、「斯様にして一般に実際的効果がありそして全然無駄でないと云ふ戦争は、すべて人間一部分の奴隷化をば其必然の結果に有して居る。従つて戦争が名分正しいと云ふのは、人間が敗者に何等かの形式で奴隷的使役を要求するのが当然だと考へて居る間限りの事で、更に又戦争なるものは人が之等の奴隷的使役を強制する事が可能である限り其目的に合うものだといふ事である」（上－五二頁）。――かくて「資本主義」「戦争」「奴隷」は「人道」に反した社会を特徴づける「神聖不可侵なる三尊」であると言うことが出来ます。

【社会ダーウィニズム】　しかし戦争の生物学的基礎づけとして一層尤もらしく、また一層悪質に働いたのは、いわゆる「社会ダーウィン主義」でしょう。この主義は、汎く知られているように、「生存競争」「自然淘汰」「適者生存」といった進化論の概念をそのまま社会学の領域に導入し、人間を当事者とする社会をこのような盲目的な自然法則によって解釈するもので、そこでは戦争は「適者」たる民族を勝利に、「不適者」たる民族を滅亡に導く最も効果的な「淘汰作用」と見られます。——もちろんニコライも指摘するように、このような戦争弁護論を掲げる者の殆どは自然科学の専門家ではなく、ただダーウィン本来の学説への一知半解からその暴論を導いているに過ぎません（上——六一頁）。

さてニコライはこの種の理論への批判を、先ずは「自然科学的見地」から遂行します。彼は「淘汰」の概念そのものは否定せず、戦争が或る種の「淘汰」を実行することを認めます。しかし彼によれば、すべての「淘汰」が良い結果をもたらすとは限りません。つまり淘汰作用に関する論点は、それが「積極的淘汰」か「消極的淘汰」か、換言すれば、その淘汰が民族を改善するのか堕落させるのか、という点にあるのでなければなりません。

その観点からすれば、戦争、特に現代の戦争の法則のもとでは、決して「積極的淘汰」が行われているとは言えません。純粋に「生物学的利益」に限ってみても、特に「一般的徴兵義務」のもとでは、戦場に赴いて屍となるのは強健・怜悧な若者ばかりで、身体虚弱・身体障碍・精神障害の者は生き残る——いささか差別発言のようですが、これは飽くまで生物学主義的な戦争賛美者への皮肉であり、ニコライ自身は人間を生物学的にのみ把握する偏見に対して、まさしく歴とした生物学者の権威を以て矛先を向けているのですから、誤解のないようにして下さい――公算が大きいのですから、戦争は明らかに「消極的淘汰」をもたらします。「文化的利益」の観点からすれば、このことは一層明瞭です。つまり戦時にあっては、積極的に戦争に反対する勇敢な人々を別とすれば、勇敢・聡明な若者が犠牲になる一方で、囚人・卑怯者・狡猾者のような「道徳的劣者」が生き残り、かつ社会的に有利な地位を占める機会が多いので、この点でも「消極的淘汰」が凱歌を上げます。

戦争はまた「叡智」に対しても「感情」に対しても「消極的淘汰」を及ぼします。先ず「叡智」は「自由」なくしては成立しませんが、戦争はこうした「自由」への制限を必須の条件としますから、それによって頭脳の進化が妨害されるのは当然です。一般に「賢者」が「愚者」に勝つ場合には進歩がもたらされ、これが「積極的淘汰の一徴表」をなすのに対し、「愚者」が「賢者」に勝つ場合には退歩が招来され、これが「消極的淘汰の一徴表」をなします。しかるに「暴力」（大砲の蛮力や頑迷偏執の暴力など）が事を決する場合には「愚者」が勝利を占め、「叡智」の進歩という点での「積極的淘汰」は阻害されます。――かくて、人間相互間において「暴力」を手段として事を決することは、自然科学の見地からしても排斥されなければなりません（上－一二〇～一三四頁）。ニコライ自身の言葉に従えば、「暴力と頑迷とが事を決する時には明者ではなくて強者が勝を占めるのだから、人間進化の目的に於て何等積極的淘汰は起らない。しかし公正が勢力ある時には強者でない明者が、蛮行でない才能が事を収めるのだから、従つて人類進歩における積極的淘汰が行はれるのである」（上－一四一頁）。

次に「感情」に対する戦争の消極的な淘汰作用の影響も深刻です。人間は「積極的立場」と「消極的立場」、すなわち「撃つ立場」と「撃たれる立場」或いは攻撃の「主体」と「客体」との二重の立場において戦争に参加しますが、このことが人間の感情に特殊な影響を及ぼします。一般に「主体」と「客体」との完全な総合は「愛」においてのみ考えられるのであり、戦争において発揮される「憎悪」からはこのような総合は事実上不可能です。それ故にまた主客総合の上に成立する「真の主体性」も「真の客体性」も戦争の場面には発見されません。ここから二重の頽落態が発生します。すなわち一方では「主体」或いは「主観性」の面が不当に強調され、「我」や「国民」などの自己中心的な利己主義が徒らに募って行くとともに、他方では「客体」或いは「客観性」の面がこれもまた不当に強調され、制服に象徴されるように、徹底的な没個性化が進行していきます。

ここから次のような様式で一つの副作用が出現します。すなわち、――一見した限り、戦争は①「殺そうとする意志」、②「死に対する備え」という二つの事柄を特徴としており、このうち①は道徳上の不仁・兇悪の徴表と見なされ、②は道徳的な偉大さの徴表と考えられがちですが、実は②の方は戦争にのみ特徴的な事柄ではなく、①のみが戦争固有の特徴をなしています。というのは「死に対する備え」或いは「自己犠牲」には、戦争以外にも、例えば自己の名誉・祖国の解放・恋愛・医療活動など幾多の機会があるのに対し、刑罰を被らずに「殺そうとする意志」を発揮して殺人を実行できる唯一の機会が戦争にほかならないからです。ここからして、戦争にあっては、「主体」は「客体」に対して頗る無頓着となり、「客体」への不均衡な関係を次第に増幅せしめ、ひたすら賤しい「利己主義」と血に飢えた「殺戮欲」とを募らせていきます。――人間性の積極面たる人道的な高級感情を麻痺させ、その消極面たる残忍な低級感情を高揚させるのですから、これもまた典型的な「消極的淘汰」の一例にほかならないでしょう。

戦争のこのような「残忍化作用」は、真・善・美として概括される文化価値に対して根本的な価値転換をもたらします。というのは、「真」に係わる知識は「悟性」の産物として、「善」に係わる道徳は「共同生活」の産物として、「美」に係わる芸術は「喜び」の差物として、ともに「平和的事業」に属しますが、これとは反対に、「悟性」を排して「暴力」を、「共同生活」を排して「殺し合い」を、「喜ばせ合い」を排して「汚し合い」を以て事を決することこそが「戦争の事業」に属するからです。ここからして、上記の文化価値を貫く「思想」そのものにも根本的な転倒が生じます（上－一七八頁）。

吾々のこれから追求する「愛国心」もまた、このような価値転倒との不可分の関係において把握されなければなりません。

Ⅳ　愛国心の由来

ニコライはほぼ以上の如く生物学的な戦争肯定論を論破した後、実際の戦争およびそれと結びついた帝国主義の変遷と、その虚偽の建前の崩壊などについて精彩な分析を行っておりますが、それらの議論に詳しく立ち入る遑はありませんので、ここで一飛びに本日のテーマである「愛国心」の問題に移りましょう。

「愛国心」そのものを特別に扱った箇所で、ニコライはこれをその「由来」と「堕落」に大別して論じています。この節では前者についての彼の説を窺うことにします。

【愛国心の根源】　ニコライは先ず現状では戰争と愛国心とが不可分の関係にあること、愛国心がなければ戦争は考えられず、「愛国心が存《なが》らえている限り戦争は死なぬ」（トルストイ）ことを指摘します。愛国心は戦争に直面した際の一種の本能的な情緒であり、その低音が響くとき、他のすべての情緒の調べは沈黙を強いられます。平素は神を崇めるキリスト教徒も、コスモポリタニズムを奉じる一元論的な自由思想家も、芸術とその奇跡を重んじる美学者も、社会主義を掲げる労働者も、ひとたび戦争が勃発して国際同盟が粉砕されるや、愛国心一色に染まり、人々の通常の真・善・美の観念も「祖国の要求」の前に朦朧化してしまいます。

しかしニコライによれば、これは飽くまで現状の愛国心であって、歴史上存在するすべての愛国心を包摂しているわけではありません。愛国心に対して公正な判決を下すならば、それは「世界中で最善のもの」では勿論ありませんが、しかし極端な世界主義者が非難するような「根本悪」では必ずしもありません。彼によれば、愛国心は他の条件を超越してそれだけで存在することは出来ず、飽くまで時代状況を基礎として成立する「相対的なもの」に過ぎません。ニコライはこうした観点から「愛国心の根源」として次の三点を指摘します。

①　懐郷心
②　懐家心
③　団結を増大しようという社会的憧憬

この内、①および②は人類共通の過去に由来する世襲的本能であり、③は将来に延びて行く積極的要素と考えられます。以下、順を追って見て行きますと、——

① 懐郷心　これは、ニコライによれば、動物から世襲した遺産、つまり動物が特殊な環境条件に適応し、いわばその郷土に根差したことから発生する一種の本能を継承したものにほかなりません。人間はもとより道具の制作とともにこのような自然の強制を脱し、地上の特殊な条件だけでなく、その一般的な条件に適応することが出来るようになりましたが、しかし未開の民族はなお未知の境地に懸念や憂慮を抱き、また下等な民族はその風土から離れては生存出来ないので、それぞれ深く郷土に融合しており、それ故に懐郷心として動物的な本能の名残を止めているというわけです。従って狭い郷土に拘束されない発達した民族には最早そのような「生得の懐郷心」は存在せず、結局そこでは愛国心の第一の根源たる懐郷心の「有用価値」は失われます。

② 懐家心　これはもともと動物的本能としての「母の愛」にまで遡り得るものですが、しかしもしそれだけならば、叡智の発達とともに「社会的育児」のような進歩した装置を以て代用可能であるはずです。ここに「懐家心」と呼ばれるものは、その延長線上にある「愛民族心」と同様、純粋に本能に淵源するものではなく、そこには「一部の人間的要素」と「一部の非人間的要素」とが混在しております。というのは、婚姻制度の確立とともに、母のみならず、父もまた子を愛するようになったからです。この婚姻制度は決して自然的なものではなく、男子による婦人の占有・奴隷化とともに出現したものです。しかるに婦人の占有・奴隷化とともに他の財産の私有制も始まり、男子が財産の排他的・合法的な継承を確保するための「一家の不可侵性」が形成されます。つまり

「懐家心」とは「母の愛」と「奴隷制」と「私有制」との混合物にほかなりません。現在問題になっている「愛民族心」とは、このような「懐家心」の延長されたものですが、なおその上、民族を「同一祖先より起来した人々」と信ずる誤認・曲解の添えられた愛着ですから、その性格は甚だ不純なものとならざるを得ません。こうて見ると、愛国心の第二の根源もまた頗る混濁したものとなります。

③ 社会的憧憬　ニコライは、人間がもともと群居生活を営む動物から発生した社会的存在であるという観点から、「社会的憧憬」を人間の最も優越した本能と認めます。すなわち彼によれば、人間にあっては、アトム的な個々人が集団を形成するのではなく、先に集団があってこそ初めてそこから個人銘々が進化するのであり、そこにおいて「社会的憧憬」は最も本源的な力として働いているわけです。その集団は、最初は地域的な小集団ですが、漸次拡大して行き、その極致には「人類全体」という最大の集団が想定されるのは極めて論理的です。そこで彼は、「全人類の同胞化」という「人道思想」は決して抽象的な観念の産物ではなく、厳然たる実在物の反映であると断定します。かくてニコライは「愛国心の正邪」を区別する標準を次のように定式化します。「所で此処で虚偽の愛国心を真物から仕分けてしまふ。そして批判の標準許《ばか》りか決定力がある。……若し小規模の地方的愛国心が人道の実現或は他の語で云へば、全人類の愛国心をばその努力によって促進する時、それは正当である。……其愛国心が人類の大目的に背く作用をする時、それは非難すべきものである」（上―四二三頁）。――結局ニコライにあっては、三つの「愛国心の根源」のうち「社会的憧憬」のみが明瞭な意義を有し、それが彼の最終的な思想、すなわち人類全体を一個の「有機体」

とする「人道思想」に繋がっているわけです。

【愛国心の現実形態】　ニコライは続いて現存する愛国心、特に近代の愛国心の形態に考察を及ぼし、そこに次のような三つの種類のあることを指摘します。

①勤王的愛国心
②民族的愛国心
③文化的愛国心

ニコライの分析に従ってそれぞれの愛国心の特徴を簡単に要約しますと、――

①勤王的愛国心　これは最も素朴な地域的愛国心のように見えますが、実は本来の「懐郷心」とはまったく別物です。というのは、王侯たちは隙さえあれば領土を拡大しようとしますから、国境は常に曖昧であり、勝手に国旗が翻っておりさえすればそこが祖国となるからです。従って彼らはむしろ「懐郷心」の放棄と、勝手に定められた国への無条件の愛を要求します。ところで、祖国なる概念はもともとこのような人工的成分を含み、それ自体として決して自明なものではありませんから、結局は古来国境を作った国々が「王室」を基礎としてきた伝統に倣い、無意識の観念結合によって、「統治者の世襲的一家に対する愛」が「祖国愛」と同一化します。これが所謂「勤王的愛国心」にほかなりません。

ところで、この場合、国境が曖昧である故に「一民族」なるものの「事実上の内的団結」は頗る朦朧としているのに対し、制度上の「国家」――統治者とその配下たる官僚たちの利害関係に富んだからくりによって代表される国家――は極めて現実的・実在的ですから、このような国家、その象徴たる王室への「人造愛国心」は「懐郷心」に淵源する本来の祖国愛を圧倒します。――このような愛国心の最大の不利益は、ほかでもない、容易に戦争を招来する点にあります。戦争と王権とは不可分の関係にあるからです。

② 民族的愛国心

この種の愛国心が二〇世紀前半に猛威を揮い、現在なお人々の意識の底に無視できない余韻を留めていることは周知の通りですが、これはもともと所謂「民族」乃至は「人種」なる概念に基礎を置く学説の政治的悪用の結果に過ぎません。第一、「人種」なる概念そのものが学術的に曖昧ですし、また或る「純粋種族」が「混合種族」よりも元気旺盛か否かの認定は事実上不可能です。まして「一種族の価値を決定するものは何か」というような、「価値判断」を含む問題は、「価値」に関する人々の意見が同一でない以上、回答のしようがありません。種族の「価値」に関して唯一理解可能なのは、猟犬・番犬・愛玩犬というような、或いは乗馬用の馬・農作業用の馬・競争用の馬というような、犬や馬などの人間にとっての「利用価値」ですが、この種の価値を人間自身の中に見出そうとするのは無意味ですし、またもとより愛国主義者が求めているのはそのような低次価値ではないでしょう。

ニコライによれば、もともと所謂「人種（Rasse）」なるものを定義する絶対の標準はありません。例えばゲルマン人と言っても、現在ではすでに多種族と混淆していて純粋な種族としては存在していませんし、またドイツ人と言っても、生物的な共通種族を指すのではなく、むしろ共通語を紐帯とする文化的な同類を指していると言ってよいでしょう。つまり人間に関しては「人種」よりも「文化」のほうが遥かに重要性を帯びております。幾ら「国民の統一」「民族の団結」「人種なる概念」

などと叫んでみても、その基礎となるのは「共通祖先」からの連綿たる系統ではなく、言語・文化・風俗・生活習慣の共通性に過ぎません。――近代の愛国主義者も共通祖先に由来する「人種」の不可能性を薄々は感知しているので、法螺《ほら》を吹いたり不埒な行為に出たりして、その論拠の空虚さを隠蔽しようとしているわけです。

③　文化的愛国心

そうすると、唯一合理的な性格を帯びた愛国心として残されるのは「文化的愛国心」だけとなります。ところがこれは一種の「複合物」であって、例えば母語――真・善・美を伝える母語の響き――に対する愛着、ゲーテやカントやベートーヴェンなど自国の生んだ偉人への愛着、啓蒙思想や革命的伝統への愛着などの成分を含んでおります。この種の愛着は、他国の人々の同様な愛着を承認する限り、他国の人々に危害を与えるわけではありませんが、しかしこれが他ならぬ一種の「複合物」であること、従って一個の単位的な感情ではなく、趨異性を帯びた千差万別の動機に発することに無自覚・無反省のまま、これを「祖国愛」なる朦朧たる観念のもとに一括するならば、やはり由々しいペテンに陥ります。

というのは、「文化的」という限り、人々を内的団結に導くのは、第一義的にはそれぞれの領域での文化内容の共通性、つまりは「事柄」そのものの共通性に他ならないからです。宗教・芸術・学問・職業・贔屓《ひいき》団体・排斥団体などは、それぞれ人類を大小の「同志の集団」に区分けし、それぞれ一顧の円相に纏めております。そしてそれぞれの円相が相互に交錯し合って一つの文化世界を成立させているのです。同時にまた、それらの円相の交錯は、多くの場合、国境を越えた広がりを見せます。例えば、或る国の美術愛好家は、美術に無関心な自国民よりも、自分と同様に美術を愛好する他国民により一層の親近感を覚え、これと契りを結ぶでしょうし、また或る国の或る学問分野の研究者は、他国の同じ分野の研究者を何よりの同志と見なし、彼らとともに国際的な学会を結成するでしょう。このように銘々の抱く「文化的思想」の多様性を無視し、これを十把ひとからげに「祖国」なる曖昧な観念のもとに統括するならば、まして多様な文化動機を抱く民衆をこの一点において纏め上げるならば、それはこれらの円相を内容貧弱なものにし、やがては文化そのものをも圧殺しかねないでしょう。

ニコライはさらに、諸国民の文化と係わって取沙汰される「国民性」なるものについても、それが頗る「雑然たる概念」であることを指摘します。つまり文化人の国民性はそれ自体分裂を含むものであり、特に一国内の「階級」、すなわち「宗教家階級」「貴族階級」「統治者階級」「無産者階級」のような階級の存在はこのことを顕著に示しております。ここで例えば統治者階級は自国の無産者階級よりも他国の統治者階級と一層親密な関係にあるでしょうし、無産者階級は自国の資本家階級よりも他国の無産者階級に一層深く連帯を結ぶでしょうから、各々の階級はそれぞれ国境を越えて国際的に結びついております。ただここに介入する「憎悪」「嫌厭」の如き「純然否定的の事柄」のみが国家や国家間の同盟を形成するわけです。

ここでニコライは「祖国」と「理想」との関係についての過去の先駆者たちの対応を引き合いに出し、次のように指摘します。すなわち彼らは「理想」が「祖国」のなかで実現され得ると信じられる限り、「祖国」を愛し、そのために自己を犠牲に供したが、そうでない場合には、「理想」のために「祖国」を離れ、これに逆らった、と。このような態度に作用しているのはまさに「選択」というモメントに他なりません。もし選択の媒介を欠如するならば、如何に「文化的」とは言え、「愛国心」は「因習的当然事」にまで堕落します。ニコライの言葉に従えば、「世人は本気になって誰でも自分の理想とは没交渉に生まれた其国、取捲かれて居る其社会制度をば、全世界で此上も無い物と考へろと要求して居る。斯様な愛国心は最早一の道徳的要求ではない。唯蟻や蜂が自分の巣を離れ兼ねる一種奴隷的否動物的というた方がよい種類の愛着である」（上－四八八頁）。故にもし「愛国心」の進化が謳われるとすれば、それは常に「自由」と「選択」の問題を伴うものでなければなりません。そこでは「狭き特殊なる者に対する一の快き愛」が、「広き者遍き者に対し将来を悦ぶ愛」と連携していなければならず、それ故、進化した「愛国心」は、人々が「普遍的善に対する同情を狭い国といふ境界以外に立証する当然の機会」を有し、また国民の大部分が「自分から掛け離れた国家なる全体」に没入すべく強制されない場合にのみ成立するのです。

V　愛国心の堕落・頽廃

「社会的憧憬」に淵源する「愛国心」には、やがて「全人類の愛国心」へと成長する萌芽があるとしても、差し当たって喫緊の問題となるのはやはりそれの堕落・頽廃の形態であると言ってよいでしょう。ニコライはこれを「利己心」「群集心理」「侵略排外主義」などの観点から分析します。

【利己心】　彼は先ず「祖国の愛」はその性格上「真正の愛」ではないと断定します。というのは、「真正の愛」は本来他者に向けられたものですが、ここでは個人は国家と一体となっていますから、「祖国の愛」は自分自身に向けられた愛ということになります。これはもともと愛の本性そのものの定義に悖るものであり、容易に愛の対立物たる「憎悪」に転ずる性格のものに他なりません。それ故、人はこの種の「愛」をもはや「愛」とは呼ばず、しばしばより適切な新語に置き代えて、つまり「自己愛」を「利己主義」の語に、「自己の家族に対する過度の愛」を「溺愛（Affenliebe）」の語に、「自国民に対する過度の愛」を「侵略排外主義（Chauvinismus）」の語に置き代えて表現します。

個人については「自惚れ」「自己礼賛」「手前味噌」などは趣味・教養を具えた人々の最も忌み嫌うところですが、国家についてはそのような破廉恥が今なお許されております。多くの人々は「自国のは美徳」「他国のだけは罪悪」、「自国のは愛国心」「他国のだけは侵略主義」と信じて疑いません。ニコライはこのような利己主義的な愛、自己の没入した所与の祖国への盲目的な愛に、愛国心の堕落・頽廃の最初の姿を見出します。

彼によれば、愛は盲目的であっても構わないが、それにはまず自己の「見る眼」による賢明な「選択」が前提とならなければなりません。もしかかる「選択」に先立って盲目に判断したならば、それは決して「愛」とは言えず、単なる「狂気の沙汰」と言うほかありません。

【群集心理】 一般的には「愛国心」は「懐郷心」「懐家心」「社会的憧憬」から成長したものですが、しかしこれらの源泉を遥かに越えてその規模と影響力を拡大し、いわば「法螺《ほら》の行き過ぎ」とも言うべき「愛国心発揚」へと展開します。ここに刺激を与えるのが「群集心理（Massensuggestion）」に他なりません。群集への従属や報道の頻繁なる反復による「群集示唆」から、信ずべからざることへの信念とも言うべき「群集心理」が醸し出されます。法外な、堕落した「愛国心」もまたその一種でしょう。

一般に人間が集団になると、個人銘々よりも強い反応を惹起するもので、「群集心理」は個々人の反応を著しく強化します。この強化には「個人の無力感」が深く関与しており、まさにこの無力感こそが「群集の力」を法外に駆り立てるのです。特に依頼心の多い時代にあっては、こうした「個人は無力」＝「群集は有力」という感情が「悪しき一刺激」となって「愛国心」を極端にまで募らせます。ここから「侵略排外主義」までの距離は僅か数歩に過ぎないでしょう。

【侵略排外主義】　この項目の叙述には幾つかの要素が絡んでいるので、それらを小項目に分けて見て行くことにしましょう。

①　愛国主義と侵略主義　ニコライは所謂「愛国心」と所謂「侵略主義」との間に、両者を質的に区別する客観的境界があるとは見なしません。そこで「侵略主義」を「愛国心の高じたもの」、「愛国心」を「栄養不良の侵略主義」と規定し、両者の連続性を誤解のないように浮上させます。

しかし彼自身も認める通り、世の多数意見は両者の間に質的区別・客観的境界を設けようとします。そこでは一般に「愛国主義」が善意に解釈されています。それによれば、――「侵略主義」は単に「愛国心」の「猛烈になったもの」ではなく、それの「誤ったもの」に他ならない、つまり「愛国心」を人生唯一の「価値あるもの」と見なし、事柄の「善悪」に関わりなく如何なる場合にも祖国を愛する、というのが「侵略主義者」特有の立場である。「愛国主義者」の愛し方はこれとは異なり、幾分かは「批判的」である、つまり彼らは祖国に関して、その「善い点」を愛し、「悪い点」

を憎み、後者に対してこれは「一個の人間」としてこれと闘う。畢竟「愛国主義者」は祖国を愛することも憎むこともあり得るが、この愛の故を以て不正を企てるほど極端に走らず、常に「道徳律」を「愛国心」の上に置く人々である、と。しかしニコライは、「道徳律」を「愛国心」の上に置く人々はもはや所謂「愛国主義者」ではなく、端的に、普遍的な意味において「人間」そのものであることを強調します。

ニコライによれば、「愛国心」を以て自任するのは、「道徳律」以上に「愛国心」を重視し、祖国のためには不義をも行ない兼ねない人々、愛国的理由による不義の行動を躊躇しない人々である場合が殆どです。この場合の自称「愛国心」はまさしく「侵略主義」の別称に他なりません。

②「侵略主義者」の発生理由

ニコライによれば、人間が「愛国者」乃至は「侵略主義者」に変身するに当たっては、「集団感情」としての「愛国心」の参与が不可欠です。何故なら、この場合の「愛国心」は、個人としては辟易《へきえき》するような悪しき行為を、共同で遂行する場合には許容する、あの心情だからです。それはまた「弱い者」、人格性の希薄な者に特有の感情に他なりません。かくて、ニコライ曰く、「弱い者は誰でも寄り掛かる者を求めそして他人と共同で行動する時に其人は心細く思ふといふのはよく知れて居る一の事実である。蓋し唯独り在る時に最も強いのは強い人許《ばか》りの話である。扨《さ》て弱い人間といふ奴はいつも何等文化的内的の力を事実有して居ない。だから、又其男は何等文化的団結気分を感じない（精神の無い人は精神上同志の人を持たない）。故に其処にそんな連中は一般に何かかにか結合し得る為めに何か或る一種の外的結合を求めるだらう。そして其為め国民感情より応《ふさわ》しいものが又あらうか」（上－五〇四頁）、「或一国民で人格を具へた人が稀である程、其国で愛国心の声は益々高くなる。羅馬《ローマ》の末路彼の頽廃時代程『我は羅馬の市民なり』の叫びが自慢されたことは未だ無かつた。／愛国心とは、愛国心以外に何等自己意識を持ち合わせない輩の自己意識である」（上‐五〇五頁）。

ところで、上記のような、排外主義の積極的基礎としての愛国心は、消極的には外国への「恐怖」を、また積極的には外国人への「憎悪」および「羨望」を不可欠の条件としますが、こうした「恐怖」「憎悪」「羨望」の、つまりは愛国心そのものの解放動機または促進者として、戦争は無くてはならないものです。つまり戦争と愛国心とは密接な親類関係にあり、人は愛国心から戦争を行い、また戦争を行うために愛国心を亢進させるのです。

③ 平時の活動と愛国心の緊張

ニコライは、人間の平時の活動にあっては、「愛国心」と交渉して有益なものは一つもない、と断定します。事実、生産労働・商売・学問・芸術など、通常の人間活動の何れをとっても、人間は自己の従事する領域の事柄——仕事の対象やそれへの取り組み方——を熟慮するだけであって、殊更に「愛国心」の刺激を必要とするものはありません。この点は、昨今「愛国心」を振りかざす連中と争う場合には、重々念頭に置いておくべきことと思われます。

世の支配層が「愛国心」に訴求するのは、軍事増強のため資金を要したり、国民を戦争に動員したりする場合です。その場合、「愛国心」を高揚させるには、次の二通りの感情を人工的に昂《たかぶ》らせなければなれません。その一つは「自己意識」の面で、ここでは自国民の長所が力説され、敵愾心が煽られます。いま一つは「民衆の憂慮」の面で、ここでは敵の勝味が指摘され、恐怖や不安が募らされます（北朝鮮のテポドンが騒がれるのもこの類でしょう）。支配層は時と場合により都合のよい方を誇張して国民を愛国イデオロギーに駆り立てる芸当を行うわけです。すなわち「自己意識」の面では、自国民を「世界最良の民」として自賛するような「誇大妄想」「空威張り」「恫喝」などが罷《まか》り通り、「民衆の憂慮」の面では、ありもせぬ「危機」の誇張や耐乏生活への「自発的」追求が行われます。——何れにせよ「愛国心」は高い理想に立脚した高尚な心理ではありません。

【侵略排外主義の結果】 ここでは「侵略排外主義」によってもたらされる悪しき結果が「国民の悪化」と「文化の絶滅」という二つの側面から論及されます。

① 国民の悪化 戦前戦中における煽動教唆（Suggestion）は成功を収める場合が多く、それによって「愛国心」は顕著に成長しますが、それは明らかに甚だ好ましくない結果を伴います。その第一が国民の間に蔓延した「憎悪そのもの」であり、なお悲しむべきことは教唆が役割を終えた後にも「憎悪」は残存するということです。

ところで、煽動教唆を承けた「排外主義」は、人間が自己の内部に有する「愛する力」を全面的に自国に集中します——こうして自国に吸収し尽された「愛」は、それ自身「愛」の本性に悖る「国家利己主義」とも言うべきものに過ぎません——から、心に残るのは唯一「憎悪」だけとなります。つまり「利己（国家的利己）」と「憎悪」という二つの情熱以外に「人間の魂の能力」の余地はなくなります。このように頽廃した魂にあっては、先ず第一に「理知」が停滞します。このことは、冒頭で紹介した九三名の大家の宣言に見られるように、従来「正確な真理探究」を自負してきた科学研究者でさえもが「理知」を放棄する発作を起こしたことによっても如実に示されます。「倫理」はもともと戦争には加担しなかったはずですが、この状況にあっては「排外主義者」が「倫理」の専門家を以て自任する始末です。彼らの倫理的（？）判断に従えば、同じ行為でも、ドイツ人が行えば豪傑の手柄となり、フランス人や南島人が行えば悪行と見なされます。また教養もあり有能でもある医師や軍人でさえ、ペスト菌やコレラ菌の詰まった生物兵器を敵側（ロシア人など）に散布する方法を真面目に探求するなど、従来は懐いていたであろう「人道」の理想をかなぐり捨て、敵を虫けら同然と見なす獰猛な反道徳状態に陥ってしまいました。このように「排外主義」は「憎悪」を一種の宗教に格上げしてしまいます。

② 文化の絶滅

ニコライによれば、「愛国心」と「文化」とは決して両立しません。というのは、両者とも人間の心を完全に充満・占有しようとする性向を有し、それ故一つの心が両者を兼ね具えることは不可能だからです。人間は「愛国者」であるか「文化人」であるか、何れか一方でしかあり得ません。人間はその祖国とともに剣を翳《かざ》して邁進《まいしん》するとき、あらゆる文化に無頓着になります。もし或る人物がいささか感傷的になって「文化的愛国心」を実行しようとし、多少とも真面目に「祖国の文化」を理解しようとするならば、彼は早晩「愛国心」の放棄を強いられることになるでしょう。何故なら、「祖国の文化」は諸外国の文化との国際的な連鎖においてのみ成立しており、もしこの連鎖を断絶するなら「祖国の文化」自身もまた滅亡せざるを得ないからです。殊に戦争は「外的文化」を攪乱・破壊することによって同時に「内的文化」をも絶滅に導きます。

「排外主義者」による文化の破壊は次の点からも生じます。彼らは往々にして文化人の思索を侮蔑し、行動のみを至上視する傾向があります。そして実際にも「愛国心の情熱」は或る種の行動力の激烈な亢進を伴う一方、思索力の激烈な低減をもたらします。このような状態では真正の文化の成立は不可能です。真の文化は、思想と行動とのこよなき調和においてのみ、否むしろそこで思想こそが主導権を握る場合においてのみ、成立することが出来るからです。

小括

「愛国心」に関するニコライのほぼ以上のような分析・把握は、憲法・教育基本法（改悪以前の一九四七年基本法――村瀬）を巡る我々の闘いに有力な武器を提供するものと思われます。なおニコライはこれに続いて戦争克服の方途を巨細に亙って追究しております。文学・思想・哲学などの豊富な素材を駆使したその展開はまさに壮観と言うほかありません。今回はその一端にさえ触れられなかったのは誠に残念です。

ここではただ一つ、ニコライの結論的な見解のみを一瞥しておきましょう。彼の見解は、一言で評すれば、頗る楽天的です。すなわち、人間世界における「文化」や「文明」――国語・風俗・法制・工学・芸術・科学・思想など――は、その動的な勢力交換の関係を通して、時間的にも空間的にも、「一生物」または「一有機体」としての「全人類」の実現に向かって進んでいる、そしてその流れに逆らうものはただ二つ、「犯罪」と「戦争」のみであるから、それと闘いつつ「全人類」への進路に積極的に参加することこそが人間の在り方でなければならぬ、というのです。そしてその進展の主導原理を彼は「人道」と呼びます。彼自身の言葉に従えば、「之ら諸関係の総和をば全く一般に人道と呼ぶことができる。如何となれば、此諸関係の可能性が、この人類といふ一属の動物に対し自然の中に於て唯一高く聳《そび》ゆる位を受けたからである。所で此人道なるものは、斯様《かよう》な考察の際には、何ものか遥かかなたに夢みた理想といふ縹渺《ひょうびょう》たる一概念ではもはやない。事実上の結合といふ全く実在の連絡なのである。理想たる将来は、既に現存するものの完成及び進展の中に、そしてもう一つ面白いことは、此完成を阻む事のできる物事との闘争の中に、即犯罪と戦争とに対する戦ひの中に、あるのである」(下－三二二頁)。ここでは犯罪と戦争とが並列されていますが、やはり「人道」にとっての最大の課題は「最大の犯罪」たる戦争の撲滅に違いないでしょう。故にニコライはこの長大な著述を次の言葉で結んでいます。「凡そ人間である人は——又道徳的人間である。／これに対しては一切のこまごましいことは現象の意味しか持たぬ。人道が凱歌をあぐる時には戦争の弔鐘が鳴り渡る。だが弔鐘はこの時にのみ鳴り渡る。如何となれば、剣が人間の観念に属さずして単に腰に帯びた武器であることを知らない限り、人類は剣をぶち折ることが出来ず、剣をぶち折ることをしないからである」(下－三七一頁)。

ここで少しく報告者自身の立場を表明しておきましょう。ニコライは「社会的憧憬」に端を発し、漸次その集団の規模を拡大し、やがて「一有機体」としての「全人類」に至る拡大進化を人類の歩みとして想定していますが、国際化の進んだ今日の状況に立ってみれば、**むしろ「全人類」という「類的観点」を優先させ、それのもとに各々の「国」という「種的観点」を相対化する**ことが必要であると思います。勿論我々日本人は日本という国の現実に無関心ではいられませんが、それは**むしろ全人類から日本という特殊を我々の「課題」として付託されている**からと解されるべきでしょう。確かに経時的に見れば、我々は社会進歩に向けての日本人民の闘い、伊藤仁斎や三浦梅園の学問、俵屋宗達や尾形光琳の芸術などの伝統の上に立っており、それを誇りともしておりますが、しかしそれは決して手前味噌の自己礼賛ではなく、世界人民の同様の闘い、デカルトやカントの哲学、ボッテチェルリやベートーヴェンの芸術への同等な尊重を前提としており、なおその上で、**我々の伝統を全人類から責任として引き受けている**、という関係の中での愛着であり誇りであるのでなければならないでしょう。とすれば、日本の現実を改善したり、日本の文化を発展させたりする営みは、何等「愛国心」のような「種的観念」の援助を必要とするものではありません。我々はむしろ全人類から付託された日本という「特殊」の発展を携えて人類全体の価値実現、その豊饒化に寄与する立場に立たなければなりません。逆説的に言えば、「愛国心」などという先入観に煩わされず、普遍的に真・善・美を真・善・美として了解し選択し得る自由な炯眼こそ、日本における良質の伝統を継承し、日本の現実を人類のイデーに向けて変革し得る主体の力能に他ならないでしょう。報告者自身の専門に引き寄せて言えば、伊藤仁斎や三浦梅園や戸坂潤を、日本的特殊という狭い枠から解放して、カントやヘーゲルやマルクスと同様、或いは王夫之や戴震や李大釗《りたいしょう》と同様、まさしく世界の伊藤仁斎や三浦梅園や戸坂潤として研究してこそ、報告者自身の学問を彼らの築いた良き学統に位置づけることが出来るでしょう。種は類に、特殊は普遍に従属する、乃至は後者は前者に優越する、というのが、「人間性のイデー」に開かれた教養的知性の立場でなければなりません。

安藤昌益の平和思想
――江戸期・封建の最中に呱々の声をあげた「日本国憲法」の先駆――

前言

ここに改めて強調するまでもなく、平和問題は環境問題とともに人類が現代の私たちに残している最大の宿題であり、他の多くの問題がそれとの係わりにおいて成立している歴史的中心問題の一つです。

御存知のように、二〇世紀は科学技術文明が高度に発達する一方、度重なる戦火の波に曝された時代であり、わずかこの百年に散った戦争犠牲者の数が、人類始まって以来一九世紀に至るまでの戦争犠牲者の数を遥かに上回ったと言われております。そうであればこそ、二一世紀の開幕は、世界を挙げて戦争の一掃に取り組む時代の到来でなければならなかったはずです。

しかし残念ながら、この新しい世紀はパレスチナやアフガニスタンやイラクでの悲惨な戦禍とともに始まりました。わが日本も平和問題をめぐって決して楽観を許さない状況に直面しています。というのは、二〇世紀の後半、世界屈指の平和憲法として国際的にも高く評価されている「日本国憲法」を砦《とりで》として、ともかくも「人を殺し己れ亡び、人を滅ぼし己れ殺さる死争」（安藤昌益）から免れてきた日本までも、あえてその憲法を改定して「アメリカと共に戦争のできる国」に仕立て直そうとする勢力が、陰に陽に動きを強めているからです。恒久平和の実現という二一世紀的課題の前には、なお多くの難関が控えていると言わなければなりません。

それ故、このような歴史的課題への参画に当たって、私たちはその長い道程を確かな足取りで歩み続ける持久力を身につけなければなりません。そのためには、単に現在の現実的状況に敏感であるだけでなく、これまでの歴史のなかで平和のために苦闘してきた先駆者たちの叡智《えいち》の結晶である平和思想の古典を学び、どんな複雑な状況にも対応できる人間的な価値識別力を培《つちか》っておく必要があります。この小冊子（「安藤昌益と千住宿の関係を調べる会」刊行のシリーズ『昌益文庫』の⑤――村瀬）が提供するのは、そうした古典のなかの白眉《はくび》ともいうべき安藤昌益《あんどうしょうえき》（一七〇三〔元禄一六〕～一七六二〔宝暦一二〕）の平和思想、疑いもなく日本が世界に誇るに足る平和思想です。そこには現代の平和学の基軸となるような根本的観点が明示されており、その意味で、それはエラスムス（D.Erasmus, ca.1466～1536.）の『平和の訴え』を越え、カント（I.Kant, 1724～1804）の『永遠平和のために』と肩を並べる平和思想の高峰と評しても過言ではないでしょう。

＊　＊　＊

本冊子は高校生の読者をも想定し、でるだけ分かりやすく叙述したつもりですが、次の点で幾分か読者の労を煩わせることになりますので、あらかじめ了解を請うておきます。

1．本書の役目は平和思想に限定されており、昌益思想を理解する鍵となる彼独特の哲学的概念、例えば「互性活真」とか「進退・四行・八気」とかいった概念について詳しく説明する余裕がありませんでした。それらの用語については、本シリーズ（前記の『昌益文庫』――村瀬）既刊の石渡博明著『安藤昌益――人と思想と千住宿――』、東條栄喜著『安藤昌益の自然思想』などを参照して頂ければ幸いです。なお石渡氏の近業『安藤昌益の世界』（草思社）は、最近の新発見も取り入れながら昌益思想の全体像を描いた好著ですので、あわせて一読をお勧めします。

2．昌益自身の言葉は訓《よ》み下し（書き下し）文で引用しました。原典の文章は「疑似《ぎじ》漢文」とでも呼ぶべきもので、漢文まがいの外見を呈してはいるものの、漢文本来の文法を無視し、返り点や送り仮名で強引に読ませているところが少なくありません。しかしこれを訓み下し文に直してみると、幾分粗削りではあるものの、思想の核心を浮き彫りにして強い印象を与える一種独特の名文となっており、これがつまりは昌益自身の「原文」であると言ってよいでしょう。あえて現代文に訳さなかったのは、その文勢に直接触れ、そこに込められた精神の気迫を汲み取って頂きたかったからです。分かりにくい箇所は構わず読み飛ばして下さい。思想の意味内容そのものは地の文だけで充分理解できるように説明してあります。

＊　＊　＊

底本としては農山漁村文化協会刊『安藤昌益全集』を使用し、引用文の出典については、次の（　）

内のように略記した。
〔例1〕稿本『自然真営道』第四、『安藤昌益全集』第三巻、三四頁、の場合→（稿四・全三・頁三四）。
〔例2〕『統道真伝』二、『安藤昌益全集』第九巻、五六頁、の場合→（統二・全九・頁五六）。

Ⅰ 安藤昌益と日本国憲法との接点

安藤昌益の思想が日本国憲法の成立に直接的な影響を及ぼしたわけではありませんが、しかし思想史の文脈、あるいは憲法成立に携わった人々の人脈から見ると、両者の間には興味深い接点が見出されます。

御存知のように、憲法改定を主張する人々は、日本国憲法をGHQ（連合国総司令部）の占領政策による「押しつけ憲法」だと謗《そし》っていますが、しかしこれこそ実際の経緯を無視した乱暴な議論と言わなければなりません。憲法の制定過程にGHQの介入があったことは確かですが、しかしこの介入とて、「国体の護持」にのみ固執する当時の日本政府の煮え切らない態度が招いたもので、GHQが提示した英文の原案の内容そのものは、戦時中の思想弾圧のもとで孜々《しし》として研究を重ねてきた在野の憲法学者（後に静岡大学教授）・鈴木安蔵《すずきやすぞう》を中心とする「憲法研究会」の草案を下敷きとして成立したものです。

しかも鈴木らがこの草案の構想に当たって参考にしたのは、明治期の自由民権運動のなかで提起された多くの憲法草案、わけても植木枝盛《うえきえもり》（一八五七〜一八九二）の著した「東洋大日本国国憲案」でした。植木の草案には、日本国憲法第九条二項に該当する条項は直接には盛り込まれてはいませんが、しかし彼には他に「無上政府論」という論文があり、ここでは世界的規模における軍備全廃の展望が謳われていますから、両者を併せれば、民主的・平和的な憲法理念の原型はここに萌芽していると言ってよいでしょう（家永三郎編『植木枝盛選集』、岩波文庫）。だがさらに遡れば、——平和主義、軍備全廃、人間の平等、男女同権など、わが憲法理念と同類の思想は、遥か江戸時代の中期、封建の世のさなかに、農民の思想家・安藤昌益によって高々と掲げられたのです。こうして見ると、日本国憲法の理念は、決して外国からの「押しつけ」ではなく、それどころか日本の最も良質な伝統に根ざしていると言ってよいでしょう。

昌益の放った光芒は残念ながら鈴木安蔵までは届きませんでしたが、しかしそこには一つの奇しき出会いがありました。——現在日本各地で『日本の青空』（大島豊監督）という映画が自主上映されています。鈴木安蔵にスポットを当て、日本国憲法の生みの苦闘を描いた名作ですので、皆様も機会がありましたら是非御覧になって下さい。そのなかに、うっかりすると見過ごしかねないエピソードが描かれています。戦後の進退についてまだ迷いを残していた鈴木安蔵の自宅に或る外国人が訪れ、憲法草案策定への決意を促す場面です。この外国人は、当時ＧＨＱのカナダ代表部主席として来日していたハーバート・ノーマン（E.H.Norman, 一九〇九〜一九五七）というカナダ人で、ただ外交官であるだけでなく、『日本における近代国家の成立』などの業績をもつ著名な歴史学者でした。そしてこのノーマンこそ、『忘れられた思想家——安藤昌益のこと』（訳題）を著して昌益を顕彰し、その思想を世界中に伝えた人物だったのです。

ノーマンが日本民主化の立役者の一人として鈴木安蔵に白羽の矢を立てたのはまさに炯眼というほかありませんが、穿って見れば、鈴木のような——軍国主義のもとで抑圧されていた——日本人の良識と力量に対する彼の信頼は、この国の生んだ大思想家・安藤昌益の存在によって強く支持されていたのではいかと思われます。ノーマンはその後、エジプト・カナダ大使として在任中、アメリカの横暴な中東政策と、アメリカの「非米活動委員会」による彼個人への迫害とに抗議し、カナダ大使館の屋上から悲劇的な投身自殺を遂げますが、彼の説得によって意を決した鈴木を中心とする「憲法研究会」の活動からは、世界屈指のわが日本国憲法が実を結んだのでした。こう述べるといささか因縁めいて聴こえるかも知れませんが、卓越した見識が歴史のさまざまな脈絡のなかで互いに呼応しあうことは必ずしも珍しい現象ではありません。

Ⅱ　新たな「平和」概念の提唱

1．「治」「乱」と対置される「平和」概念

「天下の生ずるや久し、一治一乱す」（『孟子』滕《とう》文公下）という孟子《もうし》の言が示すように、古来、「治」と「乱」とは常に対意語として用いられてきました。ここで「治」とは賢君によって実現される安

定した統治状態を、「乱」とは暴君によって招来される収拾のつかない争乱状態を意味します。社会状態の善悪についての評価がこの両極に分かれるとすれば、平和が「治」に、戦争が「乱」に属するのは当然であり、ここからして平和がもっぱら「治」のもとでの「非戦争状態」として観念されるのは自然の成り行きでしょう。伊藤仁斎《いとうじんさい》（一六二七～一七〇五）のような平和論の先駆者でさえ、「天地の大徳を生と曰《い》ふ。王者はこれを体して以て天下を治む。故に其の道を王道と曰ひ、其の政を仁政と曰ふ」（『孟子古義』巻四・離婁《りろう》上）と述べ、王者による「治」を「仁政」として讃え、これを「殺を好む（好戦主義の）」暴政に対置しました。しかし安藤昌益は、そもそも「治」と呼ばれる状態が真実の平和状態を意味するのか否か、平和状態を単純に「非戦争状態」としてのみ捉えてよいのか否かを問題にします。そこで昌益が俎上《そじょう》にのせるのは、中国古代の思想家・孟子です。先ずこの問題についての孟子の議論を見ましょう。――孟子の当時、許行《きょこう》という農家（諸子百家のなかの一学派）の思想家が、農業による自給自足を主張し、自らもその一党とともにそうした生活を実行しておりました。許行の学風に共鳴し、その弟子となった陳相《ちんしょう》という人物が孟子に会い、許行を称賛しつつ、農耕に従わない君主（治者）を批判したところ、孟子は陳相を質問攻めにし、許行もまた完全な自給自足の生活を営んでいるわけではなく、衣服・冠・農機具・陶器などの必需品を自分の生産した穀物との交換によって賄《まかな》っていることを認めさせます。孟子はさらにその理由を問い、陳相から「さまざまな職人仕事は農耕の合間にできるものではなく、それをすれば農耕の妨げになるからだ」という回答を引き出します。こうして人間の生活が分業と交換の上にのみ成り立っていることが確認されると、孟子はそこから次の結論を引き出します。「そうだとすれば、天下を治めるという仕事だけが、農耕の合間にできるというのか。分業には大人《だいじん》の仕事と小人《しょうじん》の仕事とがある。しかも人間は一身でありながら多くの職種の産物を必要としているのだ。もしこれらの物を全部自分で作って使用するとすれば、それこそ天下の人々を路上に右往左往させることになりかねない。だからこそ『ある者は心を労し、ある者は力を労する』と言うのだ。心を労する者は人を治め、力を労する者は人に治められる。人に治められる者は人を養い、人を治める者は人に養われる。これが天下普遍の道理だ」（『孟子』滕文公上）。つまり天下普遍の分業体制のうち、「心を労する者（精神労働に従事する者）」と「力を労する者（肉体労働に従事する者）」との「治める－治められる」関係こそがもっとも根本的な分業にほかならない、というわけです。

孟子の議論は、一見すると成程と肯《うなず》かれそうですが、よく見るとそこには彼一流の論理の飛躍があります。というのは、一般の分業と交換、すなわち許行や織工や陶工のような生産者相互の分業と交換では、当事者たちの平等な関係を前提とした等価交換が行われるのに対して、「心を労する者」と「力を労する者」との関係はまったく不平等な「支配－被支配（服従）」の関係であり、両者の間の「養う－養われる」という関係は、等価交換どころか、まさしく「搾取－被搾取」の関係にほかならないからです（「心を労する者」は自分たちからは生産物を提供せず、ただ一方的に「力を労する者」の生産物を分捕るだけですから、ここには普通の意味での分業－交換関係は成立していません）。一般の分業─交換関係と階級的な「支配－被支配」「搾取－被搾取」関係がこのように異質の性格をもつ以上、前者が肯定されたところで、それは決して後者を正当化する理由にはなり得ません。──とは言え、孟子による議論の運びの適否は別として、ここで彼の下した結論そのもの、すなわち「治」の内容規定そのものは、まさに階級関係の本質を正確に表現したものと言ってよいでしょう。

端的に言えば、古来「乱」の対意語とされてきた「治」は、実は平和状態一般を指す概念ではなく、「治める－治められる」関係の相対的に安定した状態――被支配者にとつては恒常的な抑圧状態――を意味する概念でした。昌益が問題にしたのはまさにこの点にあったのです。彼はこのような「治」を肯定する孟子の見解に対しては筆鋒鋭い非難を浴びせつつ、「治」と「乱」との同根・同類関係を力説します。

「是れ（孟子の発言）以ての外なる利己・口才の妄失なり。是れ其の言ふ心は、人を治むる者とは、上に立つ聖賢を云ひ、人に治めらるる者とは、直耕の衆人を云ふなり。是れ孟子、人倫に於て、或いは治め或いは治められ、或いは養ひ或いは養はるる者と覚《おぼ》ひて、伏羲《ふっき》（伝説上の古代帝王）、世に出でて始めて王と為《な》り、上下を立てて転道《てんどう》（＝天道）を盗むより以来《このかた》乱世と為り、治まるに似て乱れ、乱れては治まるに似て、民を掠《かす》め貪《むさぼ》り食《くら》ひ、耕さずして税斂《ぜいれん》の法を立て、衆人の直耕・辛苦を取り之を食ひ、奪《と》り・華美を為し、利欲・女色に溺れ、忽《たちま》ち乱を為し妄惑の世と為《な》るを、之を弁《わきま》ふること能《あた》はず」（稿六・全四・頁一一二）。

この文章のなかで、「聖賢」とは、儒教において一般に言われるような立派な人物を意味するのではなく、勤労人民の上に立ち、彼らの労働の成果を、或いは昌益の認識（後述）では、成果のみならず労働そのものをさえ収奪して贅沢三昧《ぜいたくざんまい》な生活を営む不届《ふとど》きものを指すことに先ず注意して下さい。昌益によれば、「治」とは、伏羲を鼻祖とするこうした聖賢が、本来平等であったはずの人々の間に「上下」の差別を立て、自らは「上」に立って搾取と収奪をほしいままにする支配と虐使の体制ですから、たとえ戦争状態になくても、それ自体人間相互の平和な「共生」関係にあるとは言えません。そればかりでなく、もともと「治」を動機づけているのが上位者の「妄惑」と「盗魂」ですから、下位者の間にも、他の諸国の間にも同様の動機が働くのを避けることはできず、その結果、「下は上を羨《うらや》むの欲心、上は下を責《せ》め貪《むさぼ》るの欲心、責め貪らるる患悲の情、下を責め採る邪情・迷欲、怨恨の邪気、上下交々《こもごも》邪気妄狂」する社会的混乱に陥り、挙句《あげく》の果てには「大乱・大軍して人多く殺し殺され、万人手足を安《お》く所無く、患《うれ》い悲しむ」悲惨な戦争を招くのです（稿・大序・全一・頁一一八～一一九）。すなわち昌益によれば、「治」は決して「乱」の反対ではなく、それどころかむしろ常に「乱を待つ」ところの「乱根」、つまりは「乱」の温床、「乱」の前提条件にほかなりません。

　昌益はさらに孟子に対する非難を続けながら、「治」と「乱」との密接不可分な関係を次のように指摘します。

　「乱世には、軍戦・兵糧の為に衆人の直耕を責め取り、衆人を責め使ひ、治世には、上の栄華・慰楽・色欲、城室・賁作《ふんさく》（装飾）等の為《ため》に直耕を貪《むさぼ》り取り、衆人を追ひ使ひ、治・乱の世ともに責め貪り、食衣奪《と》り、栄華・利欲を為し、人道を押し掠め、転道（＝天道）を盗み、転（＝天）の責《せめ》を待ちて乱を好み妄惑たるを、人を治むる代りに養はるると覚ゆる孟子が如き、妄りに小児の夢語なり」（稿六・全四・頁一一二）。

それ故、昌益に従えば、「治を好んで乱を嫌う」と言って平和主義を装うのは、それ自体自己矛盾であり、事柄の道理を弁えない凡庸な儒者たちの浅知恵に過ぎません。何故ならもし本当に「乱」を根絶するなら、その発生源たる「治」もまた必然的に消滅するからです。事柄の道理・真相はあくまで「治すれば乱れ、乱るれば治す。治乱は本人欲《もと》（利己的な欲望）の迷気なり。故に治を去れば乱も無く、乱を去れば治も無し。故に治乱にして一事なり」（稿五・全三・頁二六七）という点にあります。

2．私有制と「構造的暴力」

昌益によれば、本来の人間社会、すなわち彼のいわゆる「自然世」は、もともと誰の私有物でもなく、従って支配−被支配、搾取−被搾取の関係を含まず、万人が「直耕・直織」の労働に勤《いそ》しみ、その成果を「安食・安衣」して享受する平等で平和な共同社会でした。彼自身の言葉に従えば、「天下は天下の天下にして、堯《ぎょう》（伝説上の聖天子）の天下にも非《あら》ず、舜《しゅん》（堯を継ぐ聖天子）の天下にも非ず」（稿六・全四・頁七五）。「天下は天下の天下にして、人を養ふに非ず、養はるるに非ず、治むるに非ず、治めらるるに非ず、各々直耕・直織して、安食・安衣し、天地と与《とも》に四時（四季）の行ひを為し、無事・安平・常中なる、之を天下と曰ふなり」（稿六・全四・頁七五）。「自然には治乱之れ無く、一般に（平等に）耕して万万人にして一人の世に、誰を治め誰を刑して治乱有るべきや。故に人を治むと云ふは甚だ私失（＝主観的な誤り）なり。夫《そ》れ直耕は衆人一般に耕す故に、衆人一人の道を転定（＝天地）と与《とも》に業する故に、人を治むると云ふこと曾《かつ》て之れ無し」（統一・全八・頁二三九）。

このなかで先ず「天下は天下の天下」という言葉に注目しましょう。――この言葉の出典は中国の古い兵法書の一つ、『六韜《りくとう》』という書物ですが、昌益の他にもこの言葉を格別に重視した学者がおります。すなわち木下順庵門下の朱子学者・室鳩巣《むろきゅうそう》（一六五八〜一七三四）です（朱子学とは言っても、順庵の門下からは他にも新井白石《あらいはくせき》や雨森芳州《あめのもりほうしゅう》のような俊秀が出ていますから、その塾の学風は林羅山《はやしらざん》や山崎闇斎《やまざきあんさい》の系統のそれのような窮屈なものではなかったのでしょう）。鳩巣は、「あまねく世にしらせ度《たし》と思ひ侍《はべ》る事」として、「天下は天下の天下、一人の天下にあらずといふ事は、六韜の書にいでて、天下の君たる人は、常に忘るまじき事にて候。最《もっとも》万世不刊《ばんせいふかん》の名言と申《もうす》べし」（『駿台雑話』巻八）と述べています。もともと鳩巣は「もと、人に貴賤なし。……皆、天地に居《きょ》し、天地に食《しょく》す。誰をか貴とし、誰をか賤とせん」（『不亡鈔』巻第三）という人間平等観に立脚し、ただ社会契約としてのみ君主権を認めていますから、先の言葉は契約者としての自覚を君主に促す警告の意味で語られたものでしょう。

「天下は天下の天下」という言葉に託した鳩巣の思想は当時としてはもちろん画期的なものでしたが、しかしやや遅れて出発した昌益のこの言葉の受けとめかたは、一層徹底し、一層普遍化されています。彼によれば、いかなる意味においてであれ、この世に「上下」の差別が持ち込まれ、一部の人間が「上」に立つということは、直ちに「治」の開始を意味し、「天下の天下」は直ちに私物化の危機を免れません。

この文脈のなかで、昌益は「治」の根源として「私有制（私的所有制）」の存在を浮上させます（なお「私有」とは言っても、ここでは「生活手段」の個人的所有を指しているのではなく、あくまで「生産手段」、なかでも昌益の時代には最大の生産手段であった土地の占有を指していますので、誤解のないようにして下さい）。すなわち、昌益によれば、元来は「天下の天下」として誰の私物でもない公共的存在であった自然を、一部少数の人間が「吾が有（私的所有）」として手中に収め、それによって自分たちの「不耕貪食」の生活を確保しようとするところに、そもそも問題の発端があったわけです。そこで支配者たちは、本来平等であったはずの人間関係のなかに「上下・尊卑・貴賤・貧富・男女」などの「二別」論理——物事を機械的に二分し、一方を貶めることによって他方を高める「二価値論理」を指し、昌益はこれを「偏知」の産物と見なします——と、「大が小を食（くら）ふの序する」弱肉強食の階級的序列とを導入し、自然のうちには根拠をもたない「私法」を捏造してこの関係を制度化したのでした。昌益が「自然世」との対置において非難してやまない「法世」とは、このように「私有制」の維持を目的として法的に組織された社会を意味したのです。

稿本『自然真営道』に収められた「法世物語」という風刺的な動物譚では、この事情は、「弱肉強食の序列という点では、人間の法世は鳥類の社会に較べて特に優れているわけではない。どう思うか」というカラスの問いに答えたトビの発言のうちに鮮やかに描かれています。

「高しとする所無きのみなれば責《せ》めて可なれども、転下《てんか》（＝天下）の田畑を盗んで己れが転下と為《し》、己れが知行所《ちぎょうしょ》（領地）と為、直耕の転道《てんどう》（＝天道）を責め取り、貪り食ふての上に、大は小を食ふの序する故に、吾吾が世より人の法世は重欲・妄迷なり」（稿二四・全六・頁四〇）。

すなわち、一口に弱強食の序列とは言っても、人間の「法世」の場合は、一部の人間による天下の掠奪と私有化という不自然な要因を伴っているから、ただ自然の生態系に従っているだけの鳥類の社会よりも、単に優越していないだけでなく、むしろ遥かに劣等で悪質だ、というわけです。

このような体制のもとでは、支配者たちは益々その強欲を募らせて搾取を強め、その結果、農民をはじめとする被支配者たちは益々辛苦と困窮に追い込まれます。当然のこととして後者による反乱も予想されますから、支配者たちは常に暴力装置（軍隊や警察）を構えてこれに対処しなければなりません。また他国の支配者たちも同様の強欲に支配されていますから、支配者同士・国同士の利害の衝突は避けられません。そこで諸国の支配者たちは「少しく治まる」平時にも絶えず軍備を増強して「乱」に備えます。すでに火種は充分ですから、何時悲惨な「兵乱・戦死」に見舞われても不思議ではありません。そしてひとたび戦争ともなれば、より強力な方が相手をねじ伏せますから、一旦は「治」の回復が見られるものの、そのような強圧的な「治」は再び「乱」の火種であり続けます。――以上の前提のもとに、昌益は、「乱に対しての治なれば、治は与《とも》に乱なり。故に治乱は乱の総名なり」（稿四・全三・頁一〇三）という結論を導いたのです。

＊　＊　＊

以上のような展開からは、昌益の掲げた「平和」概念の際立った特徴が浮かび上がります。すなわちそれは、これまでの叙述から明らかなように、単なる「非戦争状態」を指す概念、つまりは戦争（＝乱）のみに相対する概念としてではなく、恒常的な抑圧・搾取・収奪の体制――暴力装置としての武力はその不可欠な構成要素です――など、戦時のみならず平時にも存在する暴力をも包摂した、いわば「暴力一般」に相対する概念として定立されているのです。

このような昌益の見地は、現代における平和学の礎《いしずえ》を築き、また国際的規模における平和研究の制度化にも尽力したノルウェーの社会学者ガルトゥング（Johan Galtung）の思想を二〇〇年以上も前に先取りした卓見として評価され得るでしょう。そこで、ここではガルトゥングによって提起された「平和」概念を一瞥したいと思います（以下、J.Galtung, Strukturelle Gewalt —— Beiträge zur Frieden und Konfriktforschung, 1975. による）。——彼はまず平和を単なる戦争の対概念としてではなく、一層包括的な概念である「暴力」の対概念として捉え、従ってこれを端的に「暴力の不在」と定義します。では暴力とは何か。ガルトゥングによれば、それは「人間の自己実現を妨害する諸要因のうち可避的なもの（不可避的でないもの）」を意味します。例えば、現在の医学では治療不可能な重病による患者の死亡——それによる患者の自己実現の断絶——は、少なくとも現時点では不可避的であったのですから、その際の医療行為は暴力とは全く無関係ですが、医師不足や医療施設の不備や医療制度の改悪などが原因となる患者の死亡は、政府の医療政策が違っていれば充分に可避的であったのですから、そうした政策の責任者による暴力と認定されても仕方ありません。

ガルトゥングは平和の反対概念である暴力一般を以上のように定義した上で、さらにこれを「直接的暴力」と「構造的暴力」に分類しました（なお彼はその後さらに「文化的暴力」を加えましたが、我々の当面の論題からすれば、そこまで論議を拡大する必要はないでしょう）。このうち前者は、戦争、テロ、リンチ、強姦など、加害－被害の関係が具体的で直接的な暴力を指し、後者は植民地・

半植民地支配、政治的・経済的抑圧、人種差別、男女差別など、具体的・直接的な加害者が姿を見せなくても、制度や風習によって恒常的にもたらされる自己実現の妨害、つまりは一般に「社会的不正」と呼ばれている暴力を指します。——要するに「直接的暴力」のみならず「構造的暴力」もまた「反平和的な状態」と見なされなければならないわけです。

このような「暴力の類型学」に従うならば、昌益の所謂「乱」がほぼ「直接的暴力」に、また所謂「治」が「構造的暴力」に該当することは間違いないでしょう。しかも昌益の炯眼はこうした単なる「類型学」を越え、「治」＝「構造的暴力」が常に「乱」＝「直接的暴力」の下地であり、両者が常に相互転換の関係にあること、それ故一方の克服が常に他方の克服に条件づけられていることに洞察を及ぼした点にも見出されます。これはそのまま現代における平和運動に継承されるべき観点であると言ってよいでしょう。

Ⅲ 「治」（構造的暴力）批判

1．階級制と搾取

人間社会における「構造的暴力」の基軸をなしているのは、人々の間での支配－被支配、搾取－被搾取の関係、およびこの関係を「私法」によって組織化した階級制度ですが、それは、昌益によれば、人間の本性にもっとも似つかわしくない、それ故にまた本来の人間社会、すなわち「自然世」には存在のしようもなかった関係です。この見地は昌益思想の原点ですので、繰り返しにはなりますが、今一度この点を昌益自身の言葉によって確認しておきましょう。

「人身は自然の通気に生ずる故に、心身与《とも》に同一、万万人にして一人なり。一人の人が誰を主と為し、誰を民と為さんや。万万人を省《み》よ。尺《たけ》大いに違《たが》ふこと無く、心術違ふこと無く至るなれば、皆同身同心なり。故に万万人にして一人、是れ通気の証《あかし》なり」（統一・全八・頁一五六）。

この文章のなかで、先ず「通気」という言葉に注目しましょう。――昌益は地上の生物を「通・横・逆」の三つの形態に分類しました。このうち「通」は、自然の気が上から下へ向かうタイプ、「横」はそれが横方向へ向かうタイプ、「逆」はそれが下から上へ向かうタイプを指し、それぞれ人間、鳥獣虫魚（四類）、植物の特徴に対応しています。これは主に摂取した食物が体内を通過する経路に着目した分類ですが、しかし「通」は同時に直立の姿勢と二足歩行というロコモーション（移行型――人間にのみ固有――、「横」は横向きの姿勢と飛行・走行（四足歩行）・匍匐《ほふく》・遊泳などのロコモーション型、「逆」は地上に固定した上向きの形態をも指しますから、「通・横・逆」はそれぞれの生物の生活形態を一般に意味していると言ってよいでしょう。

さて、植物はともかくとして、人間と他の動物（四類）との相違は次の点にあります。すなわち、「横気」に支配された四類は、もともと労働を営む体型にはなく、また労働のための器官を具えていませんから、自然の与える食物――他の生命――を「大は小を食ふの序する」関係、すなわち弱肉強食の序列に従って捕食するほか生存のしようがありません。そして全体の食物連鎖は「正循環」

ともいうべき一つの生態系をなしており、各々の動物の捕食は、弱肉強食とは言っても、その一齣を担っているに過ぎません。

これに対して「通気」を本性とする人間は、労働に適した体型と器官（歩行の役割から解放された前肢＝手）を具え、それぞれ自分の生活を生産することが出来ますから、もともと人間同士の間で奪ったり奪われたり、殺したり殺されたりする必要はなく、それどころか、労働は多くの場合人間同士の協力・共同を通して営まれますから、彼らは互いに親しい仲間でこそあれ、殺伐な敵対関係に陥る理由などなかったはずです。加えて、人間同士は、ともに「通気」から発生した存在として、体型・心情とも相互に似通っており、そこにワシとスズメ、ゾウとネズミとの間にあるような大きな隔たりはありません。こうした前提に立って、昌益は「万万人にして一人」という力強い断定を下します。これはすこぶる含蓄深い言葉ですが、これについては後に触れるとして、ここでは単純に「万万人のうち、どの一人を採っても等しく一個の人間であり、どの一人も万人を代表している筈だ」という意味に受け取っておきましょう。

「法世物語」のなかの鳥たちの会合の席で、なずハトが人間本来の「自然世」を賛美します。

「吾熟思《つくづく》ふに……人は通気主宰にして、横・逆の気を伏して人なり。故に活真の通回に背かず、転下一般に直耕の一業にして別業無し。故に上下・貴賤・貧富の二別無く、他を食《く》らはず他に食はれず、遣《や》り取り（商取引）無く、相応相応に夫婦して、真に通神（＝通真）の人の世なり」（稿二四・全六・頁三四）。

しかし鳥たちの目撃している現実の人間社会、すなわち「法世」では、すでにこのような麗《うるわ》しい状態は失われており、「天道」を盗んで私物化した王侯貴族、あるいは聖人（儒者）や釈氏（仏僧）のようなそのイデオローグ（御用学者）の輩《やから》が自分たちの立てた「私法」に従って「不耕貪食」をほしいままにし、「直耕」に勤《いそ》しむ民衆を苦しめています。そこでカラスは、これを「大が小を食ふ序（ついで）」に支配された鳥類の社会に比べ、次のように批評します。

「……（人の世に）聖・釈出《い》でて、不耕にして転下（＝天下）の直耕及び道を盗んで、貪《むさぼ》り食ふての私法を立て、……此の法を以て、王は公（公卿《くぎょう》）・大夫《たいふ》に役法勤めさせて其の功を食ふ、公卿・大夫は諸侯の役功を食ふ、諸侯は諸士の役功を食ふ、諸士は商・工の役功を食ふ、主は従者の稼功を食ふ、僧・医・巫女《ふじょ》（みこ・呪術者）・修験者（神道家）皆然り。是れ大は小を食ふ序を以て此《かく》の如くなれば、人の法世は吾吾が世と相同じ。人間の世と云ひて優れて高しとする所無し」（稿二四・全六・頁三八）。

カラスのこの発言には、人間の「法世」と鳥類の社会との区別を示す決定的な一言が含まれていますが、当のカラス自身はまだそのことに気づいていないらしく、だから「人間の法世は我々鳥類の社会と似たようなものだ。人間の社会だからといって、格別高級なわけではない」と言って揶揄《やゆ》するに留まっています。しかしカラスのこの発言を引き継いだトビは、人間の「法世」は鳥類の社会よりもよほど「重欲・妄迷」だと語ります。

ではその「重欲・妄迷」の指標となる決定的な一言とは何か。――それは「功を食ふ」（役功を食ふ・業功を食ふ・稼功を食ふ）という言葉です。鳥たちがただその食物連鎖の序列に従って自分より弱小の生命を直接捕食するに過ぎないのに対して、人間の「法世」においては、上位者は下位者を不当に酷使した上で、その粒粒辛苦の成果を掠奪して貪り食うわけですから、そのやり方は稚拙の捕食に比べて遥かに腹黒く、卑劣であり邪悪であると言ってよいでしょう。この簡明な一言には、生態系の循環とは質的に異なった、「構造的暴力」としての階級制度の本質が的確に表現されています。

2. 男女差別

男女差別は私有制(私有財産制)の随伴物ですから、程度の差はあれあらゆる階級支配に付きものの社会現象ですが、とくに江戸時代には、武士レジームの特異性や儒教イデオロギーなどの影響もあって、女性にはことのほか厳しい規範が設けられ、その地位はきわめて惨めでした。当時流布した女子教訓書『女大学』には「惣《そう》じて婦人の道は、人に従ふにあり」と書かれ、また一般にも「幼くしては親に従い、嫁しては夫に従い、老いては子に従う」という「三従の徳」が説かれるなど、一旦女性に生まれたら最後、一生奴隷的な立場に甘んじることが要求されました。また実際上も、女性たちは、本人の意思を無視した打算的な婚姻、夫のみの都合による一方的な離縁(「七去《しちきょ》」や「三行半《みくだりはん》」)、夫の蓄妾《ちくしょう》や遊里での放蕩の黙認、人身売買を伴う売春制度など、数々の理不尽で屈辱的な扱いの犠牲に供されました。——人類の半数を占める女性へのこのような差別と抑圧は、まさに「構造的暴力」そのものと言ってよいでしょう。

昌益はこのような事態の不当性を直視し、しかも——当時としては驚くべき洞察ですが——その階級的な発生源を明らかにして、正面からこれを批判しました。以下、彼の論旨を辿りますと、—

―昌益が先ず擁護したのは男女平等を原則とする一夫一婦制です。彼の見解では、もともとは平等な男女間に結ばれる夫婦――本来の意義における夫婦――こそ、万人平等の社会における人倫の根幹をなすものでした。この観点を前提としながら、彼は男女差別を容認する当時の体制とそのイデオロギーに根底的な非難の鉾先を向けます。

「転定（＝天地）にして一体、男女にして一人は、自然具足の真道なり。然るに、聖人の云《い》はく、『貞女、両夫に見《まみ》ひず』と戒言して、『正男、両婦に交はらず』と云ふ対語を言はず。一男にして衆女を犯さしめ、己れも多女と交はる。禽獣の業を為すこと、甚《はなは》だ失《あやま》れり」（稿六・全四・頁一九五～一九六）。

これはまったく正当な指摘と言わなければなりません。女性の側に「二人の男と交わってはならない」ことが要求されるとすれば、男性の側にも同様に「二人の女と交わってはならない」ことが要求されるのが当然だからです。ところが「聖人」の立てた支配的な教義では、女性の貞節のみが一方的に強調され、蓄妾や買春のような男性の淫奔《いんぽん》は大目に見られています。昌益によれば、こうした「偏惑」から、男性の側には多女と交わる放埒な「禽獣の業」がはびこり、「自然具足の真道」である男女平等の一夫一婦制が崩れるという由々しい結果が招かれたのでした。

昌益はここから進んで、このような不合理が本質的に階級制度の成立と結びついていることを指摘します。

「悲しきことは、聖人、世に出でて、上に立ち、一男に、妻・妾と名づけて、二女を娶《めと》す。是より上に立つ男、妻・妾を淫《おか》しての外に、又、宮女・腰元と名づけて多女を淫《つる》み、此の為習《ならはせ》、中以下に伝ひ（＝中流以下の階級にも伝わり）、一男にして多女に淫むを聖人の教へと為す。妻を他（＝他姓）より之を娶れば同姓に非ず（＝近親相姦を犯してはいないからそれで構わぬ）として、惑ふて多女に淫むを聖人の道と為し、之を泥着《でいちゃく》し、此の業《しわざ》、売女と為り、都鄙《とひ》（＝都会も田舎も）凡て多女を淫《おか》すを男の功と為す」（稿六・全四・頁六九）。

見られるように、支配者の設けた側室や後宮の制度が次第に中流以下の下々にまで浸透し、麗《うるわ》しき一夫一婦制を崩壊させ、蓄妾や一夫多妻、果ては売買春のような陋習《ろうしゅう》を生み出した、というわけです。昌益はまた、このような男女差別・男尊女卑の体制が、相続性や世襲制、つまりは支配体制の維持機能と不可分であることを明らかにします。「法世物語」では、獣たちの会合の席で、馬は、先帝の堯《ぎょう》から国家を禅譲《ぜんじょう》された際に二女を娶《めと》った舜《しゅん》帝の故事を引き合いに出しながら、次のように発言します。

「（一頭の牡《おす》馬に複数の牝《めす》馬を交配させるのは、良い子馬を産ませるためであるが）是れに倣《なら》ふて舜、一男に妻の外に妾《しょう》及び宦女《かんじょ》を附け、一男にして多くの女を犯す。而も昼も犯す。是れ聖子を採らん為《ため》とす。是れ人に生まれて、野馬の業を為《す》るなり」（稿二四・全六・頁八九）。

馬は人間の「法世」における人倫の堕落をこのように指摘した後、これとの鮮明な対置において、「自然世」における人間本来の男女関係の在り方を次のように描きます。

「転真人（＝自然の活真を体現した本来の人間）の世は、直耕一般、一行・一心にして、男女（夫婦）にして一人にして、他女を犯すことを知らず、他夫に交はることを知らず。転定（＝天地）の神霊、日月の交合（万物生成の作用）と同じうして、真人の交合にして、真子を産む所以なり」

（同右）。

共同で直耕に勤しむ「真人」の男女の間には、もともと支配階級のそれのような差別の必要はありませんから、平等な一夫一婦制こそが婚姻の基本をなしており、このような両性の媾合からは、権力の世襲を定めとする「聖子」などとは異なった、次世代の直耕の担い手としての「真子」が生まれる、というわけです。

昌益の男女平等観を成り立たせているのは、「互性活真」という彼特有の弁証法です。それは「男の性は女、女の性は男、男女互性にして活真人なり」（稿・大序・全一・頁一一三）という命題に表現されます。すなわち、男は女を、女は男を、それぞれ「固有の他者」――例えば男に対する石ころ、女に対する毛虫のような「無関心な存立」としての「他者」とは異なり、それの存立が自己の存立にとって不可欠な前提となる「他者」――として有し、従って「他者」の「性（根本性格）」を自己自身の潜在的な本質規定とすることによってのみ成立します。男は女との媒介関係においてのみ男としての規定性を獲得することが出来るのですから、自己の媒介者である女の「性」をその内奥《ないおう》に含蓄することなしには、自分を男として存立させることは出来ません。女にしても同様です。そして対等な立場に立つ男女のこのような相互媒介的な「互性」関係こそが、「活真人」、すなわち真実の人間存在を実現させるのです。

この論理は「法世」における人間の堕落の原因の説明にも適用されます。すなわち、もし男女が「二別」され、女の価値が下落するならば、女の媒介によって制約される男の品位もまた下落を免れないでしょう。女を貶《おとし》める男は媒介的に自己自身をも貶め、蔑《さげす》まれた女と淫楽に耽る男はその分だけ自己の実存を低次元の淫奔者《いんぽんしゃ》に頽落《たいらく》させているのです。一般に他人を差別したり見下したりすることを好む人物が自らもまた品性の低い人物であることは常々経験的に観察されるところですが、男女差別が「構造的暴力」として通用する社会は、いわば世を挙げて「活真人」の常態から転落し、自らの品位を下落させていると言ってよいでしょう。

＊　＊　＊

以上のような男女平等・男女同権の思想が、男女差別・男尊女卑の常態化していた封建時代のさなかに、しかも文化の中心から遠く離れた東北の地で、高らかに唱えられたということは、まことに驚異に値することと言わなければなりません。

もとより封建時代にあっても、極端な女性蔑視や女性への非人道的な処遇をできるだけ緩和しようとする思想は散見されますし、また局部的には明確に男女平等が謳われた例も皆無ではありません。中国明末の思想家・李贄《りし》（号・卓吾《たくご》、一五二七～一六〇二）の見解などもその一例として挙げられるでしょう。すなわち彼は、「女性はもともと短見だから、学問には耐えられない」という偏見に抗議して、そもそも人間の男女と識見の長短とはまったく別系統の概念であるから、人間に男女があると言うのはよいが、識見に男女があると言うのは的外《まと》れであり、また識見に長短があると言うのはよいが、男の識見はことごとく長、女の識見はことごとく短というのは道理にも事実にも合致しない、と主張し、女性が学問に従事することを擁護しました（『焚書』巻二、「答以女人学問為見短書」）。これは限られてテーマを巡っての発言ですが、ここに男女平等思想への接近が見られることは確かでしょう。

李贄のような見解は人権思想の展開途上に散在する貴重な点景ですが、しかし昌益の男女平等思想がこれらの局部的な思想と区別されるのは、それが真実の人間存在、すなわち「活真人」の根本理法にまで原理化されているという点にあります。

昌益の思想の先駆性は、日本を含む東洋を遥かに凌《しの》いで近代民主主義に到達しつつあったヨーロッパの実情と比べてみれば、一層はっきりと確認されるでしょう。昌益の没後二七年、フランス革命の際に発表された有名な「人および市民の権利宣言」（岩波文庫『人権宣言集』所収）——所謂「人権宣言」——の第一条には「人は、自由かつ権利において平等なものとして出生し、かつ生存する」と明記されていますが、ここに所謂「自由・平等」の主体としての「人」のなかには、黒人奴隷と女性は含まれていませんでした。ヨーロッパでは、黒人は白人とオランウータンとの中間であるという「進化論的」偏見がなお払拭されておらず、イギリスにおいて「奴隷制廃止法」（同右）が制定されたのはようやく一九世紀の三〇年代に入ってからでした。女性はオランウータンとは無関係だったでしょうが、フランス革命を主導したブルジョアジーにおける女性の位置づけは極めて低く、さらに海峡を渡ったイギリスでは、夫が妻を鞭で打つ所謂「ワイフ・ビーティング」が——紳士の嗜《たしな》みとしてさえ——普通に行われ、またイングランドとニュー・イングランドの下層階級の間では、離婚の際に夫が妻を市場で家畜のように競《せ》り売りにかけるという奇習（「ワイフ・セールス」）がありました（浜林正夫『人権の思想史』、吉川弘文堂、参照）。——昌益が「原理化された」男女平等観を謳いあげた当時は、近代化の先進国においてさえ未だこんな有様だったのです。

翻って日本の現状を考えるに、確かに「日本国憲法」において男女平等の理念は確立されており、また戦後における女性の社会進出は目覚ましく、様々の分野で脚光を浴びている女性も少なくありませんが、しかし全体として見れば、パートタイム・派遣労働・請負労働・偽装請負労働など非正規・不安定労働の最下層を占める女性の割合は大きく、また女性が職場におけるセクハラやパワハラ、家庭におけるドメスティック・ヴァイオレンスなどの犠牲になるケースは後を絶ちません。さらに昨今では、右傾化潮流と相俟って、男女共同参画やジェンダー・フリーに対する逆風も各地で強まっています。――こうした今日的状況に対処するに当たっても、昌益思想の継承価値は益々高まっていると言わなければなりません。

3．環境問題

昌益がエコロジズム（環境保護思想）の先駆者の一人として国際的にも注目を集めていることは周知の通りですが、しかしこの問題に関する彼の思想が今日顧みられるべき理由は、単に彼が先駆者であるという点にだけあるのではなく、むしろ彼の提起した論点が現代における環境論議に重大な示唆を与えるという点にあります。というのは、昨今の環境思想のなかには、問題を専ら「人間・対・自然」の関係に限定して捉え、「人間中心主義か自然中心主義か」というような二者択一を争点に置き、果ては「動物の権利」や「岩の権利」まで持ち出すような、大幅に焦点を逸《そ》れた論議が見られますが、これに対して昌益は「人間・対・人間」の関係と「人間・対・自然」の関係という二重の観点から、事柄の本質にしっかりと焦点を定めた論議を展開しているからです。

昌益は先ず「人間・対・自然」の視覚から、農民はじめ一般民衆を度々苦しめた凶作や飢饉などの災害が、決して単なる「天災」ではなく、むしろ「人災」と言うべき性格を具えていることを強調します（次の文章は洪水を例に挙げています）。

「是れ天災と云ふは、天、私《わたくし》に（＝恣意的に）之を為す者に非《あら》ず、人、私欲に溺れて天道を盗みて妄行《もうこう》を為し、衆人の悲情積る則《とき》は、其の気天道を汚す則《や》水気激して大雨・洪水を為す。是れ、之を天災と為《す》れども、本《もと》人より発して人に帰す。大風災・大火災・大燥災（＝大旱魃）、相同じ。……天災と言へるは天の為す所に非ず、若し天失《あやま》りて私を以て災《わざわ》ひを下し人を殺す者ならば、天徳に非ず、悪逆なり。……之れを以て之れを知るべし、天に災ひ無きこと至って明らかなり。天災と云ふは人の迷欲、失《あやま》りの邪気なることも又明らかに知れたり」（稿四・全三・頁二一二）。

人間の私欲・妄行の結果、そこに鬱積した悲情の「気」が自然界の「天道」を汚染し、そこから大災害が発生する、という字面の意味はいささか擬人的で神秘的な印象を与えますが、しかしこれを昌益独特の修辞法と受け取るならば、この表現に込められた趣旨は極めて明瞭です。すなわち昌益によれば、自然界にはことさらに災害を発生させ、人間を苦しめようなどという意図が働いているわけではありません。その自然界に混乱が生じ、人間界に多大の被害がもたらされるのは、自然に対する人間の対応の仕方が著しく適切さを欠いているからです。言い換えれば、「人間・対・自然」の不正常な関係の帰責性は、主として人間の側にあるというわけです。

昌益がこのように判断したのにはそれなりの理由があります。すなわち、——江戸中期頃から幕府は極端な経済成長政策を採用し、各地で盛んに新田開発が行われますが、それは一種の乱開発の様相を帯び、それによる地形や水路の変形の結果、それまで安定を保っていた農耕地が著しく不安定になりました。特に食用農作物の増産を強いられた東北地方では、焼畑などによる杜撰《ずさん》な開墾によって山野が荒廃した結果、用水の確保や沃土の維持が困難になり、農地全体が旱魃《かんばつ》や冷害の影響を受けやすい状態になっていたのです。何万人もの餓死者を出した悲惨な飢饉も、いわばこうした人為的な失政の結果にほかなりませんでした。

もしそうであれば、問題が「人間・対・自然」の関係という観点からだけでなく、同時に「人間・対・人間」の関係という観点からも捉えられなければならないのは極めて当然です。というのは、人間は人間相互の一定の関係の仕方を通してのみ自然と関係を結ぶことが出来るからです。昌益はこの点にも鋭い洞察を及ぼします。

「（日本はその自然条件からして元来「安住国」であったが、「不耕貪食」の「妄教」の影響を受けて「邪心」が発生し、そうした）邪心の気、呼吸より出《い》でて転定《てんち》の運気に通じ、回《めぐ》りて自然の転神（＝天神）を汚濁す。故に正直の転神、人の妄欲・邪気の為《ため》に迫りて常の度を失ひ、激怒する故に、運気荒狂して大風雨・洪水・干魃《かんはつ》・寒夏（冷害）・不穀（凶作）・不登（不作）・疫癘《れきえい》（流行病）・兵乱、不測の難災数々発《おこ》り、妄迷の国と為《な》る。人の邪欲・妄強の悪念より発り災難と為り、人に当る。飢饉・疫死の患《うれ》ひ絶えざるは、皆人より発して人に帰することにして、全く転定の神霊の為すことに非ず」（統五・全一一・頁八四）。

「……聖（儒教）・釈（仏教）以来（このかた）、……上下の私法を立て、欲情盛んにして教へを為し、不耕貪食して下《しも》衆人を苦しむ。故に下《しも》は上《かみ》を羨《うらや》むの欲心、上は下を貪《むさぼ》るの欲心、責《せ》め貪らるるの患悲の情、下を責め採る邪情・迷欲、怨恨の邪気、上下交《こもごも》邪気妄狂し、腠穴《そうけつ》（毛穴）より抜け、呼吸より発し、転定・活真の気行を汚し、不正の邪気と成り、或いは六月寒冷して諸穀実らず、或いは干魃して衆穀不熟・焦枯し、凶年して衆人餓死し、或いは疫癘して多く人死し、転下皆死の患ひを為す」（稿・大序・全一・頁一一九）。

いずれの文章も後半の文意は先程の引用文のそれと同じで、人間の「妄欲・邪気」が自然界に感染して自然本来の「常の度」を失わせ、惨憺たる災害となって人間自身にしっぺ返しをする――「人より発して人に帰する」――という趣旨ですが、ここで注目すべきは、災害の発生源となっている人間の在り方の問題、つまりは「人間・対・人間」の関係の問題です。すなわち昌益によれば、この関係が「法世」にあっては「互性活真」という本来の理法を失い、「上下の私法」のもとで上位の支配者が「不耕貪食」して下位の一般民衆を苦しめるしいう、甚だ不正常な関係となっており、こうした関係のもとで発生した「邪気」の赴くままに自然に対する人間の干渉（人間による自然からの収奪）が行われる結果、自然の循環系や再生機構が破壊され、俗に「天災」と呼ばれる災害――以上の脈絡から言えば実は「人災」――が人間界にもたらされるのです。言い換えれば、環境破壊として現れる「人間・対・自然」の不正常な関係は、「人間・対・人間」の不正常な関係、つまりは階級社会という人間相互の不正常な関係を通して人間が自然と関係を結ぶところから発生するのです。今日流行の「共生」という言葉を用いるならば、人間相互の間に望ましい「共生」関係が成立しない限り、人間と自然との間の正常な「共生」関係が成立する道理はありません。

以上のような昌益の発言が現在の私たちに示唆するのは、環境問題への接近に当たっては、「人間・対・自然」の関係だけに拘泥し、「動物の権利」とか「石ころの権利」とかいった極論にまで迷走するのではなく、「人間・対・人間」の関係をも視野に入れ、環境問題を「構造的暴力」としての「非平和状態」の問題として捉える観点に立つことが極めて重要だということです。

Ⅳ 「乱」（直接的暴力）批判

1．「治」から「乱」へ

階級的支配としての「治」がそれ自体「乱」の温床であり、それ故「治」と「乱」とが相俟って「非平和状態」としての暴力一般、すなわち「総名」としての広義の「乱」をもたらすということは前述した通りですが、ここでその点をもう少し掘り下げて考察しましょう。

昌益によれば、最初に支配者の地位、すなわち王位を獲得することは、当然他者に打ち勝つことを前提としますから、それ自体必然的に暴力や戦乱を伴う行為にほかなりません。

「炎帝神農《えんていしんのう》（伝説上の中国古代帝王）、……伏義《ふっき》の子孫と戦ふて、誅克《うちか》って王と為《な》る。是れ乱争に非ざれば王とは為《な》られず。故に必ず戦ひ、兵乱して王と為《な》る。弁《わきま》ふべし」（稿四・全三・頁六八）。

「黄帝有熊《こうていゆうゆう》（伝説上の中国古代帝王）、……神農の子孫と沢鹿《たくろく》の野に戦ひて、誅克《うちか》つて遂に王と為る。故に兵乱して戦はざれば、王には為られぬなり」（同右・頁七〇）。

「何時《なんどき》も人を殺し、人の持国を奪ふの世に非ざれば王と為ること能はず。故に王立つ則《とき》は、必ず乱世して多く人を殺して成る者なり」（同右・頁七九）。

「是れ又、兎角《とかく》兵乱を起して、多く人を殺して奪うに非ざれば、王には成られぬなり。故に王は転道に背《そむ》く乱の根なり。王を好まざる者、乱を起すことを知らず」（同右・頁八二）。

こうして獲得した権力とそれによる「私法（私有制）」のもとで、「不耕貪食」という支配者たちの不届き生活が営まれるのですが、それは奢侈や逸楽を途方もなく肥大化させる傾向を伴っており、そしてこうした「妄欲」同士の衝突と抗争こそがふたたび次の戦乱の発生源となるのです。昌益自身の言葉に従えば、――

「（支配者は）皆己れを利さんが為に自然の真道を妄乱し、自然・直耕の転道を盗み、耕さずして衆人の直耕を貪り食ひ、上に立ちて奢賁《しゃふん》（贅沢な装飾）・華美・遊楽を為し、女楽に泥《ふけ》り、学問を以て衆を誑《たぶら》かし、不耕貪食多く成り、終《つい》に兵乱始まりて、転下（＝天下）の転下を以て吾国・他国と為し転下を争ひ、国を奪ひ奪はれ合戦・争闘して止むこと無し」（統五・全一一・頁九八）。

では「不耕貪食」の生活は何故このように途方もない贅沢、眼に余る華美、そして欲望の膨張傾向を伴うのか。昌益自身の言葉を手懸りに、幾分か穿《うが》って解釈すれば、次のようになるでしょう。――「自然世」における民衆の正常な生活については、昌益は「直耕・直織」に対して常に「安食・

安衣」を対応させております。つまり自分たちの労働は自分たちの需要（安食・安衣）によって制約されており、そうした需要を満たす以上に過重・過密化されることはないでしょうし、また自分たちの消費は自分たちの労働の成果、自分たちの活動によって実現された価値によって賄《まかな》われますから、そこではそうした物資への尊敬の念も生じ、でたらめな浪費に赴くことはないでしょう（でたらめな浪費は自分たちの労働そのものの過重・過密化を招きます）。従ってそのような民衆の生活にあっては、生産と消費、労働とその成果の享受との間には常にバランスが保たれています。これに対して、「法世」における支配階級の「不耕貪食」にあっては、消費や享受は、他人の労働の成果を収奪するという仕方で、直接に消費・享受対象としての物資そのものに向かっており、つまりそこには自己の欲望を適切に制御する条件としての自己労働の介在が欠如しております。そもそも彼らの享受する物資は、自らの活動による自己の対象化——対象の位置に移された自らの本質諸力——としての意味を失っており、ただひたすら欲望の対象となるだけですし、またそれを産み出す他人の労働は生産者自身の「安食・安衣」という制約を欠き、ただひたすら支配者の欲望充足に奉仕させせられるものとなっております。ここから支配者の側には、生産とのバランスを欠いた、野放図な欲望の膨張が発生するわけです。

さて、不調和に肥大化した欲望が限られた自然条件や生産条件のもとでその充足を求めるのですから、その勢いが他者からの掠奪、そして結局は戦乱状態に赴くのは理の当然でしょう。その最大のものが国家間の争奪戦であることは言うまでもありません。前引の文章におけるこの辺りの叙述には、昌益の洞察の冴《さ》えが窺われます。

そもそも国家とは何か。――国家と言えばとかく神聖視されがちですが、しかし昌益によれば、それは元来「天下の天下」、つまりは人類全体の公有物であったはずの地表を一部の人間が「吾国」だの「他国」だのと称して勝手に区画し、私物化した結果として成立したものにほかなりません。そうした国家同士が際限もなく争奪戦を繰り返すわけですから、「吾国」と「他国」とを分かつ国境線は時々の力関係に応じて絶えず変動し、従って「国家」などと称してもともと神聖不可侵な範囲など定まっているわけではありません。そして「国を奪ひ奪はれ合戦・争闘して止むこと無き」争奪戦はと言えば、それは飽くまで肥大化した「不耕貪食」への欲望に動機づけられたものに過ぎず、そこには御用学者によって美化されるような正義の片鱗もありません。

昌益のこうした戦争批判を見ますと、そこにはあたかも大地にしっかりと立つ農民のように、人類全体の地盤にしっかりと坐を占めた彼の立場、言い換えれば、「種的」自己中心性から脱したという意味で、人類全体に「脱中心的」に開かれた昌益の立場が窺われます。ここで「種的」自己中心性というのは、国家や民族や企業など自己の属する「種」を絶対視し、そこに視点を固執させた自己中心的な思考の仕方を意味します。最近日本の論壇の一部に見られるような、やたらと「国益」とか「愛国心」とかを振りかざす議論もこの類に過ぎないでしょう。こうした思考様式からの脱皮の度合いを「脱中心化」という言葉で表現します。昌益の戦争批判の視点は、「種」からの「脱中心化」という点で、まさしく「類的」に開かれた視点であると言ってよいでしょう。

＊　＊　＊

「類的」に開かれた視点には今ひとつの側面があります。すなわちそこには単に広い視野というだけでなく、道徳的判断としての一層高い水準という側面が含まれているのです。少しむずかしい言い方をすれば、それは単に外延的に普遍化されているだけでなく、同時に内包的に原理化されているのです。「万万人にして一人」――この標語の解釈については後に詳述します――である人間の、唯一人の生命をも犠牲にしてはならないという昌益の信念は、このように原理化された視点の端的な現れにほかなりません。その点で彼の立場は「集合的功利性（aggregate utility）」を本旨とする功利主義の立場と鋭く対立しております。功利主義の立場では、「最大多数の最大幸福」という標語が示すように、飽くまで全体的な平均値の最大化が眼目なので、少数の犠牲がこの最大化に有効であれば、その犠牲は必要悪として容認されるわけですが、しかし「万万人にして一人」という観点からすれば、一人ひとりの生命に対するこのような大雑把な扱いはとても認めるわけには行かないでしょう。犠牲にされる一人ひとりはそれぞれ他を以て交換することの出来ない絶対の「一者」なのですから。

　そのことを示すのは、「一部の人間を殺しても、他の人々を安らかにするならば、その殺人は許される。他の国を攻撃しても、その民衆を愛するなら、その攻撃は許される。戦争によって戦争を止めさせるなら、戦争でさえ許される」という『司馬法』の主張に対する昌益の厳しい批判です。「（もしこんな言論が成り立つなら、人を殺さずに人々を安泰ならしめ、他国を攻撃せずにその民衆を愛し、戦争せずに戦争を廃絶するほうが遥かに益しであろう）。故に殺さず、攻めず、戦はざる則《とき》は、人安く民愛して、戦ひの名を聞かざる則《とき》は、将《はた》之を何とか為さん（この上さらに何の為すことがあろうか）。妄りに辱《はずかし》めを知らざる（恥さらしな）拙言、国家の迷いと為る」（稿四・全三・頁一二三二）。

ここで『司馬法』の趣旨は、たとえ殺人・攻撃・戦争などの手段に訴えても、そこから生じる結果さえよければ、それらの手段は容認される、という点にあり、明らかに一部の犠牲を条件として平均値の最大化を求める「集合的功利性」の立場を示していますが、これに対する昌益の反論の趣旨は、もし本当に民衆の安泰と慈愛の実現とが目的なら、殺人・攻撃・戦争を必要悪として伴う方策に固執するよりは、最初から「殺さず、攻めず、戦はず」、つまりは一人の犠牲者をも出さぬ方策を立てるほうが遥かに賢明だ、という点にあり、そこからは集合の平均値ではなく、社会に属するすべての人間を平等な——不公平に犠牲に供されてはならない——資格をもつ「一人ひとり」、「各々一者」として捉える思考が看て取れます。

2. 侵略戦争

あらゆる戦争のうち最も悪質なのは侵略戦争です。否、戦争の本質はもともと「侵略」という点にあると言ってよいでしょう。というのは、侵略を受けた側の武力的抵抗、例えばヨーロッパにおけるレジスタンス、中国における抗日戦争、ヴェトナムにおける解放闘争などは、飽くまで相手の暴力に対抗する正当な権利の行使であって、侵略者の行為と対等な意味において「戦争」と呼ぶわけにはいかないからです（だから「戦争には良い戦争もあれば悪い戦争もある」というような言表によって抵抗戦や解放戦を擁護するのは、擁護の仕方としては正当ではありません）。

さて、昌益が先ず指弾の対象とするのは、それぞれ「不耕貪食」の徒に支配され、それぞれ「妄欲」

を膨張させた諸国間の悪質な国際関係、すなわち相互に侵略的な国際関係です。「法世物語」では、渡り鳥はその有様を次のように捉えます。

「是れ法世の人、船を作り、互ひに他国に押し渡り合戦し、国を奪ひ又奪はれ、利欲の為に国に行き渡り、是れ法世、盗乱・妄欲の為《す》ることなり。吾等（渡り鳥たち）が国国飛行は、其の国其の国の産物を食はんが為《ため》なり。故に鳥世に法世の人の船渡り渡りの（船で乗りまわっている）用無きに非ず。故に人の法世は乃ち鳥の世なり」（稿二四・全六・頁五四）。

ここで渡り鳥は、勝手に他国に乱入して合戦し、利益を奪い合う「法世の人」の状態は、国境を越えて飛行し、あちこちの国で食糧を失敬してまわる渡り鳥の生業《なりわい》と似ているから、つまりは「人の法世」と「鳥の世」とは同じようなものだ、と言っていますが、これはよほど控え目な表現と言ってよいでしょう。渡り鳥は実際にはこれよりも皮肉な眼で地上を見降ろしていたはずです。地上の或る区域から一方的に外を見れば、そこにあるのは侵略を唆《そそのか》す妄欲の対象であるか、或いは虎視眈々《したんたん》と自分を狙っている脅威の外敵ですが、天空から地上を鳥瞰《ちょうかん》すれば、このような状況はお互いさまで、いずれかの国家に正義の分《ぶ》があるというわけではありません。渡り鳥の視点は、自分の属する国家や民族などの「種」に呪縛されず、そうした国家や民族を相対化し、汎く人類の立場から侵略戦争の実態を見据える視点、つまりここでもまた「種的」自己中心性から「脱中心化」された「類的」視点にほかなりません。

昌益はさらに、それぞれの国家の侵略的性格を増幅させる原因として、当時進展しつつあった貨幣経済や市場経済に着目します。

「金銀通用を為す故に、売買・利欲の法盛んにして、転下《てんか》、利欲に大いに募り、漢土より天竺・阿蘭陀《オランダ》・日本を奪はんと欲し、或いは日本より朝鮮を犯し、瑠球《りゅうきゅう》を取る等、金銀通用売買の法を立て、自由足り（＝ほしいままに）、侈《おご》り（贅沢）を為し易き故なり。侈りは乱の根なり」（稿二五・全一・頁二七八）。

貨幣経済・市場経済に対する昌益のこのような批判には、歴史的理由と論理的理由との二つの側面が含まれているように思われます。先ず歴史的理由を見ますと、昌益の生存した享保以降、たびたび貨幣改革が行われますが、それはことごとく失敗して物価の暴騰を招き、その結果はもろに農村を直撃しました。また幕府はその財政窮乏の解決策として殖産興業を進めますが、それはどうしても商業資本に依存せざるを得ません。とくに新田開発は豪商の請負事業として行われる場合が多く、それは直ちに昌益が基盤としていた自営農民の自立性と抵触します。また鉱山業からは有害物質が流出して河川を汚染し、農民が享受していた自然の恵みを侵害しました。――昌益が貨幣経済・市場経済の弊害を指摘するだけで、それの担い手である商工業の発達の歴史的意義を評価し得なかったことは、一般には彼の農本思想のもつ弱点と見なされているところですが、しかし昌益の立場からすれば、農民に塗炭の苦しみを強いる上記のような実情を無視するわけには到底いかなかったでしょう。

昌益の貨幣経済批判の背景にはこのような歴史的事情があったと推測されますが、しかし「侵略戦争批判」という観点からすれば、一層重要なのは貨幣経済のもつ論理的性格です。もともと人間の強欲は奢侈欲と不可分であり、それについて昌益は前引の文章でも「侈りは乱の根なり」と語って念を押していますが、しかし貨幣欲となると、普通の奢侈欲とは大分性格が異なります。その点を彼は「(貨幣欲が募るのは)侈りを為し易き故なり」という微妙な言葉で表現しています。この表現の意味を敷衍すれば、貨幣欲とは直接に奢侈を「為す」ことへの欲望というよりは、むしろ奢侈の「為し易さ」を確保することへの欲望、言い換えれば、贅沢そのものへの欲望というよりは、むしろ贅沢をしようと思えばいつでも出来るという、いわば贅沢の条件確保への欲望ということになるでしょう。

ところで、単なる贅沢への、つまりは消費物資への欲望であるならば、王様が幾ら華麗な宮殿を建て、酒池肉林の贅を尽くしたとしても、その消費意欲・消費能力にはおのずから限界がありますが、そうした贅沢を保障する貨幣的富ならば、幾ら増えても一向に構わない、むしろ増えれば増えるほどよいわけです。従って一旦貨幣欲の虜《とりこ》となると、人間の欲望にも転倒が生じ、消費という目的さえ見失われて、致富そのものが自己目的化します。井原西鶴の『日本永代蔵』に描かれたように、金の亡者は必ずしもすべて浪費家であるわけではなく、それどころか吝嗇《りんしょく》(ケチ)・守銭奴という別種の悪徳に凝り固まる場合が少なくありません。

しかも貨幣が表わすのは専ら数値ですから、ヘーゲル(G・H・F・Hegel)のいわゆる「悪無限」のように、次々と加算していってもその量に際限がありません。従って貨幣欲には奢侈欲のような限界はなく、幾らでも肥大化する性質を具えております。昌益のいわゆる「妄欲」の最も顕著な現われがこの貨幣欲・致富欲であると言っても過言ではありません。それ故、ひとたび貨幣経済の渦に巻き込まれると、人々は「金銀通過売買の法」に従い、致富そのものを目指した留処《とめど》もない功利活動へと駆り立てられます。そこからは当然私利私欲のための激しい競争が発生します。もとより自国内で収奪できる富には限界がありますから、こうした功利活動が何の規制もなく野放しにされ、むしろ支配権力と連携して展開されるならば、それがやがて国家相互の無法な侵略行為へと暴走していくことは避けられません（昌益を越えて広義に解すれば、侵略戦争の概念には、武力的侵略だけでなく、経済的侵略も含まれます）。

以上のように、昌益は戦争と平和の問題を単に政治問題としてだけではなく、同時に経済問題とも結びつけて把握し、侵略戦争を惹き起すこのような社会状態全体の廃止を、――「契《かな》ふ論」（過渡的措置）の方式で言えば、差し当たってはこれに対する何らかの強力な規制を訴えているのです。

3. 将軍――軍人身分――

武士階級・軍人階級、とくにその上層部は、暴力装置の直接の担い手であるとともに、イデオロギー身分としての性格をも具えているところから、「不耕貪食」階級、つまり社会のエリート階級の一翼に組み込まれています。だから現代でも、シヴィリアン・コントロールが叫ばれながら、軍人のエリート階層の政治介入を防ぐのは大変な問題です。昌益の平和思想の独創性の一つは、このような階層の本質を暴《あば》き、これに対して徹底的な批判を浴びせた点にあります。

この点に関する昌益の立場は、中国戦国時代の名将・呉起《ごき》に対する次の標語のうちに明確に表明されております。

「是れ呉起、戦ひに勝ちて他国を奪ふことを智謀と為す。又（いずれ自分の方も）他に奪はれ、乱世の絶えざることを知らざる小人なり。凡《およ》そ軍勝を好む者は小人なり。軍勝を好まずして、徳勝を好み、天下安平を為す者は君子なり」（稿四・全三・頁一三〇）。

中国では孔子の昔から「君子・小人」論が盛んですが、将軍批判との関連で提起された昌益のこの「君子・小人」論は、まさに昌益思想の真骨頂と評しても過言ではないでしょう。「軍勝を好む者は小人なり。徳勝を好む者は君子なり」——これは現代に生きる私たちも、とくにどこかキナ臭い匂いの漂う昨今にあっては、以て肝に銘ずべき至言と言わなければなりません。

漢の知将・張良《ちょうりょう》に対しても、次のような厳しい評価が与えられます。

「張良は秦を亡ぼして天下の天下を奪ひ、沛公《はいこう》（漢の高祖）に天下を盗ましめ、己れは生生耕道を為さず、山に隠れて跡を埋むこと、又私（＝利己主義）の至り、豈之れを転（＝天）の道と為さんや。天下の天下を奪ふを為し、軍《いくさ》を為して罪無き人を殺すこと、言う計《はか》り無し（言葉で表しようがない）。転、何れの日か一物を殺すことを為《す》るや。故に張良等が私賊の業を転道に比すること、甚だしき失《あやま》りなり」（稿四・全三・頁一三六）。

張良は漢の高祖の功臣の一人で、晩年は隠棲して神仙術を好んだ人物として有名ですが、昌益の観点からすれば、その卓抜な智謀や出処進退の潔《いさぎよ》さも「私賊の業」「私の至り」に過ぎず、評価の的は専ら「天下の天下を奪った」点と「戦争を行って無辜の民衆を殺した」点に絞られます。

一般的には将軍の社会的性格は次のように把握されます。

「天は与ふることを為して、取る（＝奪う）ことを為さず。（これに対して）軍将の如きは、他の国を奪ふて、取ることを為して、与ふることを為さず。天と与《とも》に与ふることを為《す》る者は、何を恐れてか、城高く池深く構ふることを為《せ》んや。軍将の如き、天の時日に背きて私に（＝私利私欲で）奪ふことを為《す》る故に、他の責《せ》めを恐れて城高く構《かま》ひて、一時《いっとき》（ひとときも）安心を得る能《あた》はず。奪欲の為に、自《ひと》り責めて自り苦しむ者なり」（稿四・全三・頁一一四）。

すなわち昌益によれば、将軍という種族は、自分がそこから生まれ出たはずの「天（＝自然）」の理法に元来から悖った存在です。というのは、自然の特徴は万物を生成するという点にあり、だから決して「奪う」ということはなく、専ら「与える」というのがその根本原理ですが、将軍という種族は、これとは逆に、自らは決して生産労働に従事せず、従って決して「与える」ことをせず、ひたすら私利私欲のために「奪う」ことを本業としているからです。つまり「奪欲」の亡者というわけです。もしそうでなければ、高い城壁や深い溝渠によって防備をかため、常々相手の反撃に怯《おび》えて暮らさなければならない必要はないはずです。――要するに、将軍などという輩《やから》は、幾ら英雄などと称して威張っていても、自らの労働によって相互に「与え」合う勤労人民の立場からすれば、余分で迷惑な、そもそも人倫の理法とは相容れない種族なのです。

4．軍事研究

昌益が将軍のような軍事専門家の存在と並べて、最も力を込めて排斥するのは、「軍事」や「軍学」、すなわち軍事的謀略や軍事技術の開発などを含む軍事研究の遂行です。

この局面における彼の見解の際立った特徴は、軍事研究を階級支配との密接不可分な関係において、つまりは「構造的暴力」との関係において把握した点にあります。

「自然・直耕・安衣食して転定《てんち》と与《とも》に同行の世に、治乱無くば軍学の名無し。然るに聖人出《い》でて王と為《な》り上に立ち、不耕にして衆人を貪食し、栄華を極めて衆人に視《しめ》す。故に之れを羨《うらや》む者の出《い》で来《きた》り、王位を奪ひ已れも王と為《な》り栄華を為さんと欲す。故に兵乱を起し一《ひとた》び勝つ者は王と為り不耕・栄華を為す。故に又軍《いくさ》起りて、又勝つ者は王と為り不耕・栄華を為す。此《かく》の如く伏義《ふっき》より今日に至るも曾《かつ》て止むこと無し」。

「軍学は戦《いくさ》に勝ち王と成らんが為、国家転下を奪はんが為なり。少しく治まると言ふ則《とき》は兼《かね》て之を学び、乱を待つ。軍学は天下国家を治めんが為と云へり。之れ天下国家を治むる為、必ず兵乱・戦死を為す。故に是れ治まると云ふも軍学、乱るると云ふも軍学、則ち治・乱与《とも》に乱なり。今、治乱無き直耕の世と為らば、何の為か軍学之れ有らんや。軍学絶えざる則《とき》は治乱絶ゆべからざる所以なり」（統一・全八・頁二八六〜二八七）。

すなわち昌益によれば、万人が平等に「直耕」に従事し、安心して生活できる「自然世」では、軍事研究の必要などまったくあり得ず、従って「軍学」の名称さえなかったのですが、ここに「不耕貪食」して栄華を貪る支配階級が登場し、この連中が互いに天下国家の奪い合いを繰り返すようになると、ここに初めて「軍学」、すなわち軍事研究の必要性が生ずるのです。そうなると、支配者は、「治」の時期、つまり直接的には戦乱状態にない時期にも、絶えず軍事研究を推進して戦乱に備え、またひとたび戦乱が生ずれば愈々その研究に拍車をかけます。このように軍事研究は治乱を通じて継続され、また軍事研究が継続される限り治乱は繰り返されるのですから、それは広義の「乱」、すなわち「治乱の総名」としての「乱」の最も本質的な要因をなしていると言ってもよいでしょう。

それ故、昌益は学問に従事するすべての者に一切の軍事研究の放棄を要求します。昌益一門のシンポジウムの記録には、この問題をめぐって師弟の間で交わされた次のような問答が伝えられています。

先ず門弟の静香《せいか》が質問します。

「軍術は、愚(=私)、思為《おもえ》らく、道たらず、否や」。

昌益がこれに答えます。

「道に非ざる則《とき》は、何ぞ問ふに足らん」。

まことに不愛想な回答ですが、もう一人の門人・栄沢《えいたく》が師の意を汲んで次のように発言します。

「軍術は、人を殺し己れ亡び、人を亡ぼし己れ殺さる、死争を以て、転下・国家を盗む。聖人、転下を盗むに始まる。転下に例《たと》ふる物無き大罪悪なれば、夫子(=昌益)も咎を為すべき言無し。故に其の問ひを責《せ》む。故に確門(=昌益の一門)に於て、軍術の事は微言するも活真の大敵なり。之を忌む」(稿二五・全一・頁二五三)。

要するに、「軍術」や「軍学」など一切の軍事研究は、専ら支配階級の強欲に奉仕しつつ、平時における軍備の拡大と戦時におれる悲惨の増大をもたらすだけの比類なき「大罪悪」だから、こんなことに手を貸せば自分もまた「大罪悪」の共犯者になってしまう、というわけでしょう。

＊　＊　＊

それでは、軍事研究とは具体的にはどんな内容を指しているのでしょうか。当時の学者たちの伝統に従えば、先ずは兵法書の研究が挙げられます。それ故、昌益は古来兵法書として重宝されてきた『六韜《りくとう》』『孫子』『呉子』『司馬法』『三略』『尉繚子《うつりょうし》』『李衛公問対』の「七書」を俎上に乗せ、相当の紙幅を費やして逐一吟味し、論難を加えていますが、要するにその結論は、

「右の七書、軍学の最上の書と為して、世世王家・侯家・士家之れを学び、後世に至りて流儀を立て、誰流・彼流、秘事・大伝と号し、軍学・兵道と言ひて一大事と為し、凡《すべ》て之れを貴ばざること無し。嘆悲《ああ》しいかな、軍学は貴ぶ者に非ず、転下国家を盗むの器具、早く乱世を待つ謀《なかだ》ちなり。己れを亡ぼす疫《えき》なり。故にこの七書を学ばんより、寧《むし》ろ此の書を絶することを為《せ》よ」（統一・全八・頁三〇四）。

ということになります。この種の兵法研究は、政治と軍事との関係、教練や用兵の方法、実戦場面での作戦など、主として戦略や戦術にかかわる側面についての研究ですが、こうした学問についての昌益の指摘、すなわちそれが如何に枝分かれし、その各々がいかに高度化したとしても、畢竟「侵略戦争の道具・戦争の引き金・自己自身を亡ぼす疫病」という根本に変わりはない、という指摘は、まさしく正鵠を射たものと思われます。

軍事研究の今ひとつの側面は兵器の開発です。これについての昌益の言及は僅かしかありませんが、しかし太公望の軍才に触れた次の一文は注目に値するでしょう。

「右軍士（＝「七書」の著者たち）の中、太公（＝太公望）は知勝《まさ》れり。軍術の其の始め、黄帝沢鹿の野に戦ひを為すとき、指南車（＝指が常に南を指す人形を仕かけた車、羅針盤の一種）を

作る。是れ戦車の始めなり。之れより品器の軍具出来《いでき》、太公猶《なお》之れを盛んに為す」（稿四・全三・頁一三六）。

すなわち、一旦戦車のような優秀な兵器が発明されると、これを突破口として、堰《せき》を切ったようにさまざまの新兵器が開発されていく、というのです。この見解は、戦争に係わる智慧の発揮、とくに「武器、特に大砲の発明」を、戦闘における「殲滅戦《せんめつせん》」とともに、理性使用の方向性の根本的な逸脱として糾弾したルネッサンス期の人文主義者エラスムス（D. Erasmus）の見解とも呼応しつつ、現代の科学技術の在り方、ならびにそれに携わる科学者の在り方に対して重大な警告を発していると思われます（エラスムス『平和の訴え』、箕輪三郎訳、岩波文庫、原著 Querela Pacis.）。この点は、第一次世界大戦中における戦闘機・化学兵器・生物兵器、第二次世界大戦中における大型空爆機・原子爆弾、戦後冷戦時代における一層強力な核兵器・大陸間弾道弾・トマホーク、ヴェトナム戦争・湾岸戦争・イラク戦争などにおけるナパーム弾・ボール爆弾・クライスター爆弾・劣化ウラン弾など、科学技術の粋を集めた非人道的な兇悪兵器の開発に最高の頭脳が投入されてきた実情を見れば、思い半ばに過ぎるでしょう。

＊　＊　＊

なおエラスムスに因んで少々余談を挟みますと、大砲の発明を理性使用の根本的な逸脱とする彼の指摘は、近年の軍事心理学によって明らかにされたところによると、さらに今ひとつの側面、すなわち戦闘に携わる兵士たちの心理的側面に関しても、まさに図星だったのです。すなわち、大砲の導入以前には、直接の接近戦による死傷者の数は意外なほど少なく――例えばアレクサンダー大王の遠征戦はほとんど無血の押し合いでした――、犠牲者の大半は敗走の際の背後からの攻撃によるものでした。というのは、平均的な兵士には同類である人間の殺傷に対する抵抗感や嫌悪感が強く、そのため相手を人間として認知できる距離での正面衝突では、相互に手加減や狎れ合いが生じがちであったからです。この様相を一変し、著しく殺傷率を高めたのが大砲の導入でした。それによって敵との間の物理的な距離が増大し、相手の姿が朦朧《もうろう》となるに従い、殺人の実感や自責の念が薄れ、発砲への心理的障害が取り除かれたからです（デーヴ・グロスマン『戦争における「人殺し」の心理学』、安原和見訳、ちくま学芸文庫、原著 Dave Grossman, On Killing.）。

兵士のうち二パーセントほどの「攻撃的精神病質者」や一五パーセントほどの被洗脳者を除けば、一般に兵士たちの間に殺人を忌避する傾向があることは現代でも変わりはありません。第二次世界大戦までは、戦闘の際に発砲した兵士の率は一五～二〇パーセントに過ぎなかったようです。八〇パーセント以上の兵士たちは、空砲を撃ったり看護役に回ったりして、みずから殺人者になることを回避していたのです。

この実態を知って衝撃を受けた軍部関係者は、ここに新たな軍事技術を導入しました。つまり人間の魂まで改造し、殺戮に抵抗感を覚えない本物の兵士を作り上げようというのです。ここに用いられたのが、実戦さながらの戦闘訓練のほか、アメリカの行動心理学者・「人間工学」の創始者スキナー（B.F.Skinner）の開発した「オペラント条件づけ」という心理学的手法でした。「オペラント条件づけ」というのは、人間のさまざまな行動のうち、特定の行動に対して「正」（褒賞《ほうしょう》・特権などの報酬）または「負」（懲罰・降格などの嫌悪）の「強化因子」を絶えず随伴させることにより、その行動への積極的または消極的な反応を引き出し、こうして管理者や指揮官にとって望ましい恒常的な行動パターンを形成する、という手法です。そうした条件づけの結果、相手に人間としての共感を覚える通常の感受性を失い――ヴェトナム戦争に従軍したアメリカ軍兵士にとってヴェトナム人は「黄色いサル」でした――、むしろ殺人の成果に満足と高揚感を味わう勇猛な兵士ができあがる、というわけです（グロスマン、前掲書、参照）。

こうした教練プログラムの導入によって、第二次世界大戦までは二〇パーセント以下であった「発砲した兵士」の率が、朝鮮戦争では五五パーセントに、ヴェトナム戦争では実に九五 パーセントにまで上昇したというのですから、その効果は驚くべきです。ここに見られるように、兵士たちの魂の改造とは、言うまでもなく彼らの人格と人間性の徹底的な破壊と引き換えに殺人マシーン・戦闘ロボットとしての兵士を鍛え上げることを意味します。それはまさしく悪魔の技術というほかありません。

＊　＊　＊

本来「真・善・美」への関心に動機づけられ、人類の福祉とその価値実現への奉仕を使命としたはずの学問や技術が、それとは正反対の、「真・善・美」を晦《くら》まし、人間の殺戮と人間性の破壊につながる所業に加担してよいはずはありません。遥か江戸中期から発信された昌益の警告、――「嘆《あゝ》悲しいかな、軍学は貴ぶ者に非ず、転下国家を盗むの器具、早く乱世を待つ謀《なかだ》ちなり。己れを亡ぼす疫《えき》なり」という含蓄深い言葉は、軍事研究が益々高度化し兇悪化している現在、一層の真実味を帯びて響いてきます。

現在学問研究に携わる者は昌益の言葉をどの程度に受けとめればよいのか。――今まで先進国の侵略と支配に苦しんだ経験をもつ発展途上国の研究者に、直ちに軍事研究の放棄を要求することは無理でしょうが、しかし多少とも侵略と殺戮の歴史に責任を負う先進諸国の研究者の場合には、基本的には一切の軍事研究を拒否するという姿勢が重要だと思われます。人類の歴史に罪悪を犯した先進諸国の研究者が挙《こぞ》って軍事研究を拒否するならば、戦争の悲惨さは大いに制限されるでしょうし、それはやがて「永遠平和」への道につながるでしょう。およそ学問研究に携わる者は、「ヒポクラテスの誓い」を捩《もじ》って言えば、「私は能力と判断の限りを尽くして人類の福祉に貢献し、悪《あ》しく有害と知れた仕事には決して従わない」という誓いを深く胸に刻まなければなりません。

V　平和への展望

1．平和状態

昌益の想定する平和状態（「天下」本来の状態）がどのようなものであるかは、上来の叙述からもすでに明らかであろうと思われますが、ここでは今一度、彼自身の文章によって、幾分か牧歌的に描かれたそのありさまを確認しておきましょう。

「天下は天下の天下にして、人を養ふに非ず、養はるるに非ず、各々直耕・直織して、安食安衣し、天地と与《とも》に四時（＝四季）の行ひを為し、無事・安平・常中なる、之れを天下と曰ふなり」（稿六・全四・頁一二三)。

「……天下は天地が直《じき》に衆人と為《な》りたる天下にして、天下の天下なれば、誰を治め、誰に治めらるると言ふこと之れ無し、故に天下の天下なり。殊に天地にして一体なる故に男女が一人にして、万万人は男女・夫婦の一人にして、天下に人は唯一人なり。万万にして此れ一人の人なるに、誰に向かひて之れを治め、誰を誅《ちゅう》するとて之れを乱さんや」(稿六・全三・頁二一八～二一九)。

すなわち、一部少数の人間による「天下」の掠奪と私物化(私有制)、そこから発生する人間相互の「養い－養われる」関係(＝搾取－被搾取の関係)または「治め－治められる」関係(＝支配－服従の関係)を撤廃すること、——それが平和への第一条件です。その条件のもとでは、通常は男女・夫婦を一単位として、万人が生産と消費とのバランスの取れた生活を営みますから、人々の間の無益な敵対関係が生ずる道理はなく、結局は人間と人間との間に正常な「共生」関係が成立します。またそうした人々の生産と消費の生活は、四季の運行に呼応し、自然の理法に適った仕方で営まれますから、結局は人間と自然との間にも正常な「共生」関係が成立します。このように、人間が人間相互の間で正常な「共生」関係を結び、そのことを通して自然との間にも正常な「共生」関係を結んだ状態、それが昌益の掲げる平和状態にほかなりません。

＊　＊　＊

ここで理解しておく必要があるのは、昌益が人間相互の正常な関係を表現する際に繰り返し用いている「万万人にして一人」という標語の意味です。この標語が頗る略辞的で、その分含蓄に富む言葉であることは容易に了解されますが、しかしそれだけに論理的にはどこか靄《もや》のかかったような、隔靴掻痒《かっかそうよう》の感を否めない表現であることも確かだからです。

これを文字通りの論理的な命題と受け取ってしまえば、それは「万万人」＝「一人」、すなわち人類という集合を一顧の有機体・一個の人格（「一人」）として捉えた命題ということになりますが、そんな途方もない形而上学が昌益において成立していたはずはありませんから、「一人」は、直接の指示対象としては、やはり普通の意味において「一人々々」の個々人、あるいは「男女互性にして活真人なり」という昌益の定義に即すれば、各々男女一組の「人間」を指すほかありません。とすれば、この標語は「地上には無数の人間（男女）が存在するが、そのうちのどの一人を取っても同じ人間である」というほどの意味になり、つまりは端的に人間の平等を謳った命題ということになります。平たく解すれば、そのように受け取っても差し当たっての不都合はないでしょう。人間は誰もが「同じ」という意味で「平等」である、というのは、昌益思想の不可欠の契機をなしているからです。

しかしそれだけならば、わざわざ「万万人にして一人」などという屈折した表現を採用する必要はないはずです。ここで注意されなければならないのは、昌益が「同じ」という意味合いを含ませている「一人」という言葉によって、決して「万万人」の均質的な画一性を主張しているわけではないということです。昌益の想定した万人平等の共同体とは、例の「オペラント条件づけ」の考案者スキーナーの陰惨なユートピア小説『ウォーデン・ツー』に描かれたような、規格品化された人間たちの蒼白な集合体では決してありません。そのことを証するのは、昌益一門の全国シンポジュウムの際に昌益の語った次の簡明な言葉です。

「人を二人（＝個別的で異質的な存在）と観ざれ、一人（＝平等で同質的な存在）と偏せざれ」（稿二五・全一・頁二〇四）。

この言葉を門弟の貞中《ていちゅう》は次のように敷衍します。

「人は万万人なれども、一人なり。一人なれども、万万人なり。二人と観るは失《あやま》りなり。一人と極はむるは偏失なり」（同右）。

つまり人間は互いに千差万別ではあるが、しかし誰もが同じ人間としての共通性を有し、また逆に同じ人間としての共通性を有するとは言っても、個々人としての相互の差異性を排除するわけにはいかない。だから人間について論ずる場合、この両面のうち何れかを無視し、一面的な解釈に陥るようなことがあれば、それは大きな誤りである、と言うのです。

この局面での論点が人間における「普遍性」と「個別性」の問題であることは明らかです。ここで「万万人」とは千差万別の「個別性」を有する無数の人間を、また「一人」とはそこに具有された「普遍性」の故に平等と認定された人間（単位としては「男女《ひと》」）を指します。では千差万別の個別者としての人間が何故そのまま平等な普遍者として認定され得るのか。その点をここでも全国的なシンポジウムから窺いましょう。

門弟の定向《ていこう》が師の昌益に「百姓は土活真（＝土を根源的物質として表象した自然の生成力、この場合、「自然活真」と言い換えてもよい）なるや、亦《また》否や」と問います。昌益はこの質問を「宜可（ぎか）なり（＝適切な質問だ）。道を語るに足《た》れり」と絶賛します。高弟の仙確《せんかく》は師の言葉を次のように解説します。

「百姓とは、転下の衆人、直耕一般（等しく直耕に従事する）、万万人が一人なるの言《いい》なり。一人は小に土活真の全体なり、故に転下の万万人は一に土活真なり」（稿二五・全一・頁二三五）。

ここに明らかなように、人間は一般に（「一人」として見れば）その小さな身体に宇宙自然の理法全体を体現した、いわば一個のミクロコスモスです。だから人類の一員である限り誰もが、その個別性（「万万人」としての存在）のうちにこの普遍的理法を凝縮しているのであり、普遍的理法もまたこうした個別的存在者によって、それぞれの仕方で担われる以外に、己れの発現のしようがありません。従って「転下の万万人は一に土活真なり」という場合、それは人間がその個別性のうちに普遍性を担っているということを意味しているのであり、決して万人の没個性的な画一性を指しているわけではありません。

とすれば、昌益のいわゆる「万万人にして一人」なる標語の意味はもはや明瞭でしょう。「人を二人と観ざれ」というのは、人間に内在する普遍性の側面、すなわち人間のまさに人間たる所以の理法を無視し、その個別性・差異性の一面にのみ固執する偏向を戒めた言葉にほかなりません。もし普遍性の側面を顧みず、人間を専らばらばらの個別的存在としてだけ捉えるならば、他者を同じ人間としての尊厳において扱う根拠が失われ、他者への差別と蔑視の方向、つまりは昌益のもっとも排斥する「二別」思考の方向に道を開くであろうことは眼に見えています。ヴェトナムに侵略したアメリカ軍兵士がヴェトナム人を「黄色いサル」と見なしたのはこの類いです。

他方、「一人と偏せざれ」というのは、万人の有する多様な個別性・差異性を無視し、その担い手が誰であっても構わない抽象的普遍性にのみ固執する偏向を戒めた言葉です。個別性・差異性を排除した普遍性は真の具体的な普遍性ではありません。そうした見解のもとでは、万人はいずれも没個性的・画一的な存在、従っていつでも他の誰かと交換されてよい存在として扱われます。例えば「集合的功利性（aggregate utility）」を趣旨とする功利主義の立場などはこの類いでしょう。ここでは「一人ひとり」は問題にはならないので、全体の効率の最大化のために一部の犠牲者が必要なら、それは躊躇なく容認されるでしょうし、またこうした犠牲者の比率など都合次第で何時でも恣意的に伸縮できるでしょう。

以上の通り、「万万人にして一人」という標語、あるいは「人を二人と観ざれ、一人と偏せざれ」という命題に表現されているのは、人間の問題を扱う際に要求される「個別性」と「普遍性」との厳しくしかも豊饒な弁証法なのです。その際、注意を要するのは、「普遍性」を含意する「一人」という言葉が、実在としては、普遍性を担った「一人ひとり」の個別的存在以外のものを指しているわけではない、ということです。ということは取りも直さず、「万万人」のうち何れの一人も、他の人間と交換可能な均質的・画一的存在ではなく、その「個別性」において人類的な「普遍性」を代表する資格を有するところの、それ故にまた他の人間との交換を峻拒する不譲渡の価値を担うところの個別的存在である、ということを意味します。要するに「万万人」の成員は、集合的全体の没個性的な要素ではなく、「一人ひとり」「各々一者」としての資格において互いに平等な「一人」なのです。万人を「一人ひとり」「各々一者」とする立場からすれば、人間の間に上下・貴賤の「二別」を立てたり、「総計的功利性」のために一部の人間に不公正な犠牲を要求したり、また為政者の都合によって人々の犠牲を恣意的に伸縮したりするような決定の仕方は絶対に許されないでしょう。

＊　＊　＊

人間における「普遍性」と「個別性」の問題は洋の東西を問わず哲学上の重要な論題でしたが、この問題に関する昌益の思考の特徴は、それによって「二別」思考――上下・貴賤・尊卑・男女のように、人間を二つのグループに区別し、一方の価値を貶めることによって他方の価値を承認する「二価値論理」――を徹底的に退けるという点にありました。

純論理的観点からすれば、昌益よりやや遅れて思想界に登場する三浦梅園《みうらばいえん》（一七二三〜一七八九）には、この問題に関する一層精彩に富む考察が見られます。例えば、「同一性と差異性とは対意語である。すべての人間は同一的な面と差異的な面とを具えている。だから政教道徳を立てるに当たっては、同一的な面を無理に差別化してはならないし、また差異的な面を無理に画一化してはならない（大意）」（『玄語』小冊・人部・施設）という論法などは、昌益の屈折した表現よりはよほど明晰判明であると言ってよいでしょう。しかし「二別」思考との徹底的な対決という点では、梅園は昌益に数歩を譲っています。

これは平和思想という観点からも極めて重要な事柄なので、確門（安藤昌益の一門）の全国シンポジウムの際の静可《せいか》の言葉によって今一度この点を確認しましょう。

「男女《ひと》は小なれども転定《てんち》なり。転定は二別無く、男女・一人なるは備はりなり。故に万人にあらず、一人なり。一人なる故に上下を指す所無し。人の上下無き所以は、転定・一体なればなり。故に転定・互性の一体なれば、何に向ひてか上下と為《せ》ん。故に上下無し」（稿二五・全一・頁二一二)。

静可のこの発言には「万万人」の視点、つまりは「個別性」の視点が欠けていますが、それについてはこれまで縷々《るる》説明したので、ここでは大目に見ることにしましょう。何れにせよ、ここでは「上下」二別の二価値論理は、宇宙自然の理法に適った「一人」――正確には「万万人にして一人」――という観点からして、まったく許容の余地が認められません。そしてもしこのような二価値論理が許されるなら、そこには直ちに「治」の契機が介入し、やがて「乱」へと進展することは、これまで見てきた通りです。――以上、要するに、「万万人」が互いにその多様性を認識しつつも、そうした単なる多様性とは別系列の原理である「二別」関係を排除し、各々対等な「一人」であることを相互に承認し合う状態、つまりは格差や支配などの「構造的暴力」を駆除した無階級社会こそが、人類の将来に眺望される真実の平和状態なのです。

2. 昌益とカントにおける理想と現実

昌益が平和状態を一つの理想として描いたことは確かです。彼自身それが一足飛びには到達できない理想であることを自覚していればこそ、「私法盗乱の世に在りながら自然活真の世に契《かな》ふ論」なる一文――一般に「契《かな》ふ論」と略称されている論文――を草し、理想状態に至る途上で実施されるべき過渡的措置について詳細に論じたのでした。ただしこの論文は昌益評価に係わる問題点も多く、ここで逐一吟味を加える余裕はありません。私たちにとって重要なのは、やはり昌益の描いた理想の意義をしっかりと把握することです。

理想とは言っても、それは非現実的な夢想や妄想とは違って、現実に対する深い洞察から導かれたものであり、しかも「構造的暴力」を含む暴力一般の排除、あらゆる軍備および軍事研究の全廃、侵略戦争の否定など、昌益の掲げたテーゼは、現代ではすでに歴史の日程に載せられるべき現実的な課題となっているのです。

＊　＊　＊

理想と現実との係わりという問題では、やはりドイツの大哲学者カントの『永遠平和のために』を顧みておく必要があります（なお池内紀《おさむ》氏によるこの書物の新訳〈集英社刊〉は驚くほど分かりやすい文章となっていますので、是非とも書架に加えて下さい）。この木の葉のような小冊子には、国連の創設のようなすでに現実化された提案のほか、「すべての敵意が終わった状態」としての平和規定、常備軍の全廃、殲滅戦の廃止、他国の政治や体制への武力的干渉の排除（いわゆる「民族自決権」の確立）、世界市民法の確立など、人類の理想でありつつ同時に現実の歴史的課題となっている指針が明快に提起されているからです。

興味深いのは、カントの平和思想が昌益のそれと所を隔てて遥かに呼応し合っているということです。一例として常備軍の全廃を謳った条項、すなわち「常備軍はいずれ、いっさい廃止されるべきである」という条項の説明を見ましょう。カントはその理由として、常備軍の存在が他国を戦争の脅威に曝していること、また軍拡競争による軍事費の増大の結果、平和の維持が短期の戦争以上に重荷となり、常備軍そのものが先制攻撃の原因となっていること、などの現実的要因を挙げるほか、それがもともと道徳法則に違反した存在であることを指摘し、「また殺したり、殺されたりするための用に人をあてるのは、人間を単なる機械あるいは道具として他人（国家）の手にゆだねることであって、人格にもとづく人間性の権利と一致しない」（池内訳）と語っています。

カントのこの言葉の意味を理解するには、『道徳形而上学の基礎づけ』や『実践理性批判』に盛られた彼の倫理思想を参考にしなければなりません。すなわち彼は先ず私たちの取り扱う対象として「人格（Person）」と「物件（Sache）」とを厳密に区別します。このうち「物件」は人間にとって「単なる手段」であり、だから必要に応じて何時でも他の等価物と交換され得る、その意味で相対的価値しかもたない存在です。これに対して「人格」は、そこに内在する「人間性（Menschheit）」または「人格性（Persönlichkeit）」の故に「尊厳（Würde）」を具えており、従って「単なる手段」としてではなく、常に同時に「目的自体（Zweck an sich selbst）」として、尊敬を以て取り扱われなければならない存在です。つまり「人格」は「物件」のような等価交換の不可能な、不譲渡の絶対的価値を有する存在なのです。このような存在を「単なる手段」として「殺したり、殺されたりするための用」に供することは絶対に許されない、というのがカントの主張です。

＊
＊
＊

翻って昌益の思想を見るに、彼が戦争を「人を殺して己れ亡び、人を亡ぼし己れ殺さる死争」として厳しく批判したことはすでに見た通りです。このような主張の裏には、「各々一者」としてその個別性のうちに「自然活真」の理法を体現し、各々が人類を代表する資格をもつ掛けがえのない人格を、むざむざ支配者の「妄欲」に発源する破廉恥な「死争」の道具に供することは絶対に許されない、という、いわば人格の尊厳についての信念が控えていることは言うまでもありません。その際、昌益はもちろん「尊厳」とか「目的自体」とかいうような近代哲学の用語は用いていませんし、またカント流の「普遍的道徳律」の観念を懐いていたわけでもありませんが、しかし人格の尊厳についてのセンス、他の人格の尊厳に共感する感受性が彼の思想を豊潤に彩っていることは、その倫理思想からも窺い知ることができます。

昌益がその倫理観の上で最も厳しく拒斥《きょせき》したのは他者に対する傲慢と卑屈でした。例えば彼は上位者が下位者に恩恵を施すことを道徳上の罪悪と見なしますが、それと言うのも、恩恵を施す側には施される側を見下す「憍《おご》り」が生じ、また恩恵を受ける側には与える側に迎合する「諂《へつら》い」が生じるからにほかなりません。この場合、「憍り（傲慢）」が他者の人格の尊厳の貶下《へんか》に、「諂い（卑屈）」が自己の人格の尊厳の貶下に対応していることは明らかです。だからこそ昌益は魯侯《ろこう》の賜禄《しろく》の申し出を辞退した曽参《そうしん》の次の言葉を紹介し、これに惜しみない賛辞を贈ったのです。

「人に施す者は常に人に憍る。人の施しを受くる者は恒《つね》に人に諂ふ。天道は与ひて受くることを為《せ》ず。君、今吾に禄を賜ふは天道なり。吾、之を受けては、争《いか》で諂ひ無けん。諂ひは天道を盗むなり。禄を受けざる所以」（稿二五・全一・頁三〇〇）。

曽参はここで禄の恩恵を拒否することによって自己の人格の尊厳を守ったことになります。

昌益はさらに儒教において最高の徳とされ、その倫理学の最高範疇とされる「仁」に対してさえ、次のような厳しい論難を加えます。

「故に人に仁を施さば、其の仁を蒙《こうむ》る者、他の恩拠を荷《にの》うて罪に落つ。此の仁を施し人を罪に落《おと》す、又罪なり。故に仁は罪の根なり」（稿四・全三・頁二〇二）。

同様に仏教における「慈悲」もまた次のように非難されます。

「慈悲の施しを行《おこな》ひば、則ち施しを受くる者は人の恩を負ふて罪に落つ。慈悲を施して人を罪に落とす者は、又倶《とも》に罪人なり。故に慈悲を施す者、慈悲を受くる者、与《とも》に組みて罪獣に落つ」（稿七・全四・頁二八六）。

確門の全国シンポジウムの席で、昌益は次のように発言します。

「人を謗《そし》らず、己れを慢《まん》せず、人を頌《ほ》めず、己れを屈せず、為人《ひとたり》と謂ふべきのみ」（稿二五・全一）。

門弟の信風は師の言葉を次のように敷衍します。

「人を謗るは乃ち己れを慢す。人を頌むるは乃ち己れ屈す。己れ慢し己れ屈する則《とき》は、憎しみを得、嘲りを得、自ら禍《わざわい》を懐く。故に謗らず慢せず、頌めず屈せず、乃《いまし》い人の人為《た》り」（同上）。

傲慢や卑屈は自己および他者の人格の価値下落を招き、その尊厳を損なう悪徳です。そしてこれらの悪徳は、昌益の見地からすれば、上下・貴賤の「二別」体制のもとで、互いに他者を自分の強欲の「手段」としてのみ扱うところに発生の基盤を有しているのです。支配階級が民衆を専ら搾取の対象として扱うのはその典型ですが、上位者に対して下位者が卑屈に媚《こ》び諂《へつら》うのも、上位者を専ら私欲の手段とし、自己の人格の価値下落を代償としてその恩恵に与《あずか》ろうとすることにほかなりません。

このように見てくると、昌益の描く平和状態、すなわち「上下・貴賤・貧富の二別無く、他を食らはず他に食はれず、……相応相応に夫婦して、真に通神の人の世なり」（稿二四・全六・頁三四）と言われる万人平等の共同社会とは、自己および他者を単なる手段として扱うことなく、従って傲慢や卑屈のような、人格そのものの価値下落を表現する悪徳に染まることなく、相互にその人格の尊厳を承認し合うところにのみ成立する自立した勤労人民の共同体ということになります。昌益の農村共産制はとかく原始的なイメージで受け取られがちですが、この視点から見ると、まさにカントのいわゆる「目的の王国」を髣髴たらしめる新たな特徴が浮かび上がってくるのではないでしょうか。

＊　＊　＊

現在ことさらに理想を軽視し、これを廃棄しようとさえする「現実主義的」潮流が一部に見受けられますが、しかし理想は私たちの現実的な実践生活にとって決して無用の長物ではなく、むしろそうした実践生活を適切に制御しつつ着実に未来に向かわせる導きの星にほかなりません。理想との対質によって現実を吟味する能力をもたない人間には、現実はかえって朦朧《もうろう》とした姿で現れるほかないでしょうし、また理想との関連において現実的な課題を遂行する能力を欠いた人間には、成り行きまかせの無意義な人生しか保証されないでしょう。

もちろん理想とかユートピアとか言われるもののなかには、先ほど少しく触れたスキーナーのユートピア小説『ウォールデン・ツー』のような怪しげなものもありますが、しかしトーマス・モア（Thomas More）の『ユートピア』、カンパネラ（Tommaso Campanella）の『太陽の都』、そして何よりも現代デザイン芸術の先駆者であり優れた社会思想家でもあったウィリアム・モリス（William Morris）の『ユートピアだより』のような屈指のユートピア作品は、何らかの仕方で人類の進むべき未来を照らし出していますし、また私たち自身による理想の構築に手がかりを与えてくれます。昌益の描いた平和な無階級社会の姿も、無論これは文学作品ではありませんが、その内容からすればこの種の健全なユートピアの列に加わるでしょう。のみならず平和問題や環境問題に関する限り、昌益の打ち出した理想またはユートピアは、私たちの現実的な課題設定に重要な示唆を与える性格を色濃く具えているのです。

ところで、今日のような状況下での理想との付きあい方について一言申しますと、戦争の廃棄とか格差・貧困の撲滅とかいった、人類の良識が磨き上げてきた理想には、ともかく頑《かたく》なに固執し抜くことが大切だと思います。ドイツの哲学者ジンメル（G.Simmel）は「（高貴な精神的人間は、理想の現実性や理想の実現の見通しを）信じなくても、理想への信念と、理想へ向かってけんめいに励む気力とをもちつづけているが、低いところに立ちどまっている弱い人間は、理想が実際には無限に遠く隔たったものであることを認めざるをえなくなると、すぐさま理想への信念も気力も失ってしまう」（「断想」、土肥・堀田訳、『ジンメル著作集』一一、三一頁）と書いていますが、グローバリゼイションの猛威のもとで人類の理想が遥かに遠のいたかに見える今日の状況下でこそ、理想を失わず、それへ向かって励むことが、現実的な歴史主体にとって必須の資格要件となっていると言わなければなりません。

戦争と平和の問題は、本稿の冒頭で記したように、人類の歴史が今日の私たちに残した最大の宿題の一つです。そこにはなお大きな障害が立ちはだかっていますが、それは、それを越えさえすれば人類が本当に人類らしくなるという、いわば最後の山場、最後の決戦場のようなものです。この宿題に回答を与えようとする私たちにとって、日本の誇る先駆者・安藤昌益から遥か時を隔てて届けられたメッセージは、知恵と勇気の汲めども尽きない源泉となるに違いありません。

【初出一覧】

第一部　人文科学とヒューマニゼイションの問題

人文科学の擁護

総合人間学会・研究懇談会（二〇一八年一二月二七日、於・明治大学）における講演草稿。

ヒューマニゼイションの学問性（改稿）

『香川大学一般教育研究』第31号（１９８７）、後に『教養とヒューマニズム』（一九九二、白石書店）に収録。

今回、本書再録に当たっては、特に後半部分を大幅に改稿。

フンボルト（W. v. Humboldt）の生と死、そして復活

『くみあい』（香川大学教職員組合）、四四（一九八一）、四五（一九八二）に連載。

第二部　哲学的省察

「唯物論」管見

『労働者教育』（労働者教育協会）、二〇一七・五

三浦梅園再考

『唯物論と現代』（関西唯物論研究会）五一、二〇一四・五

江戸期における近・現代唯物論哲学への序奏

本文――『日本の科学者』（日本科学者会議）、二〇一八・一二

〔補足①〕――『唯物論と現代』三七、二〇〇六・六
〔補足②〕――『唯物論と現代』四三、二〇〇九・一一

第三部　主体者としての教師の問題

教科書問題と教師の立場

『香川民研研究報告』第二二号、二〇一二

教師の「多忙化」問題

『香川民研研究報告』第2号、一九八八、後に『哲学と教育』（近代文芸社）、一九九五、に収録。

第四部　教養としての平和思想

ニコライ著『戦争の生物学』における「愛国心」の問題

『唯物論と現代』三四、二〇〇四・一一

安藤昌益の平和思想

『昌益文庫⑤』（安藤昌益と千住宿を調べる会）、二〇〇八

《著者紹介》

村瀬 裕也（むらせ ひろや）

1937年　中国東北地方に生誕。

1970年　京都大学大学院博士課程中退・香川大学教育学部就任。

現在　香川大学名誉教授。

専攻　哲学（価値論・中国哲学史）・教養教育論。

【著書】

『戴震の哲学――唯物論と道徳的価値――』、1984、日中出版。

『荀子の世界』、1986、日中出版。

『教養とヒューマニズム』、1992、白石書店。

『哲学と教育――東洋思想の窓から――』、1995、近代文芸社。

『人間と道徳』、2000、文理閣。

『木村素衞の哲学――美と教養への啓示――』、2001、こぶし書房。

『東洋の平和思想』、2003、青木書店。

『「良識系」の哲学』、2004、青木書店。

【中国語著書・論文】

『戴震的哲学――唯物主義和道徳価値』（王守華・卞崇道他訳）、1996、山東人民出版社。

『顔元的教育学説』（王玉芝他訳）、2009、『顔李学派文庫9』所収、河北教育出版社。

「歴史規律和意義」、『哲学研究』、1993. 11. 哲学研究雑誌社。

「関于価値論歴史把握的幾個問題」、1994、『中日価値哲学新論』所収、陝西人民教育出版社。

「『非正当命題〔Heterothesis〕』概念的唯物論再生――以李凱御爾特的観点為綫索」、1999、『価値与発展』所収、陝西人民教育出版社。

「哲学的課題和表現形態」、『哲学研究』、1999. 1. 哲学研究雑誌社。　其他。

人文科学《じんぶんかがく》の擁護《ようご》

2019年　11月27日　初版　第1刷　発行

著　者　村瀬　裕也

発行者　新舩　海三郎

発行所　株式会社 本の泉社

〒113-0033　東京都文京区本郷2-25-6

TEL：03-5800-8494　FAX：03-5800-5353

http://www.honnoizumi.co.jp

DTP　株式会社本の泉社（杵鞭真一）

印刷・製本　新日本印刷 株式会社

ISBN978-4-7807-1950-5　C0010